中国周边外交
发展报告
(2016)

广东国际战略研究院

主编／周方银

DEVELOPMENT REPORT ON CHINA'S DIPLOMATIC RELATIONS

WITH NEIGHBOURING COUNTRIES (2016)

社会科学文献出版社
SOCIAL SCIENCES ACADEMIC PRESS (CHINA)

编 委 会

主编简介

　　周方银，男，广东外语外贸大学广东国际战略研究院周边战略研究中心主任，《战略决策研究》执行主编，太平洋岛国战略研究中心主任，教授。1988～1992 年就读于华中理工大学（现华中科技大学），获经济学学士学位；1995～1998 年就读于国际关系学院，获国际关系专业硕士学位；2002～2006 年就读于清华大学，获国际关系专业博士学位。1998～2002 年在中国现代国际关系研究院工作；2006～2014 年在中国社会科学院亚太与全球战略研究院工作，曾任《当代亚太》编辑部主任，中国周边战略研究室主任，研究员；2014 年至今，在广东外语外贸大学广东国际战略研究院工作。

　　他的代表作有：《大国的亚太战略》，社会科学文献出版社，2013 年；《东亚秩序：观念、制度与战略》，社会科学文献出版社，2012 年；《中外关系鉴览 1950—2005——中国与大国关系定量衡量》，高等教育出版社，2010 年；《国际问题数量化分析：理论·方法·模型》，时事出版社，2001 年。

目　录

周边外交与周边安全合作

前　言

2015 年以来，中国周边外交延续了 2014 年以来奋发有为、积极进取的态势，在周边环境经历复杂演变过程的情况下，在经济、外交、安全、区域合作等领域努力开拓，取得了丰硕成果。

首先，"一带一路"、互联互通在周边地区快速推进，取得良好开局。其中，中巴经济走廊建设进入全面实施阶段，社会和经济效益逐步显现。中巴经济走廊的顺利推进，对于巩固中巴传统友谊、做好新形势下周边外交工作和顺利推进"一带一路"建设具有重要的示范和引领作用。中国在印度尼西亚、泰国、老挝等国的铁路建设项目也在向前推进，中缅原油管道开始向国内输送原油。中国与多个邻国签订相关合作方面的框架协议和谅解备忘录。

其次，中国与周边国家的经济合作取得重要进展。在中国的倡议和推动下，亚洲基础设施投资银行得以较快地建立。在双边、多边自由贸易协定方面，中国外交也取得重要进展。中韩自由贸易协定和中澳自由贸易协定的签署和生效，进一步提升了中国与其他国家自贸合作的水平。此外，中国—东盟自由贸易协定完成升级谈判，这是中国在现有自由贸易区（以下简称自贸区）基础上完成的第一个升级协议，对于进一步充实和提升中国与其他国家的自贸区网络，具有重要意义。

最后，与周边国家关系平稳发展，传统安全问题总体处于可控状态。2015 年，习近平主席和李克强总理出访了中国周边的八个国家。纪念中国人民抗日战争暨世界反法西斯战争胜利 70 周年阅兵式在北京隆重举行，展示了中国坚定不移地维护世界和平，捍卫国家主权、安全和发展利益的坚定立场。2015 年，中俄合作继续保持高水平运行，中国与东南亚、南亚、中亚国家的关系平稳发展，中韩关系得到提升。虽然南海和朝鲜半岛的局势紧张程度有所上升，但总体保持在可控状态。

在周边外交取得重要成果的同时，中国周边环境也在经历复杂变化，其中有些变化可能会产生结构性的结果，为此需要积极应对，在周边环境演变的过程中，努力把握自身行动的主动性。

首先，区域经济结构酝酿深刻转型。在美国的大力推动下，跨太平洋伙伴关系协定（Trans‑Pacific Partership Agreement，TPP）取得实质性突破。TPP 的实施将在很大程度上改变过去自贸区协定专注于贸易领域的性质，对国际社会中未来贸易投资模式的演变产生深远影响，并在一定程度上打破亚太地区区域经济合作安排中的平衡，直接影响中国对外开放面临的国际经济环境，并对中国国内经济改革产生重要影响。

其次，传统安全压力继续存在，某些局部领域的问题有所复杂化。随着美国海军在南海开展巡航活动，美国加大了在南海问题上对中国的战略压力。南海问题从中国和部分东南亚南海声索国的争议，更多地转变为中美两国的交锋。它从内容上说，主要的焦点不再是某一岛礁的具体归属问题，而是在一定程度上涉及地区秩序和地区主导权之争。美国的强势介入，使得未来一个时期，南海问题的僵持局面更加难以改变，这也对中国与东南亚国家关系的发展和改善形成一定制约。

最后，部分周边国家正在经历政治转型过程，这在客观上增大了双边关系发展、"一带一路"推进、互联互通建设中的不确定性，形成中国与部分周边国家合作过程中的风险因素。中国推进的一些互联互通、基础设施项目具有前期投入大、建设周期长、社会牵涉面广的特点。政治转型和政权更迭过程往往会牵动国内政治的多方面因素，使一些本来不是问题的国际合作项目成为讨论的焦点和政治牺牲品，或者使一些项目的落实过程受到影响。

对于这些问题和挑战，我们需要探索新的思路，创新政策手段，有针对性地寻求解决办法。在保持周边环境总体稳定的情况下，推进"一带一路"建设，有效管控周边热点问题，为中国的和平发展营造一个更为有利的周边环境。

总 报 告

目 录

2015~2016年周边环境与
周边外交：分析与展望

周方银*

摘　要： 2015年以来，中国周边外交积极进取，取得了多方面成果，"一带一路"和互联互通建设在周边地区实现良好开局，与周边国家在经济合作特别是自由贸易协定（以下简称自贸协定）的签订和实施方面取得重要进展，与周边国家的关系总体发展平稳。同时，中国周边环境正在经历复杂演变，其中有些变化可能会产生具有结构性的结果，区域经济合作正在酝酿结构转型，南海问题进一步复杂化，某些周边国家的政治社会转型也对双边关系以及"一带一路"、互联互通产生影响，为此需要积极地加以应对。

关键词： 周边环境　周边外交　"一带一路"　互联互通

2015年以来，中国周边外交延续了2014年以来奋发有为、积极进取的态势，在周边环境经历复杂演变过程的情况下，在经济、外交、安全、区域合作等领域努力开拓，取得了丰硕成果。同时，周边环境中面临一些重要挑战，包括南海局势复杂化，美国"亚太再平衡"战略持续深入推进、美国进一步强化其在周边的同盟体系与安全合作，随着"一带一路"、互联互通的广泛和深入推进，一些地缘政治风险也在显现，一些周边国家正在经历复杂的政治社会转型，等等。2016~2017年，中国在推进周边外交的过程中，面临的某些方面的阻力会有所上升。为此，周边外交在保持战略

---

* 周方银，广东外语外贸大学广东国际战略研究院周边战略研究中心主任，《战略决策研究》执行主编，教授。

定力和战略耐心的同时，需进一步探索新的思路，创新政策手段，为中国的和平发展营造一个良好的周边环境。

一　周边外交取得重要成果

自 2013 年以来，中国新外交布局逐渐清晰，周边外交在中国总体外交布局中的重要地位进一步凸显。2014 年中国周边外交强势出击，取得较为丰硕的成果。2015 年以来，周边外交在已有成果的基础上，继续保持主动态势，并取得了多方面成果，主要体现在以下几个方面。

（一）"一带一路"、互联互通在周边地区快速推进，取得良好开局

实现"一带一路"良好开局，是 2015 年中国外交的一项重要任务和使命。周边地区在"一带一路"建设中无疑具有突出的重要性，经过一年来的努力，"一带一路"建设在周边取得了与其在中国外交布局中的重要性相称的成果。

2015 年 4 月，习近平主席应邀对巴基斯坦进行正式访问，双方同意以中巴经济走廊为引领，以瓜达尔港、能源、交通基础设施建设和产业合作为重点，形成"1 + 4"经济合作布局。双边表示尽快完成《中巴经济走廊远景规划》。目前，中巴经济走廊建设在瓜达尔港建设、能源合作、交通基础设施建设和产业合作方面都取得了重要进展，相关合作进入全面实施阶段，社会效益和经济效益正在逐步显现。中巴经济走廊的顺利推进，对于巩固中巴传统友谊，充实中巴命运共同体的内涵，做好新形势下周边外交工作和顺利推进"一带一路"建设具有重要的示范和引领作用。

中俄发表《中华人民共和国与俄罗斯联邦关于丝绸之路经济带建设和欧亚经济联盟建设对接合作的联合声明》。① 俄方表示支持丝绸之路经济带

---

① 《中华人民共和国与俄罗斯联邦关于丝绸之路经济带建设和欧亚经济联盟建设对接合作的联合声明》，新华网，http://news. xinhuanet. com/2015 - 05/09/c_127780866. htm。

建设，愿与中方密切合作，推动落实该倡议。中俄认为，上海合作组织（简称上合组织）是实现丝绸之路经济带建设与欧亚经济联盟建设对接的最有效平台，愿同其他国家一道，最大限度利用上海合作组织的现有发展潜力。① 此外，中蒙俄三国签署了《关于编制建设中蒙俄经济走廊规划纲要的谅解备忘录》。中国与吉尔吉斯斯坦签署了《中华人民共和国政府与吉尔吉斯共和国政府关于两国毗邻地区合作规划纲要（2015—2020年)》，与塔吉克斯坦签署了《关于编制中塔合作规划纲要的谅解备忘录》，与哈萨克斯坦签署了《关于加强产能与投资合作的框架协议》，与韩国签署了《关于在丝绸之路经济带和21世纪海上丝绸之路建设以及欧亚倡议方面开展合作的谅解备忘录》，等等。随着"一带一路"建设与更多国家实现战略和政策对接，"一带一路"建设在周边地区的开展变得更加深入和具体。这也为"一带一路"的长期建设过程奠定了良好的政治基础。

与此同时，中国在周边地区的互联互通建设也取得重要进展。

2015年10月16日，中国铁路总公司牵头组成的中国企业联合体与印度尼西亚维卡公司牵头的印尼国企联合体正式签署组建中印尼合资公司的协议。该合资公司负责印度尼西亚雅加达至万隆高速铁路项目的建设和运营。2016年3月，雅万铁路的先导段实现开工。2015年12月2日，连接老挝首都万象与中国云南昆明的中老铁路老挝段（磨丁至万象）举行开工奠基仪式。12月19日，中泰两国在泰国举行铁路合作项目启动仪式。印度尼西亚、泰国、老挝铁路建设项目分别取得不同程度的进展。到2016年年初，中国—巴基斯坦以及中国—吉尔吉斯斯坦—乌兹别克斯坦（简称中吉乌）铁路全线的调研已经完成，中吉乌铁路计划2016年开始动工修建。此外，中塔公路二期以及中亚天然气管道C线和D线都在取得进展。中俄之间的互联互通稳步发展，包括合作建设同江—下列宁斯阔耶跨境铁路桥，开展滨海通道1号和滨海通道2号过境运输，实施莫斯科—喀山高速铁路项目，

---

① 《中俄总理第二十次定期会晤联合公报》，新华网，http://news.xinhuanet.com/politics/2015 - 12/18/c_1117499329.htm。

加强港口物流合作。2015 年 1 月 28 日，中缅原油管道工程试投产在若开邦皎漂镇马德岛举行，中缅原油管道开始向国内输送原油。2015 年年底启动的澜沧江—湄公河合作也将互联互通作为五个优先方向之一。① 总体上，中国与周边国家的互联互通在广泛的地理范围内得到较为迅速和有力的推进。

（二）与周边国家的经济合作取得重要进展

2015 年，中国在推进经济合作中取得不少重要成果，其中最突出的是亚洲基础设施投资银行（简称亚投行）的成立。

2013 年 10 月，习近平主席和李克强总理先后在出访东南亚时提出筹建亚投行的重大倡议。2014 年 10 月，首批域内 21 个意向创始成员国在北京签署《筹建亚投行备忘录》。2015 年 4 月 15 日，亚投行意向创始成员国确定为 57 国，涵盖亚洲、大洋洲、欧洲、非洲和拉丁美洲。6 月 29 日，《亚洲基础设施投资银行协定》签署仪式在北京举行。12 月 25 日，此协定达到生效条件，亚投行正式成立。亚投行的成立是国际经济治理体系改革进程中具有里程碑意义的重大事件。同时，它也是中国承担更多国际责任、补充现有国际经济体系的建设性举动，是对现有多边发展体系的有益补充。②

在双边、多边自贸协定方面，中国外交也取得重要进展。2015 年 6 月 1 日，中国与韩国签署《中韩自由贸易协定》。该协定范围涵盖货物贸易、服务贸易、投资和规则共 17 个领域，包含了电子商务、政府采购、环境等"21 世纪经贸议题"。双方承诺，在协定签署后将以负面清单模式继续开展服务贸易谈判，并基于准入前国民待遇和负面清单模式开展投资谈判。2015 年 6 月 17 日，中国与澳大利亚签署《中澳自由贸易协定》。该协定在内容上涵盖货物、服务、投资等十几个领域，是中国与其他国家签署的贸易投

---

① 澜沧江—湄公河合作设定的五个优先方式是互联互通、产能合作、跨境经济合作、水资源合作、农业和减贫合作，参见《澜沧江—湄公河合作首次外长会联合新闻公报（全文）》，新华网，http://news.xinhuanet.com/world/2015-11/12/c_1117126335.htm#0-tsina-1-43291-397232819ff9a47a7b7e80a40613cfe1。

② 楼继伟：《开放包容 互利共赢 打造二十一世纪新型多边开发银行》，《人民日报》2016 年 6 月 25 日，第 10 版。

资自由化整体水平最高的自贸协定之一。根据协定，澳大利亚最终实现零关税的税目占比和贸易额占比将达到100%；中国实现零关税的税目占比和贸易额占比将分别达到96.8%和97%。在服务领域，澳大利亚承诺对中国以负面清单方式开放服务部门，成为世界上首个对中国做出这一服务贸易承诺的国家，中方则以正面清单方式向澳方开放服务部门。澳方将对中国企业赴澳投资降低审查门槛，做出便利化安排。

此外，中国—东盟自由贸易区完成升级谈判。2015年11月22日，中国与东盟正式签署中国—东盟自由贸易区升级谈判成果文件《中华人民共和国与东南亚国家联盟关于修订〈中国—东盟全面经济合作框架协议〉及项下部分协议的议定书》。该议定书是中国在现有自由贸易区基础上完成的第一个升级协议，涵盖货物贸易、服务贸易、投资、经济技术合作等领域。该议定书的达成和签署，为双方经济发展提供了新的助力，对促进区域全面经济伙伴关系（Regional Comprehensive Economic Parthership，RCEP）协定谈判和亚太自由贸易区（Free Trade Area of Asia – Pacific，FTAAP）建设进程发挥了积极推动作用。①

（三）与周边国家关系平稳发展，传统安全问题总体处于可控状态

2015年，习近平主席出访了周边的俄罗斯、巴基斯坦、印度尼西亚、哈萨克斯坦、越南、新加坡六国。李克强总理出访了周边的马来西亚、韩国两个国家。柬埔寨、哈萨克斯坦、吉尔吉斯斯坦、老挝、蒙古国、缅甸、巴基斯坦、韩国、俄罗斯、塔吉克斯坦、东帝汶、乌兹别克斯坦、越南等国的国家领导人，朝鲜、泰国的重要领导人，以及印度、马来西亚、新加坡等国的高级别代表参加了9月3日在北京举行的纪念中国人民抗日战争暨世界反法西斯战争胜利70周年阅兵式。此外，哈萨克斯坦总理、澳大利亚总督、斯里兰卡总统、印度尼西亚总统、印度总理、新加坡总统、新西兰

---

① 《中国—东盟自贸区升级版正式签署》，环球网，http://world.huanqiu.com/hot/2015 – 11/8027547.html。

总督、蒙古国总统、土库曼斯坦总统分别对中国进行了访问。中国与周边国家的高层往来在 2015 年达到更高的频度。

在周边地区，中俄合作继续保持在高水平上运行。2013～2015 年，习近平主席五次访问俄罗斯，其中，2015 年的 5 月和 7 月两次访问俄罗斯。俄罗斯总统普京和总理梅德韦杰夫分别于 9 月和 12 月访问中国。两国在双边关系、国际战略、维护国际秩序、推动共同发展等领域的合作取得许多新的成果。两国将继续在集体协商、尊重文明和文化多样性原则上推动国际关系和国际秩序朝着公正合理的方向发展，维护国际和平与安全，并共同倡导国际社会构建以合作共赢为核心的新型国际关系。①

在南海局势有所复杂化、越南共产党召开十二大的背景下，中越两国高层保持了密切往来。2015 年 4 月，越共中央总书记阮富仲访问中国，同年 11 月，习近平主席出访越南。2016 年 1 月 29 日，越共十二大结束第二天，中共中央对外联络部部长宋涛作为习近平总书记的特使访问越南，2 月 29 日，越共中央对外部部长黄平君作为阮富仲总书记的特使访问中国。2015 年 11 月，习近平主席对新加坡进行访问，中新两国一致同意建立与时俱进的全方位合作伙伴关系，由此，中国与所有东盟成员国都建立起伙伴关系。中国和新加坡同意启动中新自贸协定升级谈判，并力争于 2016 年内结束谈判。在尼泊尔经历国内转型与发展的过程中，中尼关系得到新的发展。2016 年 3 月 20～27 日，尼泊尔总理卡·普·夏尔马·奥利对中国进行访问。尼方表示不允许任何势力利用尼领土从事任何反华分裂活动。双方同意对接各自发展战略，制定双边合作规划，在"一带一路"倡议框架下推进重大项目实施。② 2015 年 5 月，印度总理莫迪对中国进行正式访问，双方决心进一步加强两国更加紧密的发展伙伴关系。

---

① 《中俄第十一轮战略安全磋商关于第二次世界大战胜利及联合国成立 70 周年的联合声明》，中国外交部网站，http://www.fmprc.gov.cn/web/gjhdq_676201/gj_676203/oz_678770/1206_679110/1207_679122/t1266865.shtml。

② 《中华人民共和国和尼泊尔联合声明》，新华网，http://news.xinhuanet.com/world/2016-03/23/c_1118422293.htm?=87904974。

同一时期，中国周边地区的热点问题，特别是南海问题出现新的发展。当前的南海问题，主要围绕中国在南海相关岛礁的扩建、美国在南海的巡航活动以及菲律宾向海牙国际仲裁庭提起的国际仲裁等几个方面进行。通过岛礁扩建，中国客观上强化了自身在南海的物质存在，提升了未来围绕南海争议方面的物质能力和主动性。此外，随着朝鲜实施第四次核试验及发射光明星卫星，以及随之而来联合国安理会通过的对朝严厉制裁，朝鲜半岛局势的紧张程度有所上升。这些变化，使中国周边安全环境在一定程度上变得复杂化，但这些问题总体保持在可控状态。在周边安全环境复杂化的情况下，中国政府在维护自身权益、保持周边环境的总体稳定方面做出了重要努力，但相关问题的解决还需要一个长期的过程。

二　周边环境变化及相关政策建议

在中国周边外交取得重要成果的同时，中国周边环境也在经历复杂演变，其中有些变化可能产生具有结构性的结果，为此需要积极加以应对，在周边环境演变的过程中，努力把握自身行动的主动性。

（一）区域经济结构酝酿深刻转型

在美国的大力推动下，经过多年努力，2015 年 10 月，跨太平洋伙伴关系协定（Trans‐Pacific Parthership Agreement，TPP）取得实质性突破，美国、日本和其他 10 个泛太平洋国家就 TPP 达成一致。与以往的大多数自贸协定不同，TPP 协定内容包含了许多非经济元素，如国企私有化、保护劳工权益、保护知识产权、环境保护、信息自由等方面的内容。这在很大程度上改变了过去自贸协定专注于贸易领域的性质，将对国际社会未来贸易投资模式的演变产生深远影响，当前中国经济已经进入“新常态”，在这一关键节点，TPP 取得的重要实质性进展，将直接影响中国对外开放面临的国际经济环境，并将对中国国内经济改革产生影响。

TPP 的进展在一定程度上打破了区域经济合作安排中的平衡。在区域全面经济伙伴关系（Regional Comprehensive Economic Partnership，RCEP）进展不尽如人意。TPP先行一步的情况下，TPP和RCEP这两大区域经济合作安排可能产生"强者愈强"的效应。如果未来韩国、印度尼西亚、泰国、菲律宾等国申请加入TPP，特别是如果未来不少东亚国家降低对RCEP的兴趣，将可能导致RCEP谈判陷入僵局，而使TPP在区域经济合作中发挥主导和引领性的作用。这将对中国以及不少非TPP成员国未来面临的区域经济合作环境产生不利影响。

为此，需努力推进RCEP谈判进程，使其更好地适应本地区国家发展的需要，避免未来区域经济合作安排中出现TPP一家独大的局面。2016年3月24日，李克强总理在博鳌亚洲论坛开幕式上的演讲中提出，力争在2016年完成RCEP的谈判。① 这在一定程度上体现出中国在这一问题上的紧迫感。中国可以采取的另一个应对措施，是对现有自贸协定进行整合和升级，使其性质和内容达到更高标准。中国—东盟自由贸易区升级版谈成后，未来还有许多自贸协定需要升级换代，如中国与新加坡、巴基斯坦自贸协定的升级正在探讨中，而中国与澳大利亚、韩国之间的自贸协定也需要在服务贸易方面填补空白。此外，在确保东亚区域经济一体化合作稳步推进的情况下，可以加强同美国、欧盟、日本等世界主要经济体的双边经济合作，促进相互之间贸易投资便利化，以多种不同的方式改善自身在贸易投资合作方面的国际环境。

（二）传统安全压力继续存在，某些局部领域的问题有所复杂化

2015年以来，周边地区的传统安全压力继续保持在一个虽不至于严重激化但仍属相对较高水平的态势，这种情况未来几年内都难以得到根本性的缓解。周边的传统安全问题发生在中国崛起、美国实行"亚太再平衡"战略、亚太地区力量格局经历深刻转型的背景下，涉及复杂的历史因素和

---

① 《李克强在博鳌亚洲论坛2016年年会开幕式上的演讲（全文）》，中国政府网，http：//www.gov.cn/guowuyuan/2016－03/25/content_5057611.htm。

现实因素。它们既难以从源头上得到根本解决，更由于崛起国和霸权国之间存在的战略竞争而有所加剧。

随着美国海军开展在南海巡航活动，美国加大了在南海问题上对中国的压力。当前南海问题已经从中国和部分东南亚声索国的争议，更多地转变为中美两国的交锋。南海问题已不再只是中国与部分声索国之间关于岛礁等方面的权益争端，而在很大程度上成为中美之间关于未来地区图景方面的一个较量，特别是它成为美国巩固其对亚太事务主导权的一个重要工具。这样的转换非中国所愿，但它客观上挤压了中国在南海问题上的政策空间，并对中国与东南亚国家关系的发展和改善形成一定制约。

美国在南海问题上的强势介入，使得未来一个时期南海问题的僵持局面更加难以改变，但这不会改变或动摇中国在南海问题上坚定维护自身权益的决心。中国一方面会对美国的战略挤压采取反制措施，另一方面会努力探索更有效的管控之道，减少南海问题对中国东盟关系提升、21世纪海上丝绸之路建设、中国与周边国家务实合作的推进可能产生的干扰。

（三）部分周边国家正在经历政治社会转型过程，增大了双边关系发展、"一带一路"、互联互通建设中的不确定性

中国是世界上邻国最多的国家，而且这些国家的国情十分复杂，其中一些国家已经或者可能要经历政治社会转型过程，此外还有周边国家中较为频繁发生的政府换届，增大了双边关系发展、"一带一路"推进和互联互通建设过程中的不确定性，形成中国与部分周边国家合作过程中的风险因素。

2015年11月8日，缅甸举行全国大选，昂山素季领导的缅甸全国民主联盟在联邦议会中获得过半议席，在省级议会、少数民族地区和广大的农村地区也取得压倒性胜利。缅甸的政治转型过程走过了一个重要阶段。但是，缅甸依然存在如何处理文官政府与军方的关系，如何有效实现民族和解、处理好与民族地方武装的关系，如何迅速发展经济，如何尽快满足民众在教育、医疗保健、社会服务、住房和基础设施等方面的期望等问题和

挑战。菲律宾于 2016 年举行总统大选，越南于 2016 年年初召开十二大，泰国的国内政治未来也存在一定变数。此外，中亚部分国家的政局稳定存在隐忧，未来不排除出现政局动荡的可能。

政治转型和政权更迭过程往往会牵动国内政治的多方面因素，可能使一些本来不是问题的国际合作项目成为讨论的焦点和政治牺牲品，或者使一些项目的落实过程受到影响。为此，需加强对相关国家项目的风险评估，充分认识一些国家内部政治的复杂性，加强风险管控，在合作过程中注重沟通的有效性和细节的落实，使合作项目的内容更加经得起推敲，同时努力提升中国在周边地区的国际形象，通过强化政策沟通和民心相通，提升双边合作的稳定性和跨时期有效性。

周边区域经济合作

亚太区域经济合作新进展与中国的战略应对

竺彩华*

摘　要：当前，亚太区域经济合作存在三个大型自由贸易区（以下简称自贸区）模式 TPP、RCEP 和 FTAAP 竞争的格局，其中 TPP 已经先行一步，RCEP 未能如期完成谈判，FTAAP 仍只是一个远期愿景。随着中韩、中澳自贸区的实施，以及中国—东盟自贸区升级谈判的完成，中国在亚太区域经济合作中赢得一定程度的主动性。同时，中国的自贸合作中，存在主要发达经济体如美国、欧盟、日本等贸易安排的缺失，不同自贸区安排的内容存在碎片化现象的问题。中国需结合"一带一路"的推进，在亚太区域合作中努力发挥更大作用。

关键词：区域经济合作　自由贸易区　中国东盟合作　"一带一路"

1989 年亚洲太平洋经济合作组织（Asia – Pacific Economic Cooperation, APEC）成立掀开了亚太合作的新篇章，为地区经济注入了新动力。自此，APEC 在贸易投资自由化便利化及经济技术合作两个轮子的带动下，为区域经济合作和经济发展做出了重要贡献。尤其是 2014 年，中国发挥主场优势推动了 FTAAP 路线图的启动。与此同时，由于 APEC 不能充分满足本地区对区域经济治理的需要，在其建立后的 26 年中，"10 + 1""10 + 3""10 + 8" TPP 和 RCEP 等一大批区域、次区域、双边的经济合作机制如雨后春笋般发展起来，与 APEC 共同组成了亚太区域经济合作网络，给亚太地区经济增长注入了新动力，带来了新机遇，当然也由此产生了一些新问题。2015 年 TPP 谈

---

　*　竺彩华，外交学院国际经济学院院长、教授。

判尘埃落定，不仅对本地区也对世界经济带来重要影响。与此同时，其他合作框架也有不同程度的推进，而 RCEP 则未能如期完成谈判。本文对2015 年亚太区域经济合作的新进展以及中国参与区域经济合作的现状进行梳理，并从中国更好参与区域经济合作的角度提出相应对策。

一 三大巨型 FTA① 赛跑：TPP 领先于 RCEP 和 FTAAP

目前在亚太地区最大的区域性一体化合作框架莫过于 TPP（占世界11.3% 的人口和 36.3% 的 GDP）、RCEP（占世界 48.6% 的人口和 29.2% 的GDP）和在 APEC 框架下推动的 FTAAP（占世界 39.8% 的人口和 57% 的GDP）。② 2015 年，这三大 FTA 在各方持续努力下不断推进，但呈现出不同的结果。

（一）TPP：已成定局，各方正在评估其效应

2015 年 10 月 5 日，历时五年的 TPP 谈判在美国亚特兰大尘埃落定。11月 5 日，美国贸易代表办公室（United Sates Trade Representative，USTR）公布 TPP 完整版文本，共 30 章，涉及国民待遇与市场准入、投资、金融服务、政府采购、国有企业、知识产权、劳工保护等。协定的达成使得 TPP靴子最终落地，其对成员国和非成员国（尤其是域内非成员国）的影响将成为今后各方关注的焦点。

对各成员国来说，需要在短期内对 TPP 进行内部评估，并提交立法草案等待国内立法部门通过。从有关各方反应看，TPP 在各成员国要获得立法通过仍存在一定的不确定因素，还有大量工作要做。

TPP 协定在美国国会将面对重重阻力。尽管美国政府与商业团体希望尽早对 TPP 协定进行投票，美国总统奥巴马也在他任内最后一次国情咨文中

---

① 自由贸易协定，Free Trade Agreement。
② 此为 2014 年数据，来自国际货币基金组织（International Monetary Fund，IMF）世界经济展望数据库 2015 年 10 月。

呼吁国会尽快通过 TPP，但由于 2016 年正值美国大选，在这一背景下由国会表决 TPP，其结果将存在很大变数。另外，美国国会将在 8 月和 10 月休会，因此 2016 年可供选择的表决 TPP 的时间段较为有限，并有可能推迟到大选之后。

在文本公布后，美国国内也有不少利益团体表示了不满，如一向反对 TPP 的美国劳工联合会—产业联合会（The American Federation of Labor and Congress of Industrail Organizations，AFL－CIO，以下简称劳联—产联）主席川卡（Richard Trumka）2015 年 11 月 5 日发表声明称，从目前审阅情况来看，该组织和其他贸易改革组织提出的有关环境、消费者、公共卫生、全球发展和商业的政策意见大部分被忽视。投资规则仍给外国企业提供广泛的新法律权利来挑战合法的政府行为，劳工保护条款仍然不足以应对该协定指出的巨大挑战，此外，由于缺乏可执行的货币规则，承诺的新出口市场可能无法兑现。川卡宣称，"辛勤的美国劳联—产联大家庭将与伙伴一起击退 TPP"。[1] 部分美国共和党议员也早已表明对 TPP 协定的不满，很多美国民主党议员担忧 TPP 协定的实施会加剧本地就业市场竞争，损害劳工利益。美国民主党热门竞选人、前国务卿希拉里·克林顿已表态反对 TPP 协定。

同时，TPP 协定也遭到不少成员国民众的反对。在 TPP 基本协定内容公布当天，就有澳大利亚环保组织提出抗议，因为在近千页的条文中，尤其是第二十章"环境"章节中，没有提及如何应对气候变化以及改善当前效率低下的环境监督机制。[2] 在日本，地方上反对 TPP 的声音也超过赞成声音。根据日本共同社 2015 年 11 月汇总的面向全国都道府县知事及市区町村长实施的询问赞成与否的问卷调查，反对意见占 36.9%，远远超过 23.0%

---

① 《美公布 TPP 完整版文本劳工组织誓言反对》，财新网，http：//international. caixin. com/2015 － 11 －06/100870960. html。

② 《美国公布 TPP 基本协议获得通过恐受阻》，中国日报网，http：//www. chinadaily. com. cn/micro － reading/interface_toutiao/2015 － 11 －06/14315798. html。

的赞成意见，在农林水产业兴盛的北海道、东北和九州地区反对情绪尤为突出。① 在越南，目前所有的工会必须附属于与政府相关联的工会联盟，而 TPP 则要求符合国际劳工组织（International Labour Organization，ILO）认可的劳工基本权利要求，包括自由结社和集体谈判的权利、消除强迫劳动、取缔童工、消除雇佣歧视等。一旦越南未遵守其承诺在五年内允许成立工会，美国将可能保留或暂停对越南的关税减免。这将对越南构成很大挑战。

对各非成员国来说，TPP 协定的影响将更多体现在对其贸易和投资的长期影响上，因此各国也在积极评估并寻求应对之策，很多域内非成员国正在考虑加入 TPP。如韩国副总理崔炅焕在 TPP 协定达成的第二日就表示，无论采取什么形式，韩国都会考虑加入 TPP。这事实上是韩国政府在表达加入 TPP 的意向。② 泰国总理巴育在 2015 年 10 月 13 日召开的内阁会议上，下令商业部、外交部等相关部委尽快研议泰国加入 TPP 的利弊得失，以便政府做下一步决定。③ 印度尼西亚总统维多多在 2015 年 10 月 26 日与美国总统奥巴马会面后也称有意加入 TPP。④ 中国商务部新闻发言人在回答记者有关美国政府正式公布 TPP 的提问时表示，中方正根据相关案文对 TPP 影响进行全面、系统的评估。商务部部长高虎城在接受采访时也表达了中国政府对 TPP 的总体看法，即中方对符合世界贸易组织规则、有助于促进亚太区域经济一体化的制度建设均持开放态度。中方希望 TPP 与本地区其他自由贸易安排相互促进，共同为亚太地区的贸易投资和经济发

---

① 《调查：日本各级地方政府首长反对 TPP 多过赞成》，中国新闻网，http://www.chinanews.com/gj/2015/11–15/7623977.shtml。

② 《韩国副总理称韩拟考虑加入 TPP》，环球网，http://world.huanqiu.com/hot/2015–10/7713212.html。

③ 《泰国总理巴育要求研议加入 TPP 利弊》，商务部网站，http://th.mofcom.gov.cn/article/jmxw/201510/20151001132681.shtml。

④ 《印尼总统：印尼有意加入 TPP 贸易协定》，凤凰财经，http://finance.ifeng.com/a/20151027/14041321_0.shtml。

展做出贡献。①

（二）RCEP：未能如期完成谈判

RCEP 首轮谈判于 2013 年 5 月启动，截至 2015 年年底已举行 10 轮谈判和 4 次经贸部长会议。2015 年 10 月 12 日在釜山完成第 10 轮谈判。谈判成员包括 TPP 的 7 个成员（分别是东盟中的文莱、新加坡、马来西亚和越南四国，以及日本、澳大利亚和新西兰）。高度透明、开放和包容是其鲜明特色。RCEP 谈成后，将成为世界上涵盖人口最多、成员构成最多元、经济发展水平差异最大、发展最具活力的自贸区。谈判领域涉及货物、服务、投资、知识产权、竞争、经济与技术合作、争端解决、原产地规则、电子商务等。RCEP 最初设定的谈判期限是 2015 年年底完成，但这一目标显然没有实现。为此，东盟 10 国与中国、韩国、日本、澳大利亚、新西兰和印度等 16 国领导人于 2015 年 11 月 22 日发表联合声明，指出 RCEP 各国领导人欢迎谈判取得的实质性进展，并要求谈判团队加紧工作，力争在 2016 年结束谈判。

经过 10 轮谈判，RCEP 取得了一定进展，但毋庸讳言，目前谈判仍处于早期阶段，离最初设定的目标还有很大差距。各方就货物贸易的准入模式就谈了两年多，目前虽然达成一致意见，但与 TPP 相比，RCEP 所达成的贸易自由化水平还是较低，与货物贸易相比，其他领域（如服务和投资）准入谈判就更加困难了。

RCEP 谈判启动的动因之一是为了整合 5 个以东盟为中心的自由贸易协定，由于这 5 个自贸协定都含有货物贸易自由化的内容，按理说，货物贸易的谈判相对是最容易的。但现实是，谈判各方很长时间都未能就货物贸易的市场准入模式达成一致意见，是统一自由化还是根据对象设定不同的自由化水平。如印度的出价分为三个层次，对来自中国、澳大利亚和新西兰

---

① 《商务部：正根据文本对 TPP 影响进行全面系统评估》，中国新闻网，http：//www. chinanews. com/cj/2015/11 – 06/7610320. shtml。

货物的市场准入最低，而给予东盟一些国家的市场准入会比较高。2015年8月24日第三次RCEP部长级会议在马来西亚首都吉隆坡举行，与会各方就货物贸易出价模式终于达成一致，即贸易自由化率（取消关税的进口产品比例）从RCEP生效时起需达到65%，并在之后10年内提高到80%。而TPP成员国从生效时起，90%的货物立刻零关税，所有产品将在12年内实现零关税。

服务贸易和投资自由化谈判的难度更大。除澳大利亚、新西兰和新加坡外，RCEP中的其他13个国家的服务贸易和投资自由化程度都比较低。在5个已有的自贸协定中，只有AANZFTA（ASEAN – Australia – New Zealand Free Trade Agreement，东盟—澳大利亚—新西兰自贸协定）、ACFTA（ASEAN – China Free Trade Agreement，中国—东盟自由贸易协定）以及AKFTA（China – Korea Free Trade Agreemnt，中韩自由贸易协定）三个自贸协定包含服务贸易条款，其中澳大利亚、新西兰的承诺水平最高，并且承诺水平高于GATS（服务贸易总协定，General Agreement on Trade in Serices），相比而言韩国和中国的承诺水平较低。东盟国家在AANZFTA的承诺水平要高于在AKFTA和ACFTA的承诺水平，反映出FTA谈判的互惠原则。东盟10国各自的承诺水平不尽相同，其中柬埔寨最高，文莱最低。东盟10国按照承诺水平分为三类：第一类承诺水平最高，包括柬埔寨、越南和新加坡；第二类次之，包括马来西亚、印度尼西亚、泰国和菲律宾；第三类承诺水平最低，包括缅甸、老挝和文莱（见表1）。

表1 承诺水平高于WTO的三个"10＋1"自贸协定（依据Hoekman指数测算）

国家	AANZFTA		ACFTA		AKFTA		平均	
	总体水平	WTO＋	总体水平	WTO＋	总体水平	WTO＋	总体水平	WTO＋
文莱	0.18	0.15	0.05	0.02	0.08	0.06	0.1	0.08
柬埔寨	0.51	0.14	0.38	0.01	0.38	0.01	0.42	0.05
印度尼西亚	0.29	0.22	0.09	0.03	0.18	0.11	0.19	0.12
老挝	0.24	NA	0.02	NA	0.07	NA	0.11	NA

国家	AANZFTA		ACFTA		AKFTA		平均	
	总体水平	WTO +	总体水平	WTO +	总体水平	WTO +	总体水平	WTO +
马来西亚	0.31	0.21	0.11	0.01	0.2	0.1	0.21	0.11
缅甸	0.26	0.23	0.04	0.01	0.06	0.03	0.12	0.09
菲律宾	0.26	0.17	0.11	0.02	0.17	0.08	0.18	0.09
新加坡	0.44	0.33	0.3	0.19	0.33	0.22	0.36	0.25
泰国	0.36	0.12	0.25	0.02	NA	NA	NA	NA
越南	0.46	0.19	0.34	0.07	0.32	0.05	0.37	0.1
东盟 10 国	0.33	0.2	0.17	0.04	0.2	0.08	0.23	0.11
澳大利亚	0.52	0.18						
中国			0.28	0.04				
韩国					0.31	0.09		
新西兰	0.51	0.26						

资料来源：Shujiro Urata，"Constructing and Multilateralizing the Regional Comprehensive Economic Partnership：An Asian Perspective"，ADBI Working Paper，No. 449，2013。

另外，RCEP 所涉议题越来越广泛也加大了谈判难度。根据 16 国在 2012 年通过的《RCEP 谈判指导原则和目标》，首轮谈判于 2013 年 5 月在文莱举行。在 2013 年和 2014 年两年中共进行了六轮谈判，成立了货物贸易、服务贸易、投资、知识产权、竞争、经济和技术合作、争端解决等 7 个工作组。2015 年 RCEP 紧锣密鼓地举行了 4 轮谈判，谈判议题出现泛化的情况。除了上述 7 个工作组外，还设立了电子商务工作组以及诸如原产地规则、动植物检验检疫、标准和技术规则相符性评估程序等次级工作组，还有专家小组在讨论贸易救济、政府采购等问题。尽管议题多一些比少一些更有利于出现共赢结果，但也会增加谈判的复杂性而使谈判陷入僵局。

（三）FTAAP 仍处于研究阶段

2014 年，作为 APEC 会议的东道主，中国于年初提出了及早开展亚太自贸区可行性研究、启动亚太自贸区建设进程的建议。在中国的积极努力下，北京 APEC 会议创新性地通过了《亚太经合组织推动实现亚太自贸区北京路线图》（以下简称《北京路线图》）。2015 年《北京路线图》的落实进展包括"实现亚太自贸区有关问题的联合战略研究"、信息共享机制和第二期亚太自贸区能力建设行动计划等工作的实施。2015 年 APEC 峰会宣言再次重申全面系统地推进亚太自贸区进程的承诺，将其作为推动区域经济一体化主要手段。同时，该宣言指示部长及官员继续上述工作，期待 2016 年在秘鲁聚首时看到联合战略研究的成果和相关建议。① 对 FTAAP 开展的战略性研究并不是 FTAAP 谈判的正式启动，而是对 FTAAP 细节内容的战略研究，包括确认 FTAAP 涵盖内容，对发展程度不同的经济体而言是否均可行，以及相关制度建设和具体谈判需要多长时间。因此，相较于 TPP 和 RCEP，FTAAP 仍只是一个远期愿景，尤其考虑到它包含更多的成员、各国之间存在着更大的差异以及各国在政治方面的考量等因素，建成亚太自贸区的难度是不言而喻的。

二 东亚区域经济合作新进展：东盟经济共同体 （ASEAN Economic Community，AEC）成立

在东亚地区，除了 RCEP，其他经济合作框架在 2015 年继续全面推进，AEC、"10 + 1""10 + 3"、中日韩等区域经济合作框架都取得新进展，中韩、中澳自贸协定相继正式签署。其中以 AEC 的成立最为引人注目。

（一）AEC 成立：东盟一体化的里程碑

AEC 2015 蓝图最早是在 2006 年吉隆坡举行的第 38 届东盟经济部长会议上提出。2007 年第十三届东盟首脑会议通过了《东盟宪章》，明确将建立东盟共同体的战略目标写入宪章，同时还通过了《AEC 蓝图》，重申在 2015

---

① 《2015APEC 会议宣言》，中国日报网，http：//www.chinadaily.com.cn/interface/yidian/1139302/2015 - 11 - 21/cd_22487268.html。

年之前建成东盟经济共同体。这是东盟经济一体化建设的总体规划。AEC
蓝图主要建立在四大支柱上：一是单一市场和生产基地；二是具有很强竞
争力的地区经济；三是地区经济公平发展；四是地区经济完全融入全球经
济。在 2015 年 11 月举行的第二十七届东盟峰会上，东盟领导人宣布将在
2015 年 12 月 31 日建成以政治安全共同体、经济共同体和社会文化共同体
三大支柱为基础的东盟共同体，同时通过了愿景文件《东盟 2025：携手前
行》。东盟经济共同体的目标是形成统一的市场和生产基地，货物、服务、
投资和技术工人将在东盟成员国之间自由流动，资本往来更自由，东盟将
在全球经济中更富有竞争力。2015 年 12 月 31 日，东盟轮值主席国马来西
亚外长阿尼法发布声明宣称，东盟共同体于当天正式成立，这是东盟历史
上又一个重要的里程碑。

自 2007 年通过 AEC 蓝图以来，东盟地区经济实现了快速发展。2014 年
经济规模比 2007 年翻番，达到 2.5 万亿多美元；人均 GDP 比 2007 年几乎
增长 80%，达到 4000 多美元。东盟已经成为亚洲第三、世界第七大市场，
也是全球一体化程度较高的市场。东盟成为一个有着 6.22 亿人口的消费基
地，在全球仅次于中国和印度。最重要的是，50% 多的东盟人口年龄低于
30 岁，他们将成为现在和未来的重要劳动力大军。另外值得注意的是东盟
区内贸易和投资产生的累积效应：2014 年东盟区内贸易比重达 24.1%，成
为自己最大的贸易伙伴；2014 年东盟吸引外国直接投资占全球的 11%
（2007 年只有 5%），且 17.9% 的投资来自区内，仅次于来自欧盟的 21%。①
东盟领导人希望通过东盟共同体使所在地区的更多人获得经济利益，预计
目前人口超 6.2 亿、总规模超过 2.5 万亿美元的共同体实力将在 2030 年扩
大一倍。②

---

① "ASEAN Economic Community 2015: Progress and Key Achievements," The ASEAN Secretariat,
http://www. asean. org/storage/images/2015/November/aec - page/AEC - 2015 - Progress - and
- Key - Achievements. pdf。
② 《东盟经济共同体成立发布〈东盟 2025：携手前行〉愿景文件》，央广网，http://china.
cnr. cn/ygxw/20151231/t20151231_520988658. shtml。

截至 2015 年 10 月 31 日，在东盟用来监测 AEC 全面一体化所要求的 611 项举措中，只有 486 项得到了全面实施，实施率只有 79.5%，其中高度优先的 506 项举措中有 469 项得到实施，实施率达 92.7%。老东盟 6 国[①]和新东盟 4 国[②]已分别取消了 99.2% 和 90.86% 的进口产品税目，全部 10 国的关税消除率达 95.99%。[③] 但正如声明所说，东盟共同体的成立不意味着东盟共同体建设进程的结束，而只是开始，尤其让更多穷困群体共享发展成果从而缩小发展差距将是最大挑战。在削减关税方面东盟已经取得较好成绩，但是仅仅消除关税并不能带来一个开放和统一的市场。东盟在其他领域取得的进步仍与 AEC 目标相去甚远，如贸易便利化措施没有全面跟进、服务贸易自由化甚至还没有真正开始。AEC 2025 将把重点更多放在贸易便利化上，如单一窗口、整合清关手续、统一标准、出口企业自我认证等。考虑到东盟落后国家基础设施严重滞后以及东盟秘书处人员严重不足等因素，这一目标的实现必然会是一个缓慢的进程。

（二）中国—东盟 FTA 完成升级谈判

2013 年 10 月，李克强总理在中国—东盟领导人会议上倡议启动中国—东盟自贸区升级谈判。2014 年 8 月，中国—东盟经贸部长会议正式宣布启动升级谈判。经过 4 轮谈判，2015 年 11 月 22 日，在李克强总理和东盟 10 国各国领导人的共同见证下，中国与东盟在马来西亚吉隆坡正式签署中国—东盟自贸区升级谈判成果文件——《中华人民共和国与东南亚国家联盟关于修订〈中国—东盟全面经济合作框架协议〉及项下部分协议的议定书》（简称《议定书》）。《议定书》是中国在现有自贸区基础上完成的第一个升级协议，涵盖货物贸易、服务贸易、投资、经济技术合作等领域，是对原

---

① 老东盟 6 国是指印度尼西亚、马来西亚、新加坡、泰国、菲律宾和文莱。

② 新东盟 4 国是指后来加入的柬埔寨、老挝、缅甸和越南这四个国家。

③ "ASEAN Economic Community 2015: Progress and Key Achievements," The ASEAN Secretariat. http://www.asean.org/storage/images/2015/November/aec-page/AEC-2015-Progress-and-Key-Achievements.pdf.

有协定的丰富、完善和提升，体现了双方深化和拓展经贸合作关系的共同愿望和现实需求。由于现有的中国—东盟自贸区零关税已经覆盖了双方90%~95%税目的产品，货物贸易自由化水平已经很高。因此，升级谈判主要通过升级原产地规则和贸易便利化措施，来进一步促进双边货物贸易发展。

在这次升级谈判中，双方同意对46个章节的绝大部分工业品同时适用"4位税目改变"和"区域价值百分比40%"标准，涉及3000多种产品，包括矿物、化工、木材纸制品、贱金属制品、纺织品和杂项制品等产品，其中有许多是中国具有较强竞争优势的产品。这两种原产地标准，企业可自行选择适用，这改变了原来"区域价值百分比40%"的单一标准，将大大便利有关企业利用自贸区的优惠政策。同时，还纳入了海关程序与贸易便利化领域的相关内容。

在服务贸易领域，中国在集中工程、建筑工程、证券、旅行社和旅游经营者等部门做出改进承诺。东盟各国在商业、通信、建筑、教育、环境、金融、旅游、运输等8个部门的约70个分部门向中国做出更高水平的开放承诺。双方的具体改进措施包括扩大服务开放领域，允许对方设立独资或合资企业，放宽设立公司的股比限制，扩大经营范围，减少地域限制等。

在经济技术合作领域，双方同意在农业、渔业、林业、信息技术产业、旅游、交通、知识产权、人力资源开发、中小企业和环境等十多个领域开展合作。双方还同意为有关经济技术合作项目提供资金等支持，推动更好地实施中国—东盟自贸协定。此外，考虑到电子商务对双方经济发展的重要作用，双方还同意将跨境电子商务合作这一新议题纳入《议定书》，通过加强信息交流以促进双方的贸易和投资。

中国—东盟自由贸易区是我国对外商谈的第一个也是最大的自由贸易区。该贸易区于2002年开始实施"早期收获"，2010年全面建成。在自贸区各项优惠政策的促进下，中国与东盟双边贸易从2002年的548亿美元增长至2014年的4804亿美元，增长近9倍，双向投资从2003年的33.7亿美元增长至2014年的122亿美元，增长近4倍。目前，中国是东盟最大的贸易伙伴，东盟是中国第三大贸易伙伴，双方累计相互投资已超过 1500 亿美元。《议定书》的达成和签署，为双方经济发展提供了新的助力，加快建设更为紧密的中国—东盟命运共同体，推动实现 2020 年双边贸易额达到 1 万亿美元的目标，并促进区域全面经济伙伴关系协定谈判和亚太自由贸易区的建设进程。[①]

（三）中韩、中澳自贸协定正式签署

2015 年 6 月 1 日，中韩自由贸易协定的正式签订为中韩经济合作开启了新篇章。与以往中国签订的自贸协定不同，中韩自贸协定除了包括传统的货物贸易、服务贸易和投资协定之外，还涉及 "21 世纪新议题"，包括政府采购、竞争政策、电子商务和环境等内容。

2015 年 6 月 17 日，中国与澳大利亚正式签署中澳自贸协定。中澳自贸协定谈判于 2005 年 4 月启动，历时十年。协定在内容上涵盖货物、服务、投资等十几个领域，实现了 "全面、高质量和利益平衡" 的目标，是我国与其他国家迄今已商签的贸易投资自由化整体水平最高的自贸协定之一。澳大利亚是经济总量较大的主要发达经济体，是全球农产品和能矿产品主要出口国，有着成熟的市场经济体制和与之相匹配的法律制度及治理模式。中澳自贸协定签署，是我国在加快形成面向全球的高标准自由贸易区网络进程中迈出的重要而坚实的一步，对我国在 "新常态" 下全面深化改革，构建开放型经济新体制起到重要的促进作用。中澳自贸协定也是继韩国之后，我国与亚太地区又一个重要经济体签署的自贸协定。这对于推动区域全面经济伙伴关系和亚太自由贸易区进程以及加快亚太地区经济一体化进程、实现区域共同发展和繁荣，具有十分重要的意义。

（四） "10＋3" 合作继续深化

近年 "10＋3" 框架下东亚区域经济合作虽显现 "冷落" 之势，但并未

---

① 《中国—东盟自贸区升级版正式签署》，环球网，http://world. huanqiu. com/hot/2015 - 11/8027547. html。

停止前进的步伐，在金融货币合作方面尤其如此。2015 年 5 月 3 日，第十八届东盟与中日韩（10＋3）财长和央行行长会在阿塞拜疆巴库举行，重点讨论了全球和区域宏观经济形势以及"10＋3"财金合作等议题，并发表了《第十八届 10＋3 财长和央行行长会联合声明》。各方承诺将继续采取宏观审慎措施，加强宏观经济政策协调，共同维护区域经济和金融稳定；同时，进一步加快结构改革，提高经济韧性，挖掘经济增长潜力，推动区域经济持续健康发展。会议要求进一步做好清迈倡议多边化（Chinang Mai Intiative Multilateralization，CMIM）的实际运行准备工作，再次强调东盟与中日韩宏观经济研究办公室（Association of Macroeconomic Researc Organization，AMRO）升级为国际组织的重要性，重申"10＋3"各方应尽快履行内部核准程序，早日完成升级进程。会议批准 AMRO 设置两个副主任和一个首席经济学家职位，以进一步提升 AMRO 的机构能力。会议还肯定了亚洲债券市场倡议为区域本币债券市场发展所做出的贡献。① 2015 年 8 月 29 日，第十二届全国人民代表大会常务委员会第十六次会议决定：批准 2014 年 10 月 10 日由中华人民共和国政府代表在华盛顿签署的《设立东盟与中日韩宏观经济研究办公室协议》。至此，中国已完成将 AMRO 升级为国际组织的国内核准程序。

2015 年 11 月 21 日，中国总理李克强在第十八次东盟与中日韩（10＋3）领导人会议上指出，"10＋3"合作迄今已拥有 60 多个不同级别的机制，涵盖 24 个领域。2014 年以来，成员国开展了约 230 个合作项目，在金融、粮食、互联互通、经贸、能源、海上、人文等领域合作取得了积极成果。"10＋3"作为东亚合作主渠道的地位是名副其实的。李克强总理同时提出了加强"10＋3"合作的几点建议：一是加快推进东亚经济一体化，尤其要努力完成 RCEP 谈判，建成世界上涵盖人口最多、成员构成最多元化、发展最具活力的自贸区；二是协力维护地区金融稳定，尤其要提升清迈倡议多

---

① 《第十八届东盟与中日韩财长和央行行长会在阿塞拜疆巴库举行》，新华网，http：//news. xinhuanet. com/world/2015－05/03/c_127760004. htm。

边化的有效性和可操作性，充分发挥"10＋3"宏观经济研究办公室的作用，推动亚洲债券市场的开放和发展；三是提升互联互通水平，共同探讨制定"东亚互联互通总体规划"，促进整个东亚范围的互联互通建设；四是开展国际产能合作，在自愿、平等、互利基础上，以重大基础设施建设、工程机械、电力、建材等为重点，与东盟国家需求对接，开展国际产能合作，推动东盟国家工业化进程，提升产业层次，实现可持续发展，为地区经济稳定增长提供新动力；五是深化农业减贫合作，加强"10＋3"大米紧急储备机制，积极落实"东亚减贫合作倡议"，与各方加强政策交流和经验分享，使减贫合作直接服务基层，惠及更多民众；六是拓展人文交流，积极促进"10＋3"旅游、教育、文化、新闻等部长会议机制发展，推动地区人文交流与合作，充分发挥东亚论坛、东亚思想库网络等智库作用，加强一轨、二轨联系，为推进东亚区域合作建言献策。①

（五）中日韩 FTA 持续推进

虽受中日、韩日政治关系恶化的影响，中日韩经济合作遭遇一定冲击和影响，但中日韩合作还是在持续推进。中日韩投资协定在完成相关法律程序后，于 2014 年 5 月 17 日正式生效。作为当前中日韩经济合作最重要内容的自贸区谈判自 2013 年 3 月启动首轮谈判以来，迄今已经进行了 9 轮谈判，其中 2015 年分别于 1 月、5 月、8 月和 12 月进行了 4 轮谈判。谈判主要就货物贸易的降税模式、服务贸易和投资的开放方式、协定范围领域等议题展开了磋商，举行了涉及相关规则及合作规范等 20 多个领域的工作组会议或专家会议。时隔 3 年后的 2015 年 11 月，中日韩领导人峰会于韩国重启，在多个领域取得重要成果，其中在经济领域，中日韩三国领导人一致同意将继续在创新技术、能源、信息通信、标准化、物流等领域开展合作，并把中日韩自贸区作为重要目标加以推动。② 但考虑到三国产业竞争性逐渐

---

① 《李克强在第十八次东盟与中日韩（10＋3）领导人会议上的讲话》，新华网，http：//news. xinhuanet. com/politics/2015－11/22/c_1117218202. htm。

② 姜跃春：《中日韩首脑会晤重启与三方合作的未来》，《当代世界》2015 年第 12 期。

增强、三国在历史问题上的不同看法以及现实存在的领土争端等问题，中日韩自贸区离达成协定仍然任重而道远。

三 中国参与区域经济合作现状

截至 2015 年 12 月 20 日，中国已经与 22 个国家和地区建立了 14 个自贸协定，涵盖了 1/3 的进出口贸易额（若不包括港澳地区，则涵盖了中国 24% 的贸易额）。已经签署的自贸协定包括中国—澳大利亚、中国—韩国、中国—瑞士、中国—冰岛、中国—哥斯达黎加、中国—秘鲁、中国—新加坡、中国—新西兰、中国—智利、中国—巴基斯坦、中国—东盟、内地与港澳更紧密经贸关系安排等。目前正在谈判的自贸协定有 9 个，分别为：中国—海合会、中国—挪威、中－日－韩、RCEP、中国—东盟自贸协定升级谈判、中国—斯里兰卡、中国—巴基斯坦自贸协定第二阶段谈判、中国—马尔代夫和中国—格鲁吉亚。正在研究的自贸区包括中国—印度、中国—哥伦比亚、中国—摩尔多瓦和中国—斐济。当前，我国自贸区网络呈现四个特点。

（一）自贸伙伴中经济发达国家与发展中国家大致相当

如果以贸易量来衡量，中国的自贸伙伴中发达经济体和发展中经济体基本相当。2014 年中国自贸伙伴中的发达经济体（包括澳大利亚、韩国、瑞士、冰岛、新加坡和新西兰 6 个发达经济体，不包括中国港澳地区）的经济规模为 4.1 万亿美元，远高于发展中自贸伙伴（包括除新加坡的东盟 9 国、秘鲁、智利、巴基斯坦、哥斯达黎加等 13 个发展中经济体）的经济规模（2014 年为 2.9 万亿美元）。但在中国对外贸易中，发达和发展中经济体所占的贸易量大致相当，在 2014 年中国对外贸易中，发达自贸伙伴占 13%，发展中自贸伙伴也占到了 11%。①

---

① 数据来源：GDP 数据来自世界银行，贸易数据来自 UN COMTRADE。

（二）自贸协定的内涵和质量不断提升

过去，中国的自贸区战略更多着眼于扩大地理覆盖范围，签署自贸协定多多益善。经过近些年来的不懈努力，尤其随着中韩、中澳自贸区协定和中国东盟自贸协定升级版的签署，中国的自贸区战略已经从着眼于自贸区覆盖范围的扩大转向注重自贸区水平的提升，包括内涵和质量的提升。中韩、中澳自贸协定除了包括传统的货物贸易、服务贸易和投资协定之外，还涉及"21世纪新议题"，包括政府采购、竞争政策、知识产权、电子商务和环境等内容，这是以往自贸协定中所没有的。其中，中澳自贸协定是中国与其他国家迄今已商签的贸易投资自由化整体水平最高的自贸协定。在货物领域，中澳双方各有占出口贸易额85.4%的产品将在协定生效时立即实现零关税。减税过渡期后，澳大利亚最终实现零关税的税目占比和贸易额占比将达到100%；中国实现零关税的税目占比和贸易额占比将分别达到96.8%和97%。这大大超过一般自贸协定90%的降税水平。

中国东盟自贸区升级版谈成后，未来还有许多自贸协定也需要升级换代，如中国与新加坡、巴基斯坦自贸协定的升级就正在探讨中，而中国与澳大利亚和韩国之间的自贸协定仍需要在服务贸易方面填补空白。

（三）主要发达经济体缺位

当前，TPP协议已经达成，TTIP（跨大西洋贸易与投资伙伴协议，Transatlantic Trade and Investment Partnership）和TISA（国际服务贸易协定，Trade in Services Agreement）谈判也正在紧锣密鼓地进行中。尽管中国已经构筑起自己的自贸区网络，但仍存在较为明显的缺陷，尤其是与主要发达经济体如美国、欧盟、日本等贸易安排的缺失，会导致中国在新一轮全球贸易和经济格局构建过程中面临一定程度被边缘化的风险，从而带来贸易和投资转移的风险。由于中国所在地区还没有形成区域性自由贸易协定，尚不足以应对其他地区区域经济一体化日益强化所带来的挑战。

（四）碎片化问题有所突出

中国所签的 14 个自由贸易区在贸易自由化所涵盖的商品及自由化程度、投资所允许的准入范围、原产地规则以及涵盖的议题等诸多方面都有不同的规定。这种情况一方面对中国对外经贸谈判部门带来很大的人员精力消耗方面的压力，另一方面给企业利用相关自贸协定带来很高的交易成本。

四 关于中国参与区域经济合作的几点建议

党的十七大把自由贸易区建设上升为国家战略，十八大提出要加快实施自由贸易区战略。习近平总书记在中共中央政治局学习时指出，中国要"逐步构筑起立足周边、辐射'一带一路'、面向全球的自由贸易区网络，积极同'一带一路'沿线国家和地区商建自由贸易区，使我国与沿线国家合作更加紧密、往来更加便利、利益更加融合。要努力扩大数量、更要讲质量，大胆探索、与时俱进，积极扩大服务业开放，加快新议题谈判"①。2015 年 10 月 TPP 完成实质性谈判，新一轮全球经贸规则将从理念变为现实，知识产权、环保、劳工标准、竞争中立等与国际贸易挂钩，将进一步推动国际服务贸易的发展，并有利于保证美国的贸易利益。在这一背景下，经济实力日渐增强的中国，应该采取更加积极主动的态度，推动全球经济治理地位由遵守、适应国际经贸规则为主向主动参与国际经贸规则制定转变。参与区域经济合作、实施自由贸易区战略则是中国参与国际经贸规则制定的最佳途径。为此，我们提出如下建议。

（一）积极推动中日韩 FTA 和 RCEP 谈判

TPP 的签署，给东亚地区经济一体化带来很大压力。东盟目前有 4 个国

---

① 《习近平：加快实施自由贸易区战略加快构建开放型经济新体制》，新华网，http://news.xinhuanet.com/politics/2014-12/06/c_1113546075.htm。

家已经加入 TPP，另外还有日本、澳大利亚和新西兰也是 TPP 成员。因此，TPP 使东盟面临被分化之虞，RCEP 也有被弱化的风险。但正如《RCEP 领导人联合声明》所述，RCEP 对于提高区域民众生活水平、带动经济发展具有重要意义，是本地区经济一体化的重要路径，有利于推动经济公平发展，加强各国间的经济联系。由于中日韩是区域内三个最大的经济体，实现中日韩 FTA，将是 RCEP 进一步发展的重要推动力，也有助于在未来稳定三国政治关系。

（二）在 FTA 模板中适当引入新一代经贸规则

当前美国等发达国家将注意力放在服务贸易和投资自由化以及"新一代贸易政策"方面，其通过 FTA 谈判构建全球新贸易规则的意图非常明显；而中国所签署并实施的 FTA 几乎没有涵盖能源、环境、劳工标准、电子商务、医疗卫生和社会事务等新一代议题，这使中国面临高标准 FTA 谈判的现实压力。中国必须制定自己的新一代 FTA 模板，以应对新一轮高水平对外开放对高水平自贸协定谈判的需要。如在中日韩 FTA 谈判中，日本希望将自由化程度较高的 TPP 作为中日韩自贸协定谈判的雏形，因为如果自由化水平较低，对日本出口和投资产生的经济效果很小；而中国则希望在中韩已达成的自由贸易协定的基础上，继续推进中日韩自由贸易协定谈判。[1]在现实谈判中，很可能走中间路线，关键要看中方能做多大的妥协。中日韩 FTA 谈判的理想模式很可能是在中韩 FTA 的模式中加入 TPP 的因素。这对中国来说是很大的挑战，需要中国在对不同谈判对象采取不同的灵活态度以兼顾相关国家舒适度的同时，逐步理解和接纳基于全球价值链和可持续发展的理念，制定现代高标准和高质量的贸易与投资政策体系，将 FTA 新议题和新规则谈判作为深化改革的催化剂，在努力实现产业结构和经济结构转型升级的同时，为本地区的经贸规则和秩序重构做出贡献。

---

[1] 《中日韩自贸协定谈判模板博弈：中韩 FTA 还是 TPP》，网易新闻，http：//news. 163. com/15/1103/09/B7G363OQ00014AED. html。

（三）推动新一轮高水平开放的同时建立相应保障机制

以高水平 FTA 为载体的新一轮高水平对外开放，一方面意味着中国将有更多的企业"走出去"，另一方面也意味着国内市场将进一步向世界开放，从而会带来更大的国内收入分配效应。无论是"走出去"竞争还是"引进来"竞争，都意味着更大的风险，需要有相应的风险保障机制，以维护国民利益。

一方面，要积极建立和完善海外投资保障机制。无论是中国企业还是中国政府主导的投资，都面临海外风险和海外利益保护问题。尤其中国投巨资筹建的金砖国家新开发银行、亚洲基础设施投资银行与丝路基金以及正在推进的上合组织开发银行等的投资重点，多属市场机制尚未充分建立、国内政治制度不是十分稳定的新兴市场和发展中经济体，投资这些国家和地区的风险是显而易见的。而与之对应的海外利益保护机制却没有充分建立起来，这将导致很多海外合作项目在遭遇各种非商业风险后因得不到补偿而付出巨大代价。中国在缅甸投资的密松水电站被叫停、墨西哥取消中国高铁合同、斯里兰卡港口城项目一波三折、印度尼西亚撕毁渔业合同等事件的发生，以醒目的方式提醒中国，海外风险与海外利益保护问题已不容忽视。

因此，一是要积极开展经济外交，加强沟通交流，增进战略互信，有效运用自由贸易协定和双边投资协定等现有规则，并谋求建立互利共赢的投资新规则以维护海外投资利益；二是完善海外投资监管体制和服务保障体系，既加强事中事后监管，落实企业投资主体地位和问责制，又加强政策指引和信息咨询服务，加快海外投资数据库建设，细化国别风险评估和项目安全预警，完善境外安全事件应急响应机制，同时尽快完善海外投资保险制度，可考虑制定专门的海外投资保险法，加强统一规划，完善机构设置，扩大承保范围。

另一方面，要探索建立贸易调整援助保障机制。中国 30 多年改革开放的一个重大制度不足是没有对受到开放冲击的产业和个人进行援助或补偿，从而使改革开放的成果未能惠及每个人，这也在一定程度上加剧了社会的贫富差距。因此，在新一轮对外开放中，政府需更多考虑因开放而受损的群体，在减少政策扭曲、规范产业支持政策的基础上，借鉴有关国家实践经验，研究建立符合世界贸易组织规则和中国国情的贸易调整援助机制，对因关税减让、市场开放而受到冲击的产业、企业和个人提供相应援助或补偿，提升其竞争力，从而促进产业调整和社会公平。这一社会安全保障机制的建立反过来还能促进新一轮改革开放的顺利推进。

（四）精耕细作"一带一路"合作倡议

"一带一路"是当前中国应对国际国内经济发展形势，尤其是应对发达国家主导的 TPP、TTIP 和 TISA 等经贸新规则的最佳平台，必须加以精耕细作，务实推进。

首先，要让"一带一路"成为实现拓展国际市场空间的主渠道。未来二十年，世界中产阶级数量和购买力增长都将主要来自亚洲，分别占 85% 和 80%。[①] 因此，随着亚洲世纪的到来，可以预见，未来一至两个世纪，谁拥有了亚洲市场，谁就拥有了世界。

其次，要让"一带一路"成为保障各种资源要素供给的主要基地。中国人均能源和资源占有率远低于世界平均水平，目前我国石油对外依存度超过 60%，天然气对外依存度超过 30%。而"一带一路"沿线具有丰富的能源和其他各种资源，通过互利合作，将有效保障我国经济发展所需的能源和各种资源供给。另外，我国人口问题的解决也可能依赖于"一带一路"。2020 年中国适龄未婚者将超 3000 万人，[②] 2030 年中国将迎来人口老

---

① Kharas，Homi，The Emerging Middle Class in Developing Countries（OECD Development Centre，2010），此论文将中产阶级从广义上定义为有房子住且人均收入按购买力平价计算每天在 10 到 100 美元之间的人。

② 《光棍节数据：2020 年中国光棍将超 3000 万》，人民网，http://history.people.com.cn/peoplevision/n/2013/1111/c362054 - 23498811.html。

龄化高峰，60 岁及以上的老年人口将达到 3.51 亿人，[①] 通过与"一带一路"国家的双向人口流动，可以帮助解决中国人口的结构性问题。

最后，要把"一带一路"作为中国参与全球经济治理、构建经济新规则和新秩序的主要试验场。目前，"一带一路"沿线还有 17 个国家没有加入 WTO（World Trade Organization，世界贸易组织），同时绝大多数国家又面临被 TPP 等新经贸规则边缘化的风险。"一带一路"建设要避免过去全球化带来的分化作用，避免使有的国家受益，有的国家被边缘化；避免部分人受益，部分人受损。同时，由于规则构建既受经济（包括本国、地区、世界经济以及双边经济关系）因素影响，同时也受政治尤其是地缘政治的影响，更需要有前瞻性研究。一方面要客观评估现有各种机制和规则对本地区的适用性和可行性，另一方面要创新各种合作机制和规则并设计相应的实施路径，以真正为本地区共同发展带来福祉。应该说，亚洲基础设施投资银行已经开了个好头。

---

① 《2030 年中国将迎来人口老龄化高峰》，中国社保网，http：//www.shebao5.com/xinwen/96820.html。

"一带一路"框架下的中国—周边互联互通*

李晨阳　杨祥章**

摘　要："一带一路"建设规划为中国与周边国家的互联互通描绘了更宏伟的蓝图。2015 年以来，中国周边互联互通取得了多方面突破，包括中巴互联互通的很多项目落地，印度尼西亚高铁项目获得重要进展，中泰、中老铁路启动等。同时，周边互联互通的推进面临复杂的环境，一些已经达成协议的项目在推进过程中可能出现波折。我们需要正视推进与周边互联互通过程中一些客观存在的问题，并采取合理的对策，推动中国与周边国家的互联互通取得更大成效。

关键词：互联互通　"一带一路"　高铁合作

"一带一路"建设规划为中国与周边国家的互联互通描绘了更宏伟的蓝图，并使我国与周边的互联互通与更大区域的互联互通有效结合在一起。2015 年以来，在"一带一路"框架下，中国—周边互联互通取得了量和质的双重突破。在建设"一带一路"的新历史机遇下，我国认真审视存在的现实问题，采取有效措施，稳步推进与周边的互联互通。

一　中国—周边基础设施互联互通的新进展

2015 年以来，我国与周边国家的互联互通取得了可喜成效，新签署了

---

* 本文为2014年度国家社科基金年度项目"'一带一路'战略下推进中国—东盟互联互通对策研究"（项目编号：14XGJ002）的阶段性成果。

** 李晨阳，云南大学社科处处长、缅甸研究院院长，研究员、博士生导师；杨祥章，云南大学国际关系研究院 2015 级博士生。

一系列合作协议，多个重大项目走向落实，融资渠道不断丰富。

(一)中巴互联互通合作成果丰硕

2015 年 4 月，习近平主席访问巴基斯坦期间，中巴签署了总金额 460 亿美元的 51 项合作协议与备忘录，其中多项涉及中巴互联互通，包括《中国国家铁路局和巴基斯坦铁道部关于开展 1 号铁路干线（ML1）升级和哈维连陆港建设联合可行性研究框架协议》《中国和巴基斯坦关于主要通信基础设施项目合作的框架协议》《拉合尔轨道交通橙线项目》《喀喇昆仑公路（Karakokran Highway，KKH）升级工程第二期（赫韦利杨至塔科特）、卡拉奇至拉合尔高速公路（KLM）、瓜达尔港东湾高速公路以及瓜达尔国际机场项目的谅解备忘录》等。

这些项目大多是中巴经济走廊交通基础设施领域的优先推进项目。它们的实施将有效改善巴基斯坦交通运输状况。位于巴基斯坦东部地区的 1 号铁路干线，全长 1726 公里，从南部港口卡拉奇向北经拉合尔、伊斯兰堡并延伸至白沙瓦，是巴基斯坦最重要的南北铁路干线。1 号铁路干线升级和哈维连陆港建设，是中巴经济走廊远景规划联合合作委员会确定的中巴经济走廊交通基础设施领域优先推进项目。[①] 中国兵器工业集团以总承包方式负责拉合尔轨道交通橙线项目，这是巴基斯坦首条城市轨道交通。卡拉奇至拉合尔高速公路全长 1152 公里，南起巴基斯坦最大港口城市卡拉奇，北至全国第二大城市拉合尔，作为"中国—巴基斯坦经济走廊"的重要组成部分，建成后将成为连接中国和中亚国家通往卡拉奇和瓜达尔港的交通干线。[②] 卡拉奇—拉合尔高速公路与喀喇昆仑高速公路项目和瓜达尔港项目，是中巴经济走廊建设的 3 个旗舰项目。

---

① 《中巴就联合开展中巴经济走廊铁路项目可研签署合作文件》，国家铁路局网，http：//www. nra. gov. cn/zxbb/gjjl/wsdt/201504/t20150422_13227. htm。

② 《中国企业中标巴基斯坦最大公路项目》，新华网，http：//news. xinhuanet. com/ttgg/2015 - 12/10/c_1117424145. htm。

（二）中国高铁走进印度尼西亚

2015 年 3 月底，印度尼西亚总统佐科访华期间，国家发展和改革委员会与印度尼西亚国有企业部签署了《中印尼雅加达—万隆高铁合作谅解备忘录》，为两国开展高铁合作奠定了基础。2015 年 10 月 16 日，中国铁路总公司牵头组成的中国企业联合体与印度尼西亚维卡公司牵头的印度尼西亚国企联合体，正式签署了组建中印尼合资公司协议，获得印度尼西亚最大城市雅加达至第四大城市万隆之间的高速铁路项目建设和运营权。

雅加达—万隆高铁简称雅万高铁全长 150 公里，是印度尼西亚首条高速铁路。雅万铁路也是中国高铁第一次全系统、全要素、全产业链走出国门。它的设计时速为 250～300 公里，将全面采用中国标准、中国技术、中国装备，中方将参与勘察、设计、建设、运营、管理全过程。[①] 2016 年 1 月 21 日，雅万高铁正式动工。在政府搭台、企业合作的模式下，中国高铁走进印度尼西亚，实现了在东南亚市场的历史性突破。雅万高铁不仅有效促进沿线的经济发展，也有望起到示范作用，带动我国与东盟国家更多的高铁合作。

（三）中老铁路和中泰铁路启动

2015 年 12 月 2 日，连接昆明至老挝万象的中老铁路正式开工，预计2020 年建成通车。中老铁路是第一个以中方为主投资建设并运营、与中国铁路网直接连通的境外铁路项目，全线采用中国技术标准、使用中国设备。项目总投资近 400 亿元人民币，由中老双方按照 7：3 的股比合资建设。[②] 2015 年 12 月 19 日，中泰铁路合作项目启动仪式在泰国巴吞他尼府三科县清惹克侬火车站举行。中泰铁路是泰国首条标准轨道铁路，由中方负责项目的设计、采购、施工和试运行，机车、铁路信号系统、电力系统等均采

---

① 周方银：《2015 年中国周边外交评估》，《国际动态》2015 年第 12 期。
② 《中老铁路老挝段开工 将于 2020 年建成通车》，新华网，http://news.xinhuanet.com/politics/2015 - 12/03/c_128492728.htm。

用中方技术。

中老铁路和中泰铁路相继动工，并采用中国技术和装备，不仅意味着我国在与东盟互联互通上取得重大突破，也标志着中国铁路技术和装备在国际化道路上迈上了新台阶。

（四）中外企业联合体获得皎漂经济特区项目建设权

2015 年 12 月 29 日，缅甸议会高票通过了皎漂经济特区项目，并确认了特区项目开发面积共 4289.32 英亩。30 日，缅甸皎漂特别经济区项目评标及授标委员会宣布，由中信集团、泰国正大、中国港湾、中国招商局集团、中国天津泰达和中国云南建工组成的企业联合体中标皎漂经济特区的工业园和深水港项目。其中，工业园项目占地 1000 公顷，计划分三期建设；深水港项目包含马德岛和延白岛两个港区，共 10 个泊位，计划分四期建设，总工期约 20 年。项目将在缅甸新政府上台后开始实施。

皎漂经济特区是缅甸政府规划建设的第三个经济特区。缅甸有意在皎漂经济特区建设中借鉴中国深圳蛇口工业区和上海外高桥保税区的经验，利用物流和口岸效应，带动产业培育。缅甸政府曾组织各部门代表团对中国相关样板特区进行考察和学习。此外，皎漂也是已建成的中缅油气管道的起点。

（五）中新拟建互联互通示范项目

2015 年 11 月 7 日，习近平主席访问新加坡期间，重庆市与新加坡总理公署签署了《关于建设中新（重庆）战略性互联互通示范项目实施协议》。"中新（重庆）战略性互联互通示范项目"是中新继苏州工业园区和天津生态城之后的第三个政府间合作项目。

重庆地处"一带一路"沿线与长江黄金水道沿岸，该项目以"现代互联互通和现代服务经济"为主题，将金融服务、航空、交通物流和信息通信技术作为重点合作领域，可以将"一带一路"与长江经济带有效结合。同时，该项目也是中国与东盟在互联互通建设上落实《推动共建丝绸之路经济带和 21 世纪海上丝绸之路的愿景与行动》，既鼓励中国企业"走出去"参与沿线国家基础设施建设，也倡议"引进来"，欢迎各国企业来华投资的具体表现。

（六）在建项目进展顺利

中国与周边国家多个在建互联互通项目取得新的进展。2015 年 1 月 28 日，中缅原油管道工程试投产在若开邦皎漂镇马德岛举行，中缅原油管道开始向国内输送原油。截至 2015 年年底，中越北仑河公路二桥已建成引桥；中俄界河上的首座跨江大桥——同江铁路大桥完成了主体工程，建成后将形成一条联通东北铁路网与俄罗斯西伯利亚铁路网的新国际联运大通道，进一步改善两国贸易运输条件，为加强经贸和文化交流合作提供更多便利。

（七）融资渠道不断拓宽

2014 年 11 月，中国宣布出资 400 亿美元成立丝路基金，为"一带一路"框架下的互联互通和经贸合作提供融资支持。同年 12 月 29 日，丝路基金有限责任公司正式注册。在"对接、效益、合作、开放"原则的指导下，丝路基金已和三峡集团巴基斯坦、俄罗斯、沙特阿拉伯等国家的企业签署了数个项目合作谅解备忘录。2015 年 6 月 29 日，亚洲基础设施投资银行 57 个意向创始成员国签署了《亚洲基础设施投资银行协定》。2016 年 1 月 16 日，亚投行正式开业，重点支持亚洲国家的基础设施建设，为交通、能源、通信、城市发展等行业提供融资。

作为中长期投资开发基金的丝路基金和政府间多边开发机构的亚投行，均已经正常运营，且都致力于为"一带一路"沿线国家和地区的互联互通服务，中国—东盟未来的互联互有了更多可供选择的通融资渠道。

二　中国—周边互联互通面临的问题

从 2015 年以来，在"一带一路"框架下所取得的成绩来看，中国与周边国家互联互通建设已进入发展快车道，但前途并非一马平川，还存在一些需要正视的问题。

（一）雅万铁路示范效应需全面看待

雅万铁路为中国高铁出海打开了局面，但其示范效应有待全面审视。中国为促成合作达成，在雅万铁路项目上做出了多项承诺，包括尽量就地取材用工用料，项目启动后每年为印度尼西亚新增 4 万个工作岗位；雅万高铁开通后，对沿途 8 个站点的土地进行综合开发，形成 100 多公里的高铁经济带；协助印度尼西亚方培养高铁建设、运营和管理人才队伍，并转让高铁技术。① 此外，我国还为雅万铁路提供利率为 2% 的贷款。

国内媒体对雅万铁路的示范效应多有赞誉。雅万铁路对于推动中国高铁"走出去"无疑具有十分积极的意义，但同时，雅万铁路合作的达成方式，也对其他海外铁路建设产生了较为复杂的影响。如泰国在与中国的谈判中，不断提出新的诉求，希望比对雅万铁路的条件来签署中泰铁路协议。按照中泰此前达成的协议，中泰铁路项目中的融资比例为中国 60%，泰国 40%；同时中国以 2.5% 的利率为泰国提供贷款。雅万高铁落地后，泰国提出希望享有与印度尼西亚相当的优惠条件。为此，中国又不断做出让步。2015 年 12 月 3 日，中泰签署的铁路合作框架文件中明确，中方将为泰方提供技术许可、技术转让、人员培训和融资支持。2016 年 1 月，泰国副总理表示中国已经原则上同意将贷款利率从原来的 2.5% 减少到 2%。② 印度尼西亚在雅万高铁上争得的各种优惠条件，已经引起其他国家的效仿。在今后中国与周边国家的铁路建设合作项目上，中国还可能会面临其他国家提

---

① 参见马晓霖《雅万高铁：高新标准助推中国高铁赢得未来》，和讯网，http://news. hexun. com/2015 - 08 - 13/178284548. html。

② "China to drop loan rate for train project," *Bangkok Post* (20 January, 2016), http://www. bangkokpost. com/learning/work/833164/china - to - drop - loan - rate - for - train - project.

出享受雅万铁路待遇的类似要求。雅万铁路对中国高铁出海的重大意义不可否认，但如何在确保"一带一路"进展和互联互通项目效益间取得有效平衡还需我们进行思考和探索。

（二）中泰铁路谈判尚未完成

虽然中泰铁路已经举行奠基仪式，但中泰依然在就具体条款进行磋商，尚未签署正式合作协议。在就贷款利率达成原则一致后，目前双方的分歧主要集中在橡胶进口和融资比例上。

《中泰关于泰国铁路基础设施发展与泰国农产品交换的政府间合作项目的谅解备忘录》是中泰铁路的合作基础。根据该备忘录，从泰国进口大米和橡胶是中国支持泰国融资建设中泰铁路的主要途径。换而言之，中泰铁路和中国进口泰国大米和橡胶是捆绑在一起的。2015 年 12 月，中泰签署了向泰国进口 100 万吨大米的协议，但没有同时签署橡胶进口协议。原因是中方提出希望重新选择橡胶供应商，且只进口新橡胶。泰国希望将中国承担的融资比例从 60% 提升到 70%。[1] 同时，泰国要求中国在提供火车和轨道机车之外，承担铁路沿线的土建和铺轨工程，以减少泰国为铁路建设的投入。中方认为可以通过将呵叻—廊开段从复线改为单线来降低成本。[2] 双方现有分歧还有待中泰铁路合作联合委员会在今后的会议中继续商讨和相互妥协，以促成最终合作协议的签署。

（三）项目建设依赖中国资本

受周边国家经济发展水平不高和融资能力有限的制约，中国与周边国家的互联互通项目建设严重依赖中国资金。中国为了取得与周边国家互联

---

[1] "China to drop loan rate for train project," *Bangkok Post* (20 January, 2016), http://www.bangkokpost.com/learning/work/833164/china-to-drop-loan-rate-for-train-project.

[2] "Thai-Chinese railway plan facing more financial woes," *The Nation* (6 February, 2016) http://www.nationmultimedia.com/business/Thai-Chinese-railway-plan-facing-more-financial-wo-30278658.html.

互通的进展，也甘愿在项目融资上做出具有倾斜性的安排。

在中巴达成系列互联互通合作项目的同时，双边还签署了中国向巴基斯坦提供优惠贷款用于喀喇昆仑公路第二阶段升级、卡拉奇—拉合尔高速公路建设、瓜达尔港东湾高速公路和国际机场项目建设的谅解备忘录，以及拉合尔轨道交通橙线项目的融资协议。这些项目建设大部分资金将由中国以优惠贷款方式向巴基斯坦提供。在投资近400亿元人民币的中老铁路项目中，两国政府共同出资40%，其余60%由两国企业承担。政府出资部分，中国政府承担70%，老挝政府承担的30%将由中国进出口银行提供贷款。此外，中国需要为预计耗资157.1亿美元的中泰铁路提供至少60%的资金投入，并以提供贷款和进口泰国农产品的方式支持泰国进行项目融资。基础设施建设项目投资大，回收期长，虽然中国拥有目前世界上最大的外汇储备，但长此以往也会感到有些难以为继。

（四）新项目深受前期合作基础影响

在一定程度上，中国与周边国家的在"一带一路"框架下的互联互通合作受制于双边关系以及以往的合作基础。

从地域上看，除了印度尼西亚雅万高铁和"中新（重庆）战略性互联互通示范项目"外，其他新落地项目集中在中巴经济走廊和中国—中南半岛国际经济合作走廊，中国与其他周边国家的互联互通的进展则较为缓慢。相对其他周边地区，中国与巴基斯坦以及中南半岛国家有较好的互联互通合作前期基础。在近期内，中巴经济走廊和中国—中南半岛国际经济合作走廊仍将是中国与周边互联互通最容易取得成效的地区。但同时我们也需要思考，如何推进中国与其他周边国家的互联互通进程，实现互联互通在周边多个方向的突破。

（五）境外项目顺利运转保障不足

2016年1月21日，雅万高铁举行奠基仪式，但仅一周之后就有新闻爆出该项目被"叫停"，指印度尼西亚交通部尚未发出雅万高铁项目的建设和运营许可证。印度尼西亚交通部部长佐南则表示，由于雅加达境内线路起点从中区加密埔改为东区哈林，轨道长度从 152.3 公里减少为 142.3 公里，交通部希望公司更新可行性研究报告。① 虽然中铁总公司及时对项目被叫停的不实报道进行了澄清，但受印度尼西亚国内因素的影响，雅万铁路开工仪式由 2015 年 11 月延期到 12 月下旬却是不争的事实。

实际上，中老铁路和中泰铁路在签署合作谅解备忘录后也曾几度推迟开建时间，中缅昆明—皎漂铁路则在谅解备忘录到期后被暂缓。因此，中国与周边国家在签署互联互通项目合作协议后，还需加强与境外项目所在国的沟通，及时避免项目所在国国内不利因素带来的阻碍，确保项目顺利落地和有效运转。

三　中国—周边互联互通发展前景分析

在与周边国家未来的互联互通中，中国需要并将继续保持高位推动态势，并将采取适当方式处理与日本的海外竞争。为确保互联互通的可持续性，需要做好项目的储备和筛选，实现项目融资多元化。鉴于中国与中南半岛国家有较好的合作基础，加之澜沧江—湄公河合作机制的启动，中南半岛将会是"一带一路"下中国与周边互联互通的重要方向。

（一）保持高位推动态势

中国国家领导层对中国与周边国家的互联互通极为重视，并在重要场合积极充当中国基建设备和技术的"推销员"。这种高位推动的态势也取得了良好成效，中国与周边国家的互联互通捷报频传。

2014 年 11 月，中国专门召开了"加强互联互通伙伴关系"东道主伙伴对话会。2015 年中巴新达成的系列合作项目、印尼雅万高铁和"中新（重

---

① 《印尼交通部长称雅—万高铁项目应调整投资额》，环球网，http://china.huanqiu.com/News/mofcom/2016－02/8614772.html。

庆）战略性互联互通示范项目"均是在国家领导人互访期间签署的合作协议。中国与泰国共同倡导的澜湄合作也将互联互通作为重要合作内容之一。高层引领推动是中国在"一带一路"建设中采取的重大举措，也是境外项目顺利运转的重要保障。在"一带一路"框架下，中国与周边国家互联互通建设需要并将继续保持高层引领推动态势。

（二）妥善处理与日本的竞争关系

从近年的情况看，日本是中国与周边国家互联互通的主要竞争对手。中日在铁路项目上多次交锋，在印度尼西亚、印度和泰国均展开了竞争，但竞争并非两国在未来与周边国家进行互联互通合作的唯一出路。

虽然表面上看双方似乎打成了平手，中国获得印度尼西亚雅万高铁项目，日本获得印度孟买—艾哈迈达巴德高铁项目，在泰国则各有所得，但两国都为竞争付出了代价。雅万高铁不动用印度尼西亚国家预算，不要求印度尼西亚政府担保，仅作为企业合作项目开展，被认为是中国高铁胜出的主要原因。[1] 而日本为获得印度高铁项目，也做出大幅度让步，为印度提供年利率1%、长达50年的79亿卢比高额贷款，且有15年的宽限期，并承诺进行技术转让。[2] 中日在参与周边国家互联互通建设上各有所长，中国在融资能力和建设造价上的优势是日本无法比拟的，而日本发展高铁的历史比中国要早几十年，有比较丰富的运营经验。双方可在一定范围内开展合作，没有必要逢项目必争，无端给本国增加合作成本。

（三）亟须做好项目储备和筛选

在"一带一路"框架下，虽然中国与周边在多个重大互联互通项目上

---

[1] 江玮：《印尼高铁中日争夺战》，和讯网，http：//news. hexun. com/2015 – 10 – 29/180200829. html。

[2] "India and Japan sign high speed rail memorandum," *Railway Gazette* （14 December, 2016），http：//www. railwaygazette. com/news/passenger/single – view/view/india – and – japan – sign – high – speed – rail – memorandum. html.

取得成效明显的突破，但这些项目很多并不是"一带一路"倡议实施后才提出或进行规划布局的，而是已经做了大量的前期工作。

《推动共建丝绸之路经济带和21世纪海上丝绸之路的愿景与行动》提出了将互联互通作为合作重点，但并没有列出具体的合作项目。重大交通基础设施合作项目从达成初步意向到最终走向落实往往要经过几年甚至十几年的谈判。要实现中国与周边国家互联互通建设的可持续性，需尽早加强与周边国家的沟通与衔接，与周边国家共同确定一批互利共赢的互联互通项目。同时，对已有合作意向的互联互通项目进行择优筛选。针对已经具备较好前期工作基础和可行实施方案的条件成熟项目，加紧落实配套支持政策，争取尽早签署正式合作协议并开工建设。

（四）构建多元化融资模式

在与周边国家的互联互通项目中，中国不仅承担较大份额的建设成本，而且通过以贷款和进口物资的方式为项目所在国提供融资支持，周边国家应承担的建设资本实际上也是中国在支付。

只有创新融资方式、实现融资多元化才能保证中国与周边互联互通发展的可持续性。一方面，要将今后中国与周边国家的互联互通项目尽可能纳入丝路基金、亚投行、亚行等专项基金和开发银行的支持范畴。丝路基金和亚投行进入运转进一步拓宽了融资渠道，只有加以充分利用才能发挥其设立的预期目标。另一方面，则需要中国在部分项目中适当引入其他有融资实力的国家，开展三方或更多方的合作。

（五）打造中老、中泰铁路示范项目

中老铁路和中泰铁路不仅可将中老泰三国联系在一起，还可以通过泰国的铁路系统延伸到马来西亚和新加坡，而且都采用中国的铁路技术和设备。虽然中老铁路和中泰铁路均是一波三折，但老挝和泰国两国政府对中老铁路和中泰铁路的建设总体持积极态度。

老挝是东南亚唯一的内陆国家，力图在2020年摘掉最不发达国家的帽

子，将大力发展交通基础设施建设从"陆锁国"（landlocked country）到"陆联国"（landlinked country）的转变视为重要路径。在中老铁路建设前，老挝仅有一条长 3.5 公里、横跨湄公河的窄轨老泰铁路。笔者 2015 年 11 月到老挝调研拜会的多名官员和学者均表示，作为老挝首条真正意义上的铁路，中老铁路承载着老挝从"陆锁国"转变为"陆联国"的梦想。正因如此，虽然老挝承担的中老铁路建设资金中很大一部分需要向中国借贷，需要用数十年时间来偿还，但从长远利益出发，老挝政府还是很坚定地推动中老铁路的建设。泰国米轨铁路系统较为陈旧，已经无法适应现代物流运输的需要。泰国政府早已有意对铁路系统进行改造升级。中泰铁路谈判至今，泰国政府已经更换了数位领导人，但在经过多轮谈判后，中泰铁路最终成为泰国首条标准轨铁路。这实际上也是泰国升级本国铁路系统的开端，如中泰铁路顺利建设，中国将有望获得更多参与泰国铁路系统改造的机会。

（六）适时重启中缅昆明—皎漂铁路

在中国的规划中，中缅昆明—皎漂铁路与皎漂工业区、皎漂港及中缅油气管道是相互配套的项目，是我国打通印度洋的重要战略通道。2011 年 4 月，中国铁路工程总公司与缅甸铁道运输部签署了《关于缅甸木姐—皎漂铁路运输系统项目谅解备忘录补充协议》，由中方负责筹措大部分资金，相应拥有 50 年运营权。由于缅甸国内对该项目存在较大的反对意见，项目一直未能正式开工。2014 年谅解备忘录到期后，该项目被暂缓。

目前，中缅油气管道已经建成投运，以中信集团为首的跨国企业联合体已中标缅甸皎漂工业园项目和深水港项目。2015 年底启动的澜沧江—湄公河合作也将互联互通作为五个优先方向之一。如果能推动昆明—皎漂铁路建设，依托铁路和港口，一方面将迅速带动缅甸沿线制造业和物流业的发展，使皎漂获得更大的市场空间，真正发挥其深水良港的优势；另一方面我国才能切实打通通往印度洋的国际大通道。鉴于推进昆明—皎漂铁路建设对中缅双方均具有重要意义，在"一带一路"框架下，中国应与缅甸协商，以帮助缅甸改善国内交通运输基础设施为附带条件，重启中缅昆明—皎漂铁路。作为联通缅甸南北的仰光—曼德勒铁路对缅甸社会经济的发展具有举足轻重的作用。但仰光—曼德勒铁路至今仍多为殖民地时期的遗留设施，已经陈旧不堪，并没有在缅甸当前的经济发展中发挥出交通运输主动脉的作用。可以考虑以援助缅甸改建经内比都的仰光—曼德勒铁路线为条件，重新启动昆明—皎漂铁路项目。

四　结语

"一带一路"是中国领导人立足当下、着眼长远，统筹国内、国外两个大局提出的倡议，为加强中国与周边国家的互联互通提供了前所未有的机遇。借助建设"一带一路"的东风，中国与周边国家的互联互通进入发展快车道。与此同时，我们需要正视推进与周边互联互通过程中一些客观存在的问题，并采取合理的对策。只要正确对待，并积极作为，中国与周边国家的互联互通可在"一带一路"框架下取得更大成效。

丝绸之路经济带的进展、挑战与应对

李建民*

摘　要：丝绸之路经济带的倡议提出后，获得沿线多数国家的理解认同和积极回应，实现了与沿线诸多国家发展战略和政策的对接，设施和道路联通取得重要早期收获，在自由贸易区（简称"自贸区"）建设、贸易便利化、资金融通和产能合作等方面取得重要进展。同时，丝绸之路经济带建设也面临地缘政治、大国博弈、世界经济、企业无序竞争等方面的挑战，需要采取具有针对性的措施。

关键词：丝绸之路经济带　战略对接　风险应对

"一带一路"倡议自提出就引起国内国际高度关注，2015 年是"一带一路"保持很高热度的一年，不仅中国国内对其有较高的期待，国际社会也在通过"一带一路"观察中国内政外交的变化。尽管部分国家对"一带一路"倡议还心存疑虑，一些误读甚至曲解还有待逐步消除，但随着"一带一路"的推进，该倡议已获得沿线多数国家的理解认同和积极回应。在完成顶层设计，进入实施阶段后，"一带一路"倡议面临着地缘政治、沿线国家政局稳定性、区域安全环境、经济下行、投资环境等多重风险挑战，对此须全面开展沿线国家和地区局势风险评估，建立有效的风险规避应对机制。

一　"一带一路"初衷

2015 年 3 月 28 日，中国政府授权发布了《推动共建丝绸之路经济带和

---

*　李建民，中国社会科学院俄罗斯东欧中亚研究所研究员。

21世纪海上丝绸之路的愿景与行动》白皮书，从时代背景、共建原则、框架思路、合作重点、合作机制等方面阐述了"一带一路"的主张与内涵，提出了共建"一带一路"的方向和任务。"一带一路"以政策协调为基础、以经济合作为主轴、以人文交流为支撑，致力于全方位推进务实合作，打造政治互信、经济融合、文化包容的利益共同体、责任共同体和命运共同体，在国内已上升为国家战略。"一带一路"倡议的提出具有深刻的内外背景，充分兼顾了国际、国内两方面的战略需求，也将服务于国际、国内两个大局。从国内视角看，基于中国自身发展的需要，通过实施"一带一路"有助于解决三大基本经济任务。

第一，打造陆海内外联动、东西双向开放的新格局。过去30多年，中国对外开放总体呈现东快西慢、海强陆弱格局：对外开放主要集中在沿海，东部集中了全国约90%的进出口、85%的外资和75%的对外投资，陆路开放明显滞后。受这种对外开放格局的影响，国内经济发展也逐渐出现一些新情况和新问题，如东西部区域市场发展不平衡问题、资源利用与环境保护问题、沿海发达城市与内陆欠发达地区差距问题等。要解决以上问题，亟须完善沿海开放与向西开放、沿边开放与向西开放相适应、实施"引进来"与"走出去"相结合的对外开放政策，建设丝绸之路经济带成为化解西部发展困局的契机。根据"一带一路"建设的总体架构，中国将充分发挥国内各地区比较优势，进一步优化西北、东北、西南、沿海和港澳台、内陆五大区块的定位与布局，加强东中西互动合作，促进全面释放内陆开放潜力、提升内陆经济开放水平，共同打造开放、包容、均衡、普惠的区域经济合作架构，促进中国经济持续健康发展。

第二，推动经济转型升级。当前中国经济已进入"新常态"，将实现发展动力机制、经济运行方式和经济管理方式的重大转换。从中长期发展看，传统产业产能严重过剩成为制约经济增长的首要问题，化解产能过剩成为调结构、促增长的关键。突破"产能过剩"困局需要通过两个手段来解决，一是通过减产淘汰低端产能，二是拓展国际市场，依托"一带一路""走出去"。目前中国在高铁、高速公路、核电、水电、装备制造等领域具备技术优势，可以向新兴市场及部分发达市场进行技术输出和基础设施输出，形成互补。中国国务院公布的《国务院关于推进国际产能和装备制造合作的指导意见》将钢铁、有色、建材、铁路、电力、化工、轻纺、汽车、通信、工程机械、航空航天、船舶和海洋工程 12 大类等作为国际产能合作的重点行业，要求分类实施，有序推进。①最终在与沿线各国的经贸合作与经济交流中推动经济转型升级，稳步促进我国经济质量效率型集约增长。

第三，与人民币国际化相互助力。作为全球最大的出口国，中国已经积累了大量的外汇储备，需要更有建设性地使用这些资金。"一带一路"倡议将为人民币国际化找到新的突破口。从"一带一路"倡议提出以来，人民币在"一带一路"区域的认可度大大提升，中国与沿线国家货币互换、人民币跨境业务迅速增长。人民币国际化指数已经从 2009 年年底的 0.02 提高到 2014 年年底的 2.47，五年间增长了 120 多倍。②人民币国际化释放的巨额的外汇储备，可以为撬动海外的基建需求提供资金来源。通过资本输出带动消化过剩产能，向全球重新进行资源整合，有助于实现亚洲的共赢共富。

从国际视角看，"一带一路"同时具有多重内涵，合作发展是第一要义。

第一，与"一带一路"沿线各国共同分享发展的机遇。当今世界经济由两条南北向线主导，大西洋南北线主要是欧洲和北美，西太平洋南北线主要是中、日、韩和东盟，这两条线的经济体占世界经济总量的 75% 以上。"一带一路"东牵发展势头强劲的东亚经济圈，西牵发达的欧洲北美经济圈，两条南北主线之间架起一条纵贯东西的大经济带，可以充分发挥沿线各国比较优势、挖掘潜力深入合作，建立起世界跨度最长、最具活力，发展前景良好的大经济走廊。

"一带一路"沿线大多为新兴经济体和发展中国家，处在两个引擎之间

---

① 《国务院关于推进国际产能和装备制造合作的指导意见》国发〔2015〕30 号，证券时报网。
② 中国人民大学国际货币研究所：《人民币国际化报告 2015》，《时代周报》2015 年 7 月 28 日。

的"塌陷地带"，受资源禀赋、产业基础、地缘政治等因素的制约，一些国家在发展进程中有些滞后。当前全球经济仍处于危机后的深度调整期，复苏乏力。国际金融市场波动，贸易保护主义颇为严重，多种重要的大宗商品价格大幅下跌，国际金融贸易体制的改革进程艰难，包括中国在内的多国都面临着结构转型的紧迫挑战，"一带一路"沿线各国前途命运紧密相连，需要找到经济发展的新动力。20世纪70年代末，中国第一阶段的对外开放是利用经济全球化机遇参与国际分工，重在参与他国创造的机会。现阶段，中国正从经济大国向经济强国转变。"一带一路"倡议构想意味着中国正努力将自身的经济增长体系转化为区域增长体系，在全面对外开放中，推动沿线国家实现发展战略相互对接，扩大利益汇合点，推动基础设施互联互通，拓宽产业投资和经贸合作水平，为自身和别国创造共同发展的机会，让世界分享中国经济发展的红利，从而实现共同建设、共同发展、共同繁荣。

第二，探索国际合作及全球治理新模式。"一带一路"也是对国际经济秩序的一次重建。当前，国际贸易规则和话语权总体上被以美国为首的西方发达国家所控制和主导，TPP、TTIP的贸易规则标准对中国经济公平参与国际合作与竞争造成了不利影响，原有的区域经济合作模式遭受很大挑战。中国经济和贸易要走出发达国家制定的规则，必须改变参与世界经济合作竞争的方式，保证市场的公平竞争。"一带一路"倡议尝试基于自身发展模式的经验和文化价值观，提出新的地区秩序和国际秩序主张，争取周边社会和具有相近发展诉求的全球伙伴对中国崛起及其秩序观产生更多共鸣，通过自由贸易区打造新的经济合作平台，将中国的产业链向外延伸，改变与发展中国家的传统合作模式，进一步促进中国与沿线国家的贸易与投资往来，在追求互利共赢的基础上寻求更多包容性的相互认同。

简而言之，"一带一路"是中国政府根据全球形势变化，以及中国经济发展面临的新形势新任务提出的一项重大战略决策，是全方位对外开放战略的重要组成部分。尽管"一带一路"是基于地缘经济和比较优势基础上的全球产业分工体系，但是它的实施将影响全球地缘政治结构与未来世界秩序的重建。目前中国的外交与经济已经紧密相连，经济战略无疑是中国外交战略的基础，中国外交日益体现出经贸加战略双轮驱动的设计。从这一意义上说，"一带一路"既是中国未来经济战略的大构想，也是中国外交未来的大棋局。"一带一路"倡议的提出和实施，标志着中国将与周边国家和更远的国家建立一种新型的关系，从以往被动性地融入世界秩序，转向主动性布局，将自身发展与塑造一个新的世界秩序结合到一起，其目的是发掘古丝绸之路特有的价值和理念，并为其注入新的时代内涵，在此基础上，实现地区各国的共同发展、共同繁荣。

二 丝绸之路经济带境外建设取得重要进展

丝绸之路经济带倡议从 2013 年提出，经过 2014 年的酝酿与谋划，2015年进入务实推进阶段以来，在实施中不断克服困难并取得初步进展。

（一）与丝绸之路经济带沿线国家进行发展战略和政策对接

加强政策沟通是"一带一路"建设的重要保障。截至 2015 年年底，中国已与沿线 34 个国家签署了推进"一带一路"建设合作备忘录或协议，"一带"在欧亚地区得到了积极推进，中国商务部已与几乎全部中亚和外高加索国家签署了共建丝绸之路经济带的部门间合作协议。俄罗斯是丝绸之路经济带上的核心国家，2015 年 5 月，中俄签署了《中华人民共和国与俄罗斯联邦关于丝绸之路经济带建设和欧亚经济联盟建设对接合作的联合声明》，双方将深化在贸易、投资、物流、交通基础设施、产能和大项目合作、金融等多个领域的合作，加强区域经济一体化，确保地区经济持续稳定增长。在短短两年时间内，俄罗斯对中国"一带一路"倡议的态度发生了重要变化，从最初的猜疑、担心、消极应对到肯定、支持和主动参与，试图在"一带一路"中寻求发展机遇，这一变化对丝绸之路经济带在欧亚地区的顺利推进起到了积极作用。此外，丝绸之路经济带与俄罗斯跨欧亚大铁路改造、蒙古国"草原之路"倡议对接，与哈萨克斯坦的"光明之路"

计划、与塔吉克斯坦的"能源—交通—粮食"三大兴国战略，与土库曼斯坦"强盛幸福时代"等国家发展战略对接方面都找到了契合点。

中国还与最大的贸易伙伴欧盟达成共识，将"一带一路"倡议与欧盟的"容克投资计划"对接。"容克计划"旨在促进基础设施、新能源、信息技术等领域的投资，这与中国"一带一路"倡议互联互通、促进国际产能合作的目标高度契合。中欧双方规划的战略对接具有坚实的基础，蕴藏巨大机遇，有利于双方展开务实合作，扩大利益融合。中国与中东欧的合作也别具特色，在"16＋1"框架下，双方合作快速发展，不断深入。2015年6月6日，中国与匈牙利签署《中华人民共和国政府和匈牙利政府关于共同推进丝绸之路经济带和21世纪海上丝绸之路建设的谅解备忘录》，匈牙利成为与中国签署"一带一路"协议的首个欧洲国家，对中国与中东欧国家合作将起到示范作用。

除发展战略层面的对接外，在政策层面，中国与"一带一路"沿线国家在标准化、税收等领域的合作也在积极推进。2015年11月6日，中国国家标准化管理委员会与蒙古国、哈萨克斯坦、塔吉克斯坦、亚美尼亚、新加坡等国家的标准化机构签署了标准化合作协议。根据合作协议，中方将与"一带一路"沿线重点国家标准化机构深化互利合作和互联互通，在双方共同关注的领域，相互采用对方标准，共同推动产品标准的协调一致，减少和消除贸易壁垒。协议各方还就建立务实有效的交流与合作机制、开展国际标准化合作等事项达成共识。[1]

现阶段，中国企业"走出去"面临的问题60%在税收领域，且遭遇困境的企业大多是中小企业。"一带一路"的五大支柱把政策沟通放在首位，在税收领域，税收协定是政策沟通的重要内容。截至2015年，中国已与53个"一带一路"国家签署税收协定，目前正在建立"一带一路"沿线国家税收沟通机制，利用双边税收协定项下的情报交换机制和多边税收征管互助公约项下的金融账户信息自动交换机制，与"一带一路"国家相互提供

---

① 《"一带一路"沿线国家签署标准化合作协议》，《西安晚报》2015年11月7日。

税收信息，提高税收透明度，解决"走出去"难题。

（二）自贸区建设和贸易便利化取得突破

长期以来，自贸区建设在欧亚地区一直是难啃的硬骨头，2015 年，该领域不仅取得了"意愿"上的破冰，而且有实质性突破：中国商务部与格鲁吉亚经济与可持续发展部完成了自由贸易协定谈判可行性研究，并于年底签署谅解备忘录，正式启动自由贸易协定谈判，格有望成为欧亚地区第一个与中方签署自由贸易协定的国家。中国商务部还与欧亚经济联盟经济委员会签署了《关于启动中国与欧亚经济联盟经贸合作伙伴协定谈判的联合声明》，商定将建立自由贸易区确定为长远发展目标，并将于近期启动经贸合作伙伴协定谈判工作。在中方推动下，上海合作组织建立了贸易便利化工作机制，启动了贸易便利化的制度安排进程。

（三）设施和道路联通取得早期收获

设施和道路联通是促进和帮助丝绸之路经济带沿线国家实现经济快速发展的有效途径，也是未来实现大区域合作的前提和基础。2015 年，欧亚地区一批有影响的道路、跨境物流运输、能源基础设施等互联互通和产能合作项目相继竣工，成为丝绸之路经济带开局之年的重要早期收获。

中俄蒙经济走廊建设积极推进。该走廊是中国丝绸之路经济带、俄罗斯跨欧亚发展带和蒙古草原之路三大战略规划对接、构建互联互通格局的最佳载体和重要骨干，未来将在双边合作基础上开展三边合作。2015 年 7月 9 日，三国元首共同批准了《中华人民共和国、俄罗斯联邦、蒙古国发展三方合作中期路线图》[1]，三国相关部门分别签署了《关于编制建设中俄蒙经济走廊规划纲要的谅解备忘录》《关于创建便利条件促进中俄蒙三国贸易发展的合作框架协定》，以及《关于中俄蒙边境口岸发展领域合作的框架

---

[1] 《中华人民共和国、俄罗斯联邦、蒙古国发展三方合作中期路线图》，新华网，http：//news.xinhuanet.com/world/2015－07/10/c_128004481.htm。

协定》①，目前已建立三国副外长级磋商机制，统筹推进合作。在中俄蒙经济走廊西线方向，2015年5月，扎门乌德—乌兰巴托—阿勒坦布拉格高速公路项目启动仪式举行。这是丝绸之路经济带与"草原之路"倡议对接的首个项目，也是蒙古国第一条高速公路。这条贯穿南北的高速公路将打通中国和俄罗斯的公路通道，推进中俄蒙三国过境运输合作，带动沿线地区经济发展。在中俄蒙经济走廊东线方向，中俄同江铁路桥中方一侧已完成工程总进度的65%，俄方也在加紧落实项目。同江大桥建成后将成为第一个中俄跨境铁路桥，形成两国在满洲里、绥芬河之后的第三条双边铁路运输大通道。

在中亚地区，中国贷款并承建的吉尔吉斯斯坦伊塞克湖环湖公路连接线修复项目、亚行投资中国承建的塔吉克斯坦艾尼—彭基肯特高速公路项目、中国政府提供优买贷款、中铁隧道集团承建的乌兹别克斯坦"总统1号工程"安格连—帕普铁路甘姆奇克隧道项目于2015年先后顺利完工，中国承建的塔吉克斯坦瓦赫达特—亚湾隧道工程进展顺利。这些项目的实施不仅大大改善了中亚国家的交通基础设施状况，提升了道路通达水平和交通运输能力，同时由于这些多为非资源领域的最大合作项目，因而成为中国优质产能走进中亚国家的成功范例及双方共建丝绸之路经济带的示范工程或重要成果。

在跨境物流运输合作方面，中哈连云港物流合作基地自2013年9月开始筹建，2014年5月项目一期建成正式启用至今，已成为中亚国家对日、韩及东南亚转口的重要货物中转基地。截至2015年年底，港口转运货物总量达25万标准集装箱。该基地是丝绸之路经济带建设的第一个实体项目，具有风向标式的引领意义，直接影响到上海合作组织成员国的后续跟进。

中欧班列成为丝绸之路经济带国际物流运输骨干。中欧班列系中国开往欧洲的快速集装箱货运编组列车，自2011年3月首趟中欧班列成功开行以来，目前共有西、中、东3条通道和5大口岸：西部通道由我国中西部经

① 《中俄蒙元首第二次会晤推动构建中俄蒙经济走廊》，中国新闻网。

新疆阿拉山口（霍尔果斯）出境，中部通道由我国华北地区经内蒙古二连浩特出境，东部通道由我国东南部沿海地区经内蒙古满洲里（黑龙江绥芬河）出境。中欧班列具有运输速度快，价格低特点，相当于海运时间的三分之一，空运价格的五分之一，且组织方式灵活。目前中欧班列运行已常态化，截至 2015 年底，共开行 1070 列，其中回程 207 列，比 2014 年增长 15 倍。

在能源基础设施建设领域，中俄东线天然气管道已经开工；中国—中亚天然气管道 C 线已全线竣工并验收，D 线塔吉克斯坦境内段开工建设；吉尔吉斯斯坦南北电力大动脉（达特卡—克明 500 千伏高压输变电工程）竣工；塔吉克斯坦杜尚别 2 号热电厂一期工程第一台机组并网发电。中俄东线天然气管道进入实质性建设阶段，对中俄双方都具有长远的战略意义。在国际能源供求格局发生重大变化的背景下，俄罗斯天然气进入庞大、稳定的中国市场、将成为拉动其经济增长的重要保障，对中国来说，则标志着四大能源通道战略拼图的全面完成。中国—中亚天然气管道是多方参与、共同受益的战略性合作项目，包括 A/B/C/D 四条线路，其中 D 线首次途经塔吉克斯坦和吉尔吉斯斯坦两国，与已建成的连接土库曼斯坦、乌兹别克斯坦、哈萨克斯坦的 A、B、C 线一道，形成中国—中亚天然气管道网，把中亚五国都与中国紧密联系在一起，不仅对保障中国的能源安全，而且对推动地区经济发展意义重大。吉、塔的电力项目均为中国与其政府间合作项目，吉尔吉斯斯坦电力项目的完成结束了该国电力输送需要借道邻国的历史，实现了国家电网独立输电和国内外互联，大大提高了电网长距离大容量现代化输变电的水平和规模。塔吉克斯坦杜尚别 2 号热电厂是塔国最大热电厂，项目的完成标志着塔在实现电力独立和保障道路上迈进了一大步。

（四）境外经贸合作园区建设和产能合作积极推进

截至 2015 年 8 月底，中国企业在 33 个国家投资建设了 69 个具有境外合作贸易区性质的项目，[①] 在欧亚地区共 23 个，其中 5 个已通过商务部、

[①] 《中企正在建设 69 个境外合作经贸区 分布 33 个国家》，中国新闻网，

财政部的确认考核。在这 23 个境外园区中，中国白俄罗斯工业园地位重要，不仅是目前中国海外最大的工业园区项目，也是继中巴经济走廊后的又一个"一带一路"旗舰项目。中白工业园的功能定位是成为集电子信息、生物制药、精细化工、高端制造和仓储物流等产业为一体的工业制造型园区。

2014 年 12 月，李克强总理在访问哈萨克斯坦期间首次提出开展国际产能合作的建议，双方签署了中哈产能与投资合作政府间框架协议，建立起部门间工作机制，启动设立产能合作基金，为中国与中亚国家在丝绸之路经济带建设框架下深化合作开创了新模式。2015 年，中哈产能合作先试先行，取得了早期收获。两国在钢铁、水泥、平板玻璃、化工、机械、有色、轻纺等产业领域签署多项合作协议，总金额 230 亿美元。在确定的 52 个早期收获项目中，汽车组装、聚丙烯项目、阿斯塔纳轻轨项目均已开工，钢铁、冶炼、水泥等领域的十余个项目有望于 2016 年启动。中哈产能合作模式对"一带一路"建设极具示范意义，随着合作的进一步推进，这个新模式已被多个国家认可，目前中国已与 17 个国家参照中哈产能合作模式展开政府间大规模机制化的产能合作。除中哈产能合作项目外，中国公司在欧亚地区其他国家承建的合作项目也在积极推进，塔吉克斯坦"亚湾—瓦赫达特"铁路项目、乌兹别克斯坦塔什干州安格连轮胎厂、吉尔吉斯斯坦比什凯克热电厂改造项目均顺利开工。

铁路和核电是中国优势产能出海的先行军。在"一带"方向，2015 年 11 月 24 日，中匈政府签署《关于匈塞铁路项目匈牙利段开发、建设和融资合作的协议》，项目总额折算 100 亿元人民币。匈塞铁路项目是中国铁路进入欧盟市场的第一个项目，其所在的欧亚大陆结合部的中东欧地区也是"一带一路"的重要板块，对于中国铁路、中国技术"走出去"会起到巨大的推进作用。2015 年 6 月 18 日，中俄签署莫斯科至喀山的高速铁路工程勘测、区域土地测量设计和建筑用设计文件编制的作业合同。中国企业不仅参与项目设计和建设，还将直接使用卢布和人民币结算，项目成功将对中俄"一带一盟"对接产生深远影响。

（五）资金融通进展明显

2015 年，中国共与"一带一路"沿线 15 个国家签署了双边本币互换协议，其中欧亚地区国家占 7 个，互换协议总额达 2107 亿元人民币。中国与沿线国家和地区经常账户项下跨境人民币结算金额已超过 2.63 万亿元。

从中俄金融合作看，人民币结算比重已升至双边贸易额的 5%，自 2015 年 1 月起，中国进口俄罗斯石油亦开始以人民币结算。2015 年 10 月以来，中国人民银行两次动用本币互换资金累计 100 亿卢布，主要用于双边贸易结算。据俄罗斯外贸银行数据，2015 年中俄双边结算中人民币结算额增加了 250%，超过 1200 亿元人民币，人民币互换交易额从年初起增长了 11 倍多，达到 142 亿美元（约合 920 亿元人民币），人民币信用证交易额年内增长了 12 倍。①

在中亚国家，2015 年 10 月 29 日，中国银行通过本币互换协议框架向哈萨克斯坦公司发放了首笔坚戈贷款，该行成为首家办理中国与"一带一路"沿线国家本币互换协议项下外币贷款业务的银行。此举将推动人民币国际化和中哈贸易投资便利化。年内中方还启动了人民币兑塔吉克斯坦索莫尼汇率挂牌交易，中国农业银行成为中国首家实现人民币兑索莫尼汇率挂牌交易的金融机构。中国农业银行还与塔吉克斯坦外经银行等 6 家金融机构共同发起设立了中塔丝路投资管理有限公司，积极推动双方人民币跨境结算、大宗商品贸易融资等，使中塔两国贸易投资更加便利化。

亚投行和丝路基金的成立是打造"一带一路"资金平台的战略性举措。俄罗斯、哈萨克斯坦、乌兹别克斯坦、吉尔吉斯斯坦、塔吉克斯坦、阿塞拜疆和格鲁吉亚等 7 国成为亚投行意向创始国，俄罗斯还成为亚投行第三大股东。为推动丝绸之路经济带建设，中方专门组建了中国—欧亚经济合作基金、中哈产能合作基金，大大丰富了中国对欧亚地区的投资平台。中国-欧亚经济合作基金由中国进出口银行和中国银行共同发起，总

---

① 《俄媒：中俄贸易人民币结算额猛增》，《参考消息》2015 年 12 月 28 日。

规模 50 亿美元。目标行业包括农业开发、物流、基础设施、新一代信息技术、制造业等，基金将在推动丝绸之路经济带建设、深化与欧亚国家投资合作、促进欧亚地区经济社会发展方面发挥积极作用。中哈产能合作基金由丝路基金出资 20 亿美元建立，这也是丝路基金成立以来的首个专项基金，重点支持中哈产能合作及相关领域的项目投资。2015 年 12 月 17日，丝路基金与俄罗斯诺瓦泰克公司签署了关于亚马尔液化天然气一体化项目的股权转让及贷款相关协议。丝路基金将从诺瓦泰克公司购买亚马尔项目 9.9% 股权，还将提供为期 15 年、总额约 7.3 亿欧元的贷款，支持亚马尔项目建设。

在金融监管领域，截至 2015 年 6 月末，共有 11 家中资银行在"一带一路"沿线 23 个国家设立了 55 家一级分支机构（包括子行 15 家、分行 31家、代表处 8 家、合资银行 1 家），其中在欧亚地区共 7 家。目前，中国银监会已与 27 个"一带一路"国家的金融监管当局签署了双边监管合作谅解备忘录（Memorandum of Understanding，MOU）或合作换文。[①] 在 MOU 框架下，中国银监会与有关国家监管当局在信息交换等方面加强监管合作，旨在为中外资银行业金融机构的发展与合作营造良好的外部环境。

三 面临的挑战和问题

丝绸之路经济带推进实施过程中面临诸多挑战和风险，比较突出的有以下几点。

（一）地缘政治成为主导风险因素

"一带"沿线国家多处于地缘政治破碎带，历史问题复杂、民族宗教矛盾尖锐、武装冲突频发。乌克兰危机、叙利亚危机、印度半岛安全问题等

---

① 《银监会已与 27 个一带一路国家签署双边监管合作谅解备忘录或合作换文》，《证券日报》2015 年 9 月 29 日。

传统地缘政治风险长期居高不下。2015年"一带"沿线地缘政治风险进入高发期，重大武装冲突频发，其中影响较大的包括国际打击"伊斯兰国"行动、南亚印巴冲突、阿富汗战争及伊拉克、利比亚、巴基斯坦等国的国内冲突和不稳定等。此外，"一带"沿线地区伊斯兰极端宗教势力猖獗，西亚、中亚、南亚是恐怖主义多发高发区，从20世纪90年代至今一直十分活跃，"泛伊斯兰主义"和"泛突厥主义"不时掀起反华活动，对中国涉外企业和人员生命财产安全、驻在国中方机构正常活动构成现实威胁。从中国信保公司公布的国家风险参考评级结果看，"一带一路"沿线国家的风险水平为5.5级左右，其中国家风险水平处于中等及以上的国家有48个，占比为76%，表明区域风险水平处于相对高位，未来发生政治风险事件的概率较大。从达信（北京）保险经纪有限公司2015年政治风险地图数据看，其所选取的34个"一带一路"沿线国家的平均得分为59.6，低于全球样本总体140个国家的64分均值，中国企业向这一区域"走出去"面临较为严重的挑战。地缘政治成为影响"一带"建设的主导风险，不仅威胁中方投资项目和人员安全，更可能使丝绸之路经济带战略无法按计划推进。除地缘政治因素外，沿线国家国内政治风险亦不可小觑，"中巴经济走廊"建设中的许多大项目被巴国内政治问题所制约，建设进度和规模远不及中方预期就是一个例子。吉尔吉斯斯坦在中—吉—乌铁路项目上的反复也表明，受内外因素影响，即使已经表态参与"一带一路"建设的国家，也仍然存在一定变数。

（二）大国通道建设博弈加强

从古至今，通道从来都与国家主权、大国战略、经济发展紧密联系在一起。欧亚大陆历来是大国博弈的敏感地区，以小窥大，围绕交通通道建设走向和控制权的斗争成为大国在欧亚大陆博弈的一个重要缩影。目前，在欧亚大陆的国际大通道计划有：①欧盟"复兴丝绸之路"计划，其项目之一是建设"欧洲—高加索—亚洲运输走廊计划"（Transport Corridor Europe - Caucasus - Asia）。高加索走廊的建立旨在为欧洲提供一条绕过俄罗斯进入亚洲的替代性运输走廊，使高加索和中亚地区国家摆脱对俄罗斯在运输上的依赖，强化这些国家的离心倾向。②美国"新丝绸之路计划"，打造包含一系列联合投资计划和地区贸易联盟的经济链条，其战略目标是打通印度到阿富汗的战略通道，实现"资源南下，商品北上"，建立由美国主导的地区新秩序，排斥中国并为遏制中国、俄罗斯和伊朗提供战略支点。值得关注的是，该计划框架下的核心项目土库曼斯坦—阿富汗—巴基斯坦—印度天然气管道（TAPI线）在签约5年后于2015年12月13日正式开工；中亚—阿富汗—南亚电力网（CASA-1000）亦在推进之中。③俄罗斯主导的欧亚经济联盟洲际交通运输走廊发展战略，依托跨西伯利亚大铁路东—西走廊和波罗的海到波斯湾的北—南展开，旨在通过传统纽带强化其在欧亚地区的主导势力范围，除加紧部署陆上交通网络外，2015年俄罗斯已把开发北极航道纳入了欧亚经济联盟交通运输战略。④亚洲开发银行（Asian Development Bank，ADB）主导的"中亚区域经济合作计划"，旨在打通欧洲亚洲间的6条运输通道，通过发展过境运输促进区域经济和贸易发展。⑤中国力推的新亚欧大陆桥等线路，不仅仅是打造运输通道，更希望成为区域经济发展的轴线。国际运输通道不仅是一种多国合作机制，也是地缘政治角逐的一种形式。上述计划的实施在为联通欧亚提供更多选项的同时，相互之间也存在一定的排他性和竞争性，体现了大国在争夺欧亚地区影响力和主导权上的博弈角力。"9·11"之后，美国借反恐插足中亚，美俄在欧亚地区早已形成争斗之势。中国推进"一带"建设将面临相当复杂而敏感的地缘政治生态："一带"与美国的"新丝绸之路计划"和俄罗斯的欧亚经济联盟存在地域上的重合，形成客观的竞争关系，同时面临美俄两大势力的压力，与其发生碰撞难以避免。以中俄为例，尽管双方已签署"一带一盟"对接协议，但俄精英层对"一带一路"认可度差异很大，保有相当程度戒心，担心"一带"的实施会影响欧亚经济联盟的推进，干扰俄罗斯主导的后苏联空间经济一体化，抢占横贯西伯利亚的欧亚大陆桥的商机。同时，欧亚经济联盟是紧密的制度性一体化区域经济组织，丝绸之路经济带远未达到机制和制度建设的层面，俄罗斯一直强调其制度优势，力图获取规则主导权，在实际落实对接协议中还存在诸多难题和不确定性。

（三）全球经济下行冲击

2015 年，全球经济增长乏力，包括中国在内的新兴经济体和转型经济体发展步伐减缓，增速降至 2008 年全球金融危机以来的最低点；大宗商品价格持续下跌，金融市场的波动性扩大，使众多依赖出口资源维系财政收入的国家承压，普遍面临着货币贬值，资本外流，股市大跌。全球经济下行对"一带一路"的影响表现在以下几个方面。

①对中国经济发展前景的国际信心下降，忧虑中国经济未来难以为世界经济持续提供强劲动力，同时担心随着外汇储备的快速减少，中国推进"一带一路"的步伐放慢。更有甚者，一些国家把大宗商品价格下跌的原因归咎于中国经济减速，认为是中国对能源资源需求减少所致。②由于宏观经济动荡，使一些项目或无法启动，或难以继续。中国周边形势变得日趋复杂，而且每走一步都将变得艰难。2014 年莫斯科政府与中国公司就投资 60 亿美元建设新地铁线路和周边房地产达成一致。但 2016 年 2 月初莫斯科政府宣布，中国投资者因卢布下跌和俄经济动荡中止了谈判。2016 年 2 月 19 日，哈萨克斯坦能源部宣布，由于出口量不足，原定将运输量 1180 万吨/年的中哈原油管道扩建至 2000 万吨/年的计划暂缓实施。在产能对接合作中，在哈货币大幅贬值的情况下，当地融资难的问题凸显。③一些国家贸易和投资领域保护主义抬头。2014 年以来，为保护内部市场，欧亚经济联盟已多次发起针对中国产不锈钢厨具餐具、柠檬酸、履带式推土机、载重轮胎、油气井无缝钢管等产品的反倾销调查案。蒙古国为加强国家对资源的控制，也通过修改矿产业投资法，提高外资进入门槛。

（四）"走出去"中的无序竞争

自"一带一路"倡议提出以来，国内企业"走出去"热情空前高涨，但也出现了各自为政、无序或恶性竞争的现象，中欧班列"乱象"是代表性案例。其主要的问题有，回程列车欧洲揽货难，长期单向运输带来全线亏损。根据商务部的数据估算，有80%以上的列车是空车跑回程。地方政府为了维持班列的运营，不惜大量补贴运费，吸引货源，长此以往不可持续。技术层面，由于中国和欧洲采用1435mm标轨，俄罗斯、哈萨克斯坦、蒙古国、白俄罗斯采用1520mm宽轨，在中俄、中哈、中蒙、白波边境需进行多次换装，影响货物通关速度，降低了班列运行效率。在中国汽车"走出去"、中国建筑工程承包"走出去"中均不乏此类案例，通过内部打价格战的手段争项目和市场份额是中国企业"走出去"过程中比较长期存在的一大弊端。

四　丝绸之路经济带推进思路

"一带一路"建设是一项长期、复杂而艰巨的系统工程，前无古人，没有一个国家可以构想一个完美的方案，也没有一个国家可以完全根据规划来实施方案。为避免出现重大失误，首先必须对其潜在风险进行足够细化的评估性研究；其次应储备足够的政策知识，准备好足够的政策手段；再次要及时纠偏，对已出台但不适合的政策及时退出或进行调整。

（一）明确"一带一路"倡议的重点国家和重点项目

"一带一路"倡议中，"一带"是当前重点，而"一带"的推进难点和障碍主要在境外。"一带一路"沿线65个国家条件差异大，国家面积、市场规模、发展阶段、投资需求、安全程度都不尽相同。在中国外交战略资源有限的情况下，推进"一带一路"在空间布局上要有轻重之分，有必要在陆上和海上选择一些支撑点，作为重点发展国家。在明确重点国家的同时要选择一批具有标志性的项目，有步骤有区别地推进，才能确保资源的重点投入，收到以点带面的效果。从中国地缘政治利益和地缘经济利益出发，设定重要支点国家的标准不仅包括经济含义，也包括政治含义和战略含义，具体可概括为：具有较强的国家实力和地区影响力；与中国具有共同的利益关切和战略契合点，双方不存在直接的涉及国家重大利益的冲突；

不追随美国，与中国的共同利益高于与美国利益；与中国有较强的合作意愿。通过与这些国家的合作，推动一批重大项目取得突破，能够影响和带动相关区域和次区域的合作。

（二）准确把握"一带一路"主要任务

基础设施互联互通和国际产能合作相互促进，相互依托，被定位为推进丝绸之路经济带的优先合作领域。与此相关，有关国内产能出海问题也引起国内外热议。有一种意见将其解读为"中国版马歇尔计划"，其核心内容是国家承担贷款风险、企业输出过剩产能与人民币国际化三位一体。简单地把"一带一路"等同于中国对外投资和过剩产能输出，严重影响了国际社会对其的接受度和认可度，对此有必要做出正确的解读。从世界经济发展历史考察，产能或产业从发展程度高的国家向发展程度低的国家的梯度转移有其自身的逻辑，符合产业演进发展规律。从现实可行性看，中国的经济发展和"一带一路"沿线国家之间互有需求。开展基础设施和国际产能合作是基于中国确实拥有富有竞争力的优势产能，而许多发展中国家面临现代产业发育不足、工业化进程滞后的问题，基础设施短缺更是这些国家加快发展的最大瓶颈，"一带一路"的互联互通项目将推动沿线各国发展战略的对接与耦合。

需要强调的是，开展国际产能合作，不是简单地转移过剩产能，不能照搬原有的模式或进行简单的移植，而要基于经济发展的动态演进推陈出新，需要根据中国和周边国家的国情，共同培育以"互补合作"为主导的新"雁阵"模式。同时，作为超大型经济体，中国解决产能过剩问题主要靠内部调整，而不可把主要希望寄托在经济欠发达的沿线国家。围绕"一带一路"开展基础设施建设和国际产能合作不是一个短期行为，而是一项长期的战略性安排。这一进程中应以市场为主导，以沿线国需求为方向，脚踏实地，才能实现双向互动，互利共赢，避免出现历史上发达国家对发展中地区产业转移过程中出现的国内产业空洞化和东道国经济殖民地化问题。

（三）以法治化助推"一带一路"

"一带一路"应建立在法治化基础之上，构建相应的法律保障是"一带一路"顺利推进不可或缺的必备条件。法治化包括三方面的含义。第一，充分依靠中国与相关国家和地区签署的既有双边、多边贸易与投资合作机制，融入国际金融法、投资法和贸易法发展的新成果，在时机成熟时推动建立与相关国家和地区的自由贸易协定。第二，对已有的双边、多边投资协定进行补充完善，根据新的变化签订新的投资协定，协定中应包括沿线国家关注的环境条款、劳工标准条款、人权保护条款、知识产权条款等内容。第三，以推进沿线国家的基础设施建设为工作重心，构建以国际投资规则、争端解决规则为核心内容的区域性法律条约体系，促进沿线地区和国家产品与服务的互联互通。

（四）强化"一带一路"风险评估

"一带一路"能否顺利推进与能否有效防范风险密切相关。风险分为隐性风险和显性风险，对于显性风险容易看得到，会引起重视。显性风险集中在地缘政治、非传统安全、国内政治、投资环境、资金回报等方面，还有一些隐性的风险，比如在法律规定的公共投资市场准入的边界和标准、主体界定等，政府需要在风险防范中发挥更大的作用。加强政府在总体规划布局、政府间协议和融资中的作用，加大软科学投入，搭建信息平台，提供咨询服务。完善体制和机制，完善和细化"一带一路"长远规划，对相关大项目进行必要把关，尽量为企业保驾护航。同时"走出去"企业也需承担自身责任，有条件的企业应设立独立的海外投资风险评估部门，全面和量化评估海外投资所面临的各种风险，增加安保投入，提高风险预判、防范和有效应对能力。企业需规范自身在境外的投资经营活动，切实遵守所在国的法律法规，尊重当地的文化、宗教和不同的习俗，这对中国企业是非常大又必须应对的挑战。

（五）走出"一带一路"无序竞争困局

中国企业"走出去"中的恶性竞争似乎是老生常谈，但确是一个长期未能有效解决且可能在"一带一路"推进过程中有所发展的问题。在"一带一路"推进过程中，中国企业要走出类似中欧班列"无序竞争"的困局，还有许多工作要做。第一，谋划在前，政府给予适当的引导，科学制定发展规划，按市场化原则完善和理顺运行机制，不能一哄而起。第二，进一步规范"走出去"的市场秩序，加大对不公平竞争行为的惩处力度，确保法律法规真正得到落实。第三，更多发挥行业协会作用，构建基于行业协会专业化能力的产业治理机制，以行业内部协调机制解决国际化经营无序竞争问题。第四，建立自下而上的企业自律机制，遏制国际市场恶性竞争冲动，企业在对外投资过程中加强协调和沟通，以企业自我约束实现在国际市场的良性竞争。

（六）加强人文领域合作

以文化为纽带，增进彼此了解，深化与沿线国家民众的友好交往，以民间友好推动政治互信，夯实"一带一路"倡议的社会和民意基础。构建合适有效的话语体系和理论阐述，增进沿线国家和民众对"一带一路"规划和一些具体项目的了解，拉近双方民心，减少"一带一路"建设障碍。重视发挥非政府组织、行业协会、智库等民间力量的作用，构建二轨交流平台，发挥民间外交功能。利用智库的政策性、前瞻性研究，为政府决策提供参考，为企业"走出去"提供智力支持。

21世纪海上丝绸之路：机遇、挑战与对策研究

赵江林*

摘　要： 作为新时期中国对外战略推进的路径之一，"21世纪海上丝绸之路"倡议从提出到落实已历时两年多，在一些领域甚至取得了突破性进展，为沿线各国经济增长与社会发展创造了新的机遇。与此同时，21世纪海上丝绸之路也面临诸多挑战，该倡议最初设定的目标需要从战略信任到硬件建设多方面配套才能够获得真正的实现。

关键词： 21世纪海上丝绸之路

作为新时期中国对外战略推进的路径之一，"一带一路"成为中国推进面向欧亚、亚太以及印度洋沿岸地区全方位对外开放战略的新路径。21世纪海上丝绸之路以谋求中国与沿线国家[①]共同发展为己任，[②] 从提出到落实，已经在一些领域取得了突破性进展，为沿线各国经济增长与社会发展创造了新的机遇。与此同时，我们也应看到，21世纪海上丝绸之路面临诸多挑战，毕竟该倡议最初设定的目标需要从战略信任到硬件建设层面的多方面

---

* 赵江林，中国社会科学院亚太与全球战略研究院国际经济关系研究室主任，研究员。

① 有的使用沿海国家概念，而"愿景与行动"对21世纪海上丝绸之路建设的路线进行了规范，即两条路线，一条是从中国沿海港口过南海到印度洋，延伸至欧洲；另一条是从中国沿海港口过南海到南太平洋。本文根据上述两条路线可能达到的国家作为统计样本，即31个国家，东盟10国；南亚有5国，包括孟加拉国、印度、马尔代夫、巴基斯坦和斯里兰卡；南太国家如巴布亚新几内亚；阿拉伯国家10个，包括伊朗、伊拉克、科威特、阿曼、卡塔尔、沙特阿拉伯、阿拉伯联合酋长国、也门、巴林、土耳其；东部非洲国家5个，分别是埃及、索马里、苏丹、吉布提、厄立特里亚。这里没有统计欧洲国家和其他南太国家。

② 习近平和李克强等国家领导人在多次出访或在国际组织发表主旨演讲时谈及这一点。

配套条件才能够获得真正实现，也因此，21世纪海上丝绸之路建设需要来自政策界、企业界和学术界持续不断的努力和智力贡献。

一 21世纪海上丝绸之路提出的背景、内涵

21世纪海上丝绸之路是新一届政府执政之后提出的重大倡议之一，是推进中国与沿线国家共同发展的重要实施手段。

（一）背景

2013年10月，国家主席习近平在出访印度尼西亚时在印度尼西亚国会演讲中首次提出21世纪海上丝绸之路倡议，"东南亚地区自古以来就是'海上丝绸之路'的重要枢纽，中国愿同东盟国家加强海上合作，使用好中国政府设立的中国—东盟海上合作基金，发展好海洋合作伙伴关系，共同建设21世纪海上丝绸之路"。自此之后，21世纪海上丝绸之路倡议成为沿线国家热议的话题之一。[1] 21世纪海上丝绸之路的提出有如下的背景。

一方面，21世纪海上丝绸之路提出是中国进一步改革开放和经济发展的客观需要。目前中国已进入经济增长的"新常态"，增长速度从过去的10%左右下降为7%左右，中国的产业结构也已从以工业为主导向服务业为主导的阶段转移，[2] 同时中国消费需求正在取代投资需求成为未来经济增长的主要动力。这就要求国内已经积累起来的部分产能向外部转移，同时为国内剩余工业品寻求市场。从21世纪海上丝绸之路建设的沿线国家来看，这些国家绝大多数是处于不同工业化阶段的发展中国家。中国将21世纪海上丝绸之路建设定位于发展中国家的主要原因有以下几点。

一是发展中国家的机会多于发达国家。诸多沿线周边国家正在步入经

---

① 关于对21世纪海上丝绸之路的国际反应，参见刘昌明、孙云飞《中国"一带一路"战略的国际反响与应对策略》，《山东社会科学》2015年第8期。

② 根据国家统计局最新颁布的数据，2015年服务业占国内生产总值比重为50.5% 比工业占比多10个百分点。

济快速增长的阶段，具有巨大的消费需求潜力，可以在一定程度上弥补发达国家市场有效需求不足留下的空缺。经过多年的发展，发展中国家的经济实力在稳步上升，中国出口市场的主要增长点也在发展中国家或新兴经济体。[①] 2015 年中国出口到发展中国家的产品规模占全部出口的比重已经超过 50%。当然，要把发展中国家潜在的需求转化为现实的需求需要激活发展中国家内部的增长机会，这也是 21 世纪海上丝绸之路建设致力的重点方向。

二是发展中国家的发展阶段与中国形成合理的落差空间。中国正处于与发展中国家特别是海上丝绸之路沿线国家有一定经济发展落差的阶段上，发展中国家的工业化进程正好为中国产能转移提供了契机，也是中国优势可以发挥的地方。

三是对周边的稳定与长治久安的需要。世界政局不稳定的国家基本上落在发展中国家，或者说不发达国家。而中国周边国家绝大多数是发展中国家或者是不发达国家，这对中国的经济社会发展带来不稳定因素。近年来，"三股势力"（指恐怖主义、分裂主义、极端主义）入侵中国西部损害了国内社会稳定。因此，21 世纪海上丝绸之路肩负的历史使命是通过经济发展和设施联通尽可能化解不利于经济增长和社会发展的负面因素，尽管通过经济手段未必能解决所有的政治外交风险，但是却能起到稳定当地社会发展的作用。

中国经济发展的国际战略机遇期将部分从发达国家转向发展中国家，也因此，发展中国家成为 21 世纪海上丝绸之路倡议的主要合作伙伴。

另一方面，21 世纪海上丝绸之路建设是中国与沿线国家面临共同发展的客观需要。当前，世界工业化进程正在进入新的历史阶段，各国，尤其是发展中国家以经济社会发展为首要，努力通过工业化实现民富国强。但是谁来主导这一次工业化进程却是一项重大现实问题。显然，发达国家因

---

① 研究表明中国对"海上丝绸之路"沿线区域/国家的贸易依赖，高于该区域对中国的贸易依赖，参见李艳芳、李波《中国与"海上丝绸之路"沿线区域/国家的贸易联系和贸易潜力分析》，《南亚研究季刊》2015 年第 3 期。

其已经完成工业化进程且经济实力衰退而难以再次引领世界工业化进程。美国、日本早已完成工业化进程，进入以服务业为绝对优势的后工业化阶段，基本上不具有进行大规模基础设施和基础产业建设的比较优势，而这些恰恰是目前沿线国家所急需的。世界其他大国如俄罗斯和巴西仍主要依靠石油等资源出口来实现本国经济增长，远未完成大国工业化任务及带动所在地区其他国家工业化，印度自身正在调整结构，试图完成工业化任务。相比之下，作为全球经济增长的最大贡献者，中国正在以前所未有的工业化速度步入世界工业化大国。与世界其他大国相比，中国将成为推进新一轮世界工业化进程的唯一候选人，具有"援助"发展中国家经济社会发展的能力。2010年中国已经成为世界第二大经济体，2015年中国经济总量比沿线其他国家的总和还要多。在基础设施、产业推进等方面中国积累了丰富的经验和技能，而这已经不是美国、欧洲、日本等所能媲美的了。

更为重要的是，与世界其他大国相比，中国"以和为贵"的理念具有国际推广的价值。"以和为贵"是中国的传统古训，也是中国处理现代国际关系的出发点。在世界工业化进程中英国依靠海上优势实力为自身的工业化发展铺平了道路，德国和日本试图通过武力强行完成本国的工业化进程并称雄世界，最终以失败告终。中国的发展从过去30多年的经历中证明自己在走一条和平发展的道路，可以预告中国通过21世纪海上丝绸之路建设将继续走和平发展道路。

应该说，从单边发展到相互扶持将成为未来中国与沿线国家经济关系塑形的"新常态"。为适应中国与沿线国家共同发展的需要，中国愿意与沿线国家谋求实现共同崛起的和平路径，通过密切与沿线国家贸易关系、投资关系、创建互联互通以及整合区内市场等路径，相互提供经济增长的机遇，以缓释共同崛起带来的压力与挑战。

（二）内涵

如何定位21世纪海上丝绸之路，其内涵是什么，一直是学术界存在争议的一个领域，基本是仁者见仁、智者见智。而在国家发展和改革委员会、

外交部、商务部 2015 年 3 月 28 日联合发布的《推动共建丝绸之路经济带和
21 世纪海上丝绸之路的愿景与行动》（以下简称"愿景与行动"）中也并没有
对 21 世纪海上丝绸之路进行明确的定义。这里拟对 21 世纪海上丝绸之路部分
研究成果进行综述，以其对 21 世纪海上丝绸之路倡议形成更明确的认识。

目前国内学术界对 21 世纪海上丝绸之路的内涵主要有以下几个看法。
有的从资源配置角度出发，认为"海上丝绸之路"构想的重要目的是整合
经济发展资源，从而实现更快增长，"强化中国对外部经济的正向外溢作
用，同时解决双方互动过程中资源配置不均或受阻的失衡问题，通过向发
展中国家提供资金、基建、技术等领域援助，促进中国与沿线地区和国家
生产资料的有效配置，在巩固现有周边自然经济区域的基础上，在潜在的
地缘经济空间上，进一步发展新的跨界区域经济合作，创建更多的经济联
合体和市场共同体"。[1] 也因此，有的提出 21 世纪海上丝绸之路的目的"是
实现中国工业和金融能力的全球配置"。[2] 有的从 21 世纪海上丝绸之路可能
形成的经济贸易网络出发，认为 21 世纪海上丝绸之路已经是一个"全球贸
易网"，可以界定为：从依托现代运输工具和信息技术连接起来的海上国际
货物运输通道或国际贸易网，反映世界各国的经贸合作关系。这是一个非
常广义的界定。从中国视角看，广义上"21 世纪海上丝绸之路"可以界定
为：从中国沿海港口出发，与世界各国建立的海上贸易通道，不仅指与东
南亚、南亚、西亚和东非的联系，而且包括与大洋洲、北美洲和拉丁美洲
的联系。实质上是指中国对外贸易关系网络，反映中国与全世界各国的经
贸关系，也反映复杂的国际关系和文化交流合作。[3] 有的认为 21 世纪海上
丝绸之路是一个综合战略，是传承历史、承载未来、继承古丝绸之路之精
神，以加强经济合作为基础，建设沿线国家基础设施为重点，不断深化沿

---

[1] 傅梦孜、楼春豪：《关于 21 世纪"海上丝绸之路"建设的若干思考》，《现代国际关系》
2015 年第 3 期。

[2] 叶海林：《中国必须争取印度参加"21 世纪海上丝绸之路"吗?》，澎湃研究所，2015 年 1
月 19 日。

[3] 陈万灵、何传添：《海上丝绸之路的各方博弈及其经贸定位》，《改革》2014 年第 3 期。

线各国的海洋合作，共同促进沿线国家经济发展、社会稳定、区域和谐和文化融合。① 也因此，21世纪海上丝绸之路建设不是简单的经济过程、技术过程，而是文明的进步过程，② 将21世纪海上丝绸之路建设从经济发展上升为文明建设层面。有的研究从"集体行动"角度出发，认为21世纪海上丝绸之路战略是中国与沿海利益相关国突破"集体行动"的困境，理性地寻求在利益会合点"共商、共建、共享"的区域经济合作大战略。③

本文主要从中国与沿线国家经济关系角度出发，认为21世纪海上丝绸之路是建立中国与沿线国家共同增长的经济体系，进而实现中国国内与外部特别是周边环境的长治久安。中国的目的是发展繁荣之后的中国将进一步通过合作扩大共同利益，并将中国的经济发展机会更多惠及沿线国家，是分享而不是独享利益扩大的好处；相互支持是中国对外部的要求，期待外部支持中国的和平发展、和平崛起，与此同时，中国也将以对等的方式支持沿线国家的发展与繁荣。

可以说，21世纪海上丝绸之路更多地体现了中国新时期对外战略的调整。

一是由于中国未来的一部分经济利益获得将来自海外，中国对经济增长的关注也将从自身转向对周边地区甚至世界的关注，并形成相互扶持的关系，与沿线国家结成利益共同体、命运共同体。

二是改变中国对全球事务的处理理念、方式，即从过去遵从国际规则转变为提出自己解决全球问题的方式，因此，中国将会向外部提供越来越多的公共品，包括基础设施建设等。

三是中国实力的提升不可避免地外溢出其影响，中国正在从地区环境的适应者向领导者转变，21世纪海上丝绸之路倡议的提出正是这种调整的结果。

---

① 鞠华莹、李光辉：《建设21世纪海上丝绸之路的思考》，《国际经济合作》2014年第9期。
② 杨国桢、王鹏举：《中国传统海洋文明与海上丝绸之路的内涵》，《厦门大学学报（哲学社会科学版）》2015年第4期。
③ 朱翠萍：《"21世纪海上丝绸之路"的内涵与风险》，《印度洋经济体研究》2015年第4期。

二 21世纪海上丝绸之路取得的主要进展

21世纪海上丝绸之路倡议从提出到落实已历时两年多，在这期间，已经取得较大的进展。包括习近平主席、李克强总理等国家领导人多次出访等高层引领推动；与部分国家签署了共建"一带一路"合作备忘录、地区合作和边境合作的备忘录以及经贸合作中长期发展规划；推动包括基础设施互联互通、产业投资、资源开发、经贸合作、金融合作、人文交流、生态保护、海上合作等项目建设；推动包括亚洲基础设施投资银行筹建、丝路基金、中国—欧亚经济合作基金等资金融通和投资贸易便利化；举办以"一带一路"为主题的国际峰会、论坛、研讨会、博览会等。表1列举了21世纪海上丝绸之路的主要推进进程。

自21世纪海上丝绸之路倡议提出以来，中国与沿线国家经贸关系获得了较快发展。表2列举了中国与沿线国家在双边经贸关系方面取得的主要进展。同时，中国与沿线国家政治外交关系也在不断深化。近些年中国与沿线国家关系逐步向高层次的战略伙伴关系演进。到2016年年初，中国已与20多个沿线国家签有战略伙伴关系协议（见表3）。表4和表5分别列举了中国与沿线国家建立的自贸区情况和在金融领域取得的主要进展。

表1　21世纪海上丝绸之路的推进进程

	时间	地点	内容
概念提出阶段	2013年10月3日	习近平主席访问印度尼西亚	提出共建"21世纪海上丝绸之路"
	2013年10月9日	李克强总理出席第16次中国—东盟（10+1）领导人会议	提出"2+7合作框架"，中方设立30亿元人民币的中国—东盟海上合作基金
	2013年底	"一带一路"概念写入十八届三中全会的《决定》，上升为国家战略	"加快同周边国家和区域基础设施互联互通建设，推进丝绸之路经济带、海上丝绸之路建设，形成全方位开放新格局"

续表

	时间	地点	内容
实施阶段	2014 年 11 月 4 日	习近平主持召开中央财经领导小组第八次会议	提出加快推进丝绸之路经济带和 21 世纪海上丝绸之路建设，对"一带一路"建设规划了顶层设计。专门研究丝绸之路经济带和 21 世纪海上丝绸之路规划、发起建立亚洲基础设施投资银行和设立丝路基金
	2014 年 11 月 8 日	北京举办 APEC 峰会	中国宣布将出资 400 亿美元成立丝路基金
	2014 年 12 月 5 日	政治局围绕加快自由贸易区建设进行集体学习	逐步构筑起立足周边、辐射"一带一路"、面向全球的自由贸易区网络，积极同"一带一路"沿线国家和地区商建自由贸易区
	2014 年 12 月 9 日	中央经济工作会议在北京举行	"要重点实施'一带一路'、京津冀协同发展、长江经济带三大战略，争取明年有个良好开局"
	2015 年 3 月 5 日	李克强总理做《政府工作报告》	提出，"构建全方位对外开放新格局。推进丝绸之路经济带和 21 世纪海上丝绸之路合作建设"
	2015 年 3 月 28 日	国家发展改革委、外交部、商务部	联合发布了《推动共建丝绸之路经济带和 21 世纪海上丝绸之路的愿景与行动》
	2015 年 4 月 20～21 日	习近平主席出访巴基斯坦	推进中巴经济走廊建设
	2015 年 6 月 29 日	北京	签署《亚洲基础设施投资银行协定》
	2015 年 11 月 7 日	习近平主席在新加坡国立大学发表演讲	《深化合作伙伴关系共建亚洲美好家园》，欢迎周边国家参与到合作中来，共同推进"一带一路"建设，携手实现和平、发展、合作的愿景
	2015 年 11 月 18 日	习近平主席出席亚太经合组织工商领导人峰会并发表主旨演讲	通过"一带一路"建设，我们将开展更大范围、更高水平、更深层次的区域合作，共同打造开放、包容、均衡、普惠的区域合作架构
	2015 年 12 月 25 日	北京	亚洲基础设施投资银行正式成立，全球迎来首个由中国倡议设立的多边金融机构
	2016 年 1 月 16 日	北京	亚投行开业仪式暨理事会和董事会成立大会将在北京举行

资料来源：笔者整理。

表 2　2015 年中国与沿线国家主要经贸关系

单位：亿美元

	贸易总额	出口	进口	截至 2015 年年底，中国对外投资	截至 2015 年年底，中国吸引外资	截至 2015 年年底，工程承包合作累计完成营业额
印度尼西亚	542.3	343.4	198.9	81.2	24.8	48.2
新加坡	795.7	520.1	275.6	256	792.2	35.4
泰国	754.6	382.9	371.7	35.2	40.6	28.1
马来西亚	972.9	439.9	533	21.9	72.5	35.6
菲律宾	456.5	266.7	189.8	7.8	32.3	20.4
文莱	15.1	14.1	1	0.79	26.9	0.87
越南	958.2	661.4	296.8	31.9	1.24	35.2
老挝	27.8	12.3	15.5	58.5	0.45	32.2
柬埔寨	44.3	37.6	6.7	36.1	1.86	12.1
缅甸	152.8	96.5	56.3	41.3	1.15	18.9
孟加拉国	147.1	139.0	8.1	2.04	0.41	114.2
印度	716.2	582.4	133.8	35.5	6.44	440.1
马尔代夫	1.73	1.73	0	0.07		2.7
巴基斯坦	189.3	164.5	24.8	60.8		279.2
斯里兰卡	45.64	43.05	2.59	3.97	0.19	112.35
巴布亚新几内亚	20.53	6.37	14.16	4.48		
伊朗	338.4	177.9	160.5	36.76	1.09	183.01
伊拉克	285	77.4	207.6			
科威特	134	34	100			60.5
阿曼	258.6	20.7	237.9			
卡塔尔	105.8	22.5	83.3			
沙特阿拉伯	691	206	485			
阿联酋	548	158	390			
也门	51.38	22.01	29.37			
巴林	14.2	12.3	1.8			2.5（合同）
土耳其	215.7	186.2	29.5	8.86	2.03	88.61
埃及	116.21	104.61	11.60			

续表

	贸易总额	出口	进口	截至2015年底，中国对外投资	截至2015年底，中国吸引外资	截至2015年底，工程承包合作累计完成营业额
索马里	2.36	2.06	0.30			
苏丹	34.64	19.29	15.35	17.5		
吉布提	11.30	11.28	0.02			
厄立特里亚	4.18	0.88	3.30			

注：黑色斜体为2015年数据，其余为2014年数据。

资料来源：笔者根据商务部、外交部网站相关资料整理。

表3　自21世纪海上丝绸之路倡议提出以来中国与沿线国家关系发展

	双边外交关系
印度尼西亚	2013年10月，建立全面战略伙伴关系 2013年10月，《中印尼全面战略伙伴关系未来规划》
新　加　坡	2015年11月，建立与时俱进的全方位合作伙伴关系
泰　　　国	2012年4月，建立全面战略合作伙伴关系 2013年10月，《中泰关系发展远景规划》
马来西亚	2013年10月，建立全面战略伙伴关系
菲　律　宾	2005年，致力于和平与发展的战略性合作关系
文　　莱	2013年4月，建立战略合作关系
越　　南	2013年10月，建立全面战略合作伙伴关系
老　　挝	2009年，建立全面战略合作伙伴关系 2013年9月，《关于落实中老全面战略合作伙伴关系的行动计划》
柬　埔　寨	2010年12月，建立中柬全面战略合作伙伴关系
缅　　甸	2011年5月，建立全面战略合作伙伴关系
孟加拉国	2014年6月，深化更加紧密的全面合作伙伴关系
印　　度	2014年9月，构建更加紧密的发展伙伴关系
马尔代夫	2014年9月，建立面向未来的全面友好合作伙伴关系
巴基斯坦	2013年7月，继续深化中巴战略合作伙伴关系 2014年2月，《关于深化中巴战略与经济合作》
斯里兰卡	2013年5月，构建真诚互助、世代友好的战略合作伙伴关系
巴布亚新几内亚	2014年11月，建立相互尊重、共同发展的战略伙伴关系

续表

	双边外交关系
伊　　朗	2016 年 1 月，建立全面战略伙伴关系
伊　拉　克	2015 年 12 月，建立战略伙伴关系
卡　塔　尔	2014 年 11 月，建立战略伙伴关系
沙特阿拉伯	2016 年 1 月，建立全面战略伙伴关系
阿拉伯联合酋长国	2012 年 1 月，建立战略伙伴关系
土耳其	2010 年 10 月，建立和发展战略合作关系
埃　　及	2014 年 12 月，建立全面战略伙伴关系 2016 年 1 月，加强两国全面战略伙伴关系的五年实施纲要
苏　　丹	2015 年 9 月，建立战略伙伴关系

资料来源：外交部网站。

表 4　自 21 世纪海上丝绸之路倡议提出以来中国与沿线国家自贸区谈判进展

	自贸区协议
东盟 10 国	2015 年 11 月 22 日签署中国—东盟自贸区升级《议定书》 2015 年启动与新加坡自贸区升级谈判
印度	研究阶段
马尔代夫	启动自贸区谈判
巴基斯坦	推进自贸区第二阶段谈判
斯里兰卡	推进自贸区谈判
海合会六国	2016 年 1 月中国和海合会已恢复自由贸易协定谈判，2016 年年内达成全面的自由贸易协定

资料来源：商务部网站。

表 5　自 21 世纪海上丝绸之路倡议提出以来中国与沿线国家在金融领域取得的发展

	货币互换	设立金融机构
印度尼西亚	2013 年 10 月续签（1000 亿元人民币/1750000 亿印尼卢比）	
新　加　坡	2013 年 3 月续签（3000 亿元人民币/600 亿新加坡元）	2013 年 10 月，确定新加坡市场人民币合格境外机构投资者（RQFII）投资额度为 500 亿元人民币 2014 年 10 月，两国外汇市场正式推出人民币和新加坡元直接交易

续表

	货币互换	设立金融机构
泰　　国	2014年12月续签（700亿元人民币/3700亿泰铢）	2014年12月，签署《关于在泰国建立人民币清算安排的合作谅解备忘录》
马来西亚	2015年4月续签（1800亿元人民币/900亿马来西亚林吉特）	2013年10月，马国家银行在北京设立代表处 2014年11月，签署人民币清算安排合作谅解备忘录 2015年4月，中国银行吉隆坡人民币清算行正式启动
巴基斯坦	2014年12月续签（100亿元人民币/1650亿卢比）	
斯里兰卡	2014年9月首签（100亿元人民币/2250亿卢比）	2014年9月，签署《金融合作谅解备忘录》
卡　塔　尔	2014年11月首签（350亿元人民币/208亿元里亚尔）	2014年4月18日，签署《中国人民银行代理卡塔尔央行投资中国银行间债券市场的代理投资协议》
阿拉伯联合酋长国	2015年12月续签（350亿元人民币/200亿阿联酋迪拉姆）	
土　耳　其	2015年9月续签（120亿元人民币/50亿土耳其里拉）	

资料来源：中国人民银行网站。

三　21世纪海上丝绸之路倡议为沿线国家提供的机遇

21世纪海上丝绸之路实际上是在中国与沿线国家之间创建一个新的"战略供求"模型。从战略需求角度看，中国与沿线国家需要一个相互支持的经济增长体系。从战略供给角度看，中国愿意提供资金、人力、制度等战略性资源实现与沿线国家的共同增长，同时沿线国家也愿意提供自身的战略性资源与中国共建21世纪海上丝绸之路，以回应中国的战略诉求。21世纪海上丝绸之路倡议具有如下战略意义。

第一，推进世界工业化在不发达国家的实现。迄今为止，世界工业化只在少数发达国家实现，而更多的发展中国家仍处于工业化进程之中，距离发达国家的整体发展水平还有相当大的差距。21 世纪海上丝绸之路以产业主导、互联互通为连接，将世界上更多发展中国家"串联"起来，共同完成新一轮的世界工业化进程，推进世界工业化在更多发展中国家实现。有人认为，中国与沿线国家共建海上丝绸之路，是希望通过这些港口刺激当地的工业化进程。①

第二，重构世界政治经济新秩序。近些年世界经济实力格局已经发生较大的变化，欧美发达国家经济总量占世界比重不断呈下降趋势，而发展中国家的经济总量则不断呈上升趋势，目前发达国家占世界经济总量不到60%，而发展中国家则超过40%，未来发达国家的经济总量占比将进一步下降。在这样的格局之下，世界政治经济秩序必将被重新改写，尽管世界经济运行的基本规则不会被破坏，但是一些不利于发展中国家发展的规则需要进行重新调整，以使不论经济发展水平高低还是国家大小，都能获得平等发展的"民主"权利。21 世纪海上丝绸之路正是带着上述历史使命努力改写发展中国家未来发展的命运。

第三，实现中国平稳崛起。随着中国经济实力的提升，周边国家最先感受到中国崛起带来的影响，并做出多种政策选择，有的采取搭便车行为，有的则通过结盟来缓释中国崛起的压力。② 加上美国的干预，中国下一步的发展道路不会平坦，即使排除非经济方面的干扰，单纯从经济方面来考虑，中国同样需要一个良好的外部环境。过去 30 多年中国经济发展的战略机遇期很大程度上是一种低成本、高收益的战略机遇期，而自 2008 年全球金融危机之后，中国经济发展的阶段开始向高成本、低收益转变，部分原因是中国面临的世界市场已经趋于饱和，加上欧美发达国家经济不景气，使得中国难以获得进一步的发展机会。通过 21 世纪海上丝绸之路建设创建新的经济发展机遇期是中国做出的现实选择。

① 叶海林：《中国必须争取印度参加"21 世纪海上丝绸之路"吗？》，澎湃研究所，2015 年 1 月 19 日。"一带一路"倡议有利于推动沿路发展中国家的现代化进程。参见卫志民《"一带一路"战略：内在逻辑、难点突破与路径选择》，《学术交流》2015 年第 8 期。
② 萨缪尔·亨廷顿：《文明的冲突与世界秩序的重建》，新华出版社，2010，第 205～210 页。

21世纪海上丝绸之路为沿线国家提供的机遇主要包括以下一些方面。

一是21世纪海上丝绸之路将综合性地继续为包括亚洲国家在内的沿线国家提供更多市场、增长、投资、合作机遇。中国正在形成对外部巨大的消费品进口市场。近20年来，中国消费占GDP的比重一直在呈下降趋势，从2000年的62%下降到2010年的47%，但最近几年这一比重开始逐步回升，2012年已超过投资。2015年中国对外贸易规模达到4万亿美元，其中，出口2.3万亿美元，进口1.7万亿美元，是全球货物贸易第一大国。2014年中国消费品进口1524亿美元，增长15.3%，占总进口的7.8%。2014年我国公民出境旅游人数达到1.07亿人次，出境旅游花费896.4亿美元。未来5年，中国进口商品将超过10万亿美元，出境旅游人数将超过5亿人次。

二是21世纪海上丝绸之路将通过发挥中国优势，直接参与沿线国家的经济建设。亚洲基础设施投资银行、丝路基金等融资渠道，将为沿线国家提供基础设施建设资金，同时，中国企业将大量"走出去"，为当地产业发展提供支持。2014年中国对外投资1029亿美元，增长14.1%，吸引外资1196亿美元，增长1.7%。未来5年，中国对外投资将超过5000亿美元。中国将继续加大对沿线国家的投资，在支持沿线国家经济增长的同时，也有利于增进中国的经济利益。

三是21世纪海上丝绸之路也是中国向沿线国家开放的主要通道，以此降低中国与沿线国家共同发展的制度成本。通过深度经济体制改革，对沿线国家形成制度吸引力。目前，中国正在积极推动一系列结构性改革，寻求更公平、更具包容性、更加均衡和可持续的发展策略。这些结构性改革包括：①进一步减少行政审批，探索实行负面清单管理模式，建立政府权力清单制度；②进一步调整经济结构，包括产业结构、城乡结构和区域结构等，提高技术进步和服务业在经济中的地位；③实行更加积极的就业创业政策，对符合条件的小微企业、个体经营和企业吸纳就业实行税收减免，通过扩大就业创业带动居民收入持续提高，推动完善社会保障制度，更好地发挥消费对经济发展的支撑作用；④着力推动新一轮高水平对外开放，如扩大服务业包括资本市场的对外开放。

四是通过加强发展战略对接，助力各自经济发展。中国与沿线国家在铁路、公路、电力等基础设施合作方面拥有广阔前景。中国经济已处于工业化中期，在许多领域拥有充足的先进产能，愿同沿线国家开展产能合作。目前中国已经与部分国家建立 21 世纪海上丝绸之路与当地发展战略对接合作框架，目的是整合现有资源将蛋糕做大。

五是加大地区市场整合力度。尽管面对来自美国的 TPP 挑战，中国仍在继续努力加快区内市场整合的进程，如推进中国—东盟自由贸易区升级版、中日韩自由贸易区谈判、中国—海合会自由贸易区再启动以及 RCEP 协议等，以此扩大地区市场对经济增长的拉动作用。

四　21 世纪海上丝绸之路面临的挑战

由于 21 世纪海上丝绸之路倡议涉及的国家众多、需要解决的难题较多，非一朝一夕能够完成。从战略层面看，能否保持 21 世纪海上丝绸之路的可持续性和能否实现部分非经济目标是 21 世纪海上丝绸之路建设面临的主要难题。从操作层面看，面临的主要难题有：一是如何让沿线国家或地区了解、认同和接受 21 世纪海上丝绸之路倡议。中国能否清晰地让沿线国家理解 21 世纪海上丝绸之路不是中国一家的独奏，而是沿线国家的合唱。二是如何加快国内的配套改革，特别是包括企业社会责任在内的一系列国内配套改革，以保障企业"走出去"获得当地的积极支持。三是如何与其他国家战略进行对接。四是如何规避国际政治风险等。资金来源多元化是规避风险的有效途径，但是如何做好与第三方合作的问题需要在实践中加以解决。第五，如何加强人文沟通交流，使得 21 世纪海上丝绸之路在硬件工作完善的同时能够注重推动"软"件工作的深入。

为保障 21 世纪海上丝绸之路推进的可能性、可行性以及可持续性，这里主要讨论以下几个方面。

一是如何构筑中国与沿线国家——特别是大国的战略互信，为 21 世纪海上丝绸之路的推进奠定可能性基础。战略互信是中国与沿线国家——特别是大国推进 21 世纪海上丝绸之路的政治基础。① 战略互信的构筑是一个动态的长期过程。大国之间为各自的战略利益，本来就缺乏战略互信的前提，这导致中国在推进 21 世纪海上丝绸之路时面临的最主要阻力来自地区内的大国或者核心国家，由于这些国家是地区经济发展和社会发展的领头羊，所在地区也被它们天然认定为自身的影响范围，任何域外大国的进驻都会引起区内大国的"不安"，因而缺乏战略互信是一种容易出现的状态，而具有战略互信则往往是非正常状态下的结果。一些文献研究表明因缺乏战略互信，印度对中国提出的 21 世纪海上丝绸之路倡议基本上持消极态度，② 同时印度为抵消中方在印度影响范围内国家的影响，提出了"季风计划"③，同时与美国几年前倡导的新丝绸之路计划存在一定的战略互动。④ 中印之间这种战略互信的缺乏不仅导致资源的错配，同时也影响了共同的经济社会发展。可以预判，随着印度经济发展逐步走上快速增长道路，中印之间的经济实力较量只会增强，不会减弱。⑤

中俄之间的战略互信同样是有条件的或短暂的。俄罗斯最初对中国提出的"一带一路"倡议也持防范心理，担心中国的影响会延伸至中亚等苏联加盟共和国的范围之内，因而对"一带一路"建设采取消极态度，后来由于俄罗斯受世界石油价格狂跌以及乌克兰冲突等影响，逐步调整对中国

---

① 林民旺：《印度对"一带一路"的认知及中国的政策选择》，《世界经济与政治》2015 年第 5 期；蔡鹏鸿：《为构筑海上丝绸之路搭建平台：前景与挑战》，《当代世界》2014 年第 4 期；葛成：《"一带一路"的中印共识：机遇与困局》，《山东社会科学》2015 年第 8 期。

② 印度对中国提出的 21 世纪海上丝绸之路倡议的认知和反应在部分文献中有明确的阐述。参见林民旺《印度对"一带一路"的认知及中国的政策选择》，《世界经济与政治》2015 年第 5 期；许娟、卫灵《印度对 21 世纪"海上丝绸之路"倡议的认知》，《南亚研究季刊》2014 年第 3 期；杨思灵《"一带一路"：印度的回应及对策》，《亚非纵横》2014 年第 6 期。

③ 关于印度的"季风计划"，目前主要认为是为应对中方提出的 21 世纪海上丝绸之路而设定的。参见陶亮《"季节计划"、印度海洋战略与"21 世纪海上丝绸之路"》，《南亚研究》2015 年第 3 期。

④ 参见林民旺《印度对"一带一路"的认知及中国的政策选择》，《世界经济与政治》2015 年第 5 期。

⑤ 目前中国经济已经进入"新常态"，而印度随着莫迪的上台而推行的新的经济发展战略，其经济增长率正在步入中高水平，2015 年印度经济增长为世界大国第一，而中国居第二位。

的丝绸之路倡议的态度，但是也只是提出中国丝绸之路经济带与欧亚经济联盟对接，这样既可以借助中国的经济实力扶助俄罗斯和中亚国家的经济发展，同时也能够通过联盟的影响力抑制中国在俄罗斯"势力范围"的积极影响。

印度尼西亚因 20 世纪初政治制度转型而导致国内经济发展和结构调整一直处于疲弱状态，也因此难以成为有较大影响力的东盟"盟主"。总统佐科上台之后开始重振印度尼西亚经济，为此印度尼西亚亟须外力扶持自身的经济发展，最终重回东盟"领导者"地位。受制于内外因素，印度尼西亚对中国提出的 21 世纪海上丝绸之路倡议持积极的态度，这是中国在过去一段时间里，推行 21 世纪海上丝绸之路时面临的较小的地区大国阻碍。不仅如此，印度尼西亚还成为中国推进 21 世纪海上丝绸之路的重要支点国家，雅万高铁等一系列大项目上马表明印度尼西亚对中国 21 世纪海上丝绸之路倡议是接受和认同的。不过值得注意的是，印度尼西亚能否与中国之间长期保持战略互信，双方在合作过程中是否会出现转折，还需要时间上的考验。

二是如何突破所在国的国内基础条件，为 21 世纪海上丝绸之路创造可行性条件。沿线国家国情千差万别，政治制度各异，经济发展水平不尽相同，社会发展层次多样，加上民族、人口、历史、自然条件等等为 21 世纪海上丝绸之路的推进无形中增加了难题。[①] 包括中国对缅甸和斯里兰卡的电力、港口投资搁浅和波折，损失的不仅仅是中方，也对当地民众收入的改善造成了较大负面影响。其中，因政局变动蕴含的政治风险是造成中方投资失败的主要原因。[②]

21 世纪海上丝绸之路倡议在很大程度上有助于推进沿线发展中国家工业化进程。但是启动和推进工业化进程需要在诸多条件满足之下才有可能

---

① 杨思灵：《一带一路：南亚地区国家间关系分析视角》，《印度洋经济体研究》2015 年第 5 期。

② 王永中、王碧珺：《中国对"一带一路"沿线国家投资的特征与风险》，中国社会科学院世界经济与政治研究所（工作论文 No. 2016，02），2016 年 1 月 5 日。

实现，特别是一些国家存在的工业化死结即使国内力量尚不足以撬动，更何况中国需要跨越国与国之间的障碍。征地问题在中国在国外投资面临的最大困境之一，这也是沿线某些国家经济不发达的主要原因。另外是政局变动风险，目前世界少有极端独裁的国家，多数发展中国家介于民主与维权之间，更确切地说介于不成熟的民主与西方成熟民主之间。不成熟民主有时带来的弊端是抑制政府动员社会资源的能力，延缓经济发展的步伐。同时民主制度中存在的多种不完善和不配套，导致政府腐败盛行和寻租行为的普遍化。同时低度民主难以建立有效的政府运转机制，政府行为短期化倾向明显。政局波动及领导人更替使得21世纪海上丝绸之路正在成为所在国要价的筹码，而不是为所在国提供发展机会的条件。

三是如何建立合理的利益分配与协调制度，以保障21世纪海上丝绸之路的可持续性。21世纪海上丝绸之路是中国与沿线国家为共同发展而提出的，要保障21世纪海上丝绸之路的可持续性，需要中国与沿线国家建立合理的利益分配与协调机制。中国与沿线国家通过合作获得的经济利益分配要能够为各方所接受，否则极易引起矛盾，导致21世纪海上丝绸之路倡议难以持续下去。在中国与东盟签署中国—东盟自由贸易区协议时，尽管中国提供"早期收获"，做出了让利行为，不过由于东盟国家的竞争力难以与中国企业相匹配，导致今天中国对东盟由过去的逆差转变为现在对东盟存在的大量顺差，① 这种局面影响了东盟国家与中国持续进行深入经济合作的心情，也影响了中国—东盟自由贸易区升级版的推进热情。如何既不忽视市场竞争给双方经济发展带来的活力，同时又促进沿线国家从21世纪海上丝绸之路推进获得实实在在的好处，确实需要中国政府、企业和学术界认真对待并采取富有成效的做法。

---

① 2015年中国对东盟10国几乎都存在贸易顺差，顺差总额为800多亿美元，与2005年相比，变化较大，当时中国对东盟位贸易逆差，接近200亿美元。

四是域外大国——美国的干预。[1]"亚太再平衡"战略是美国自 2008 年全球金融危机以来提出的主要大战略之一，目的是维护美国在亚洲的存在和抑制中国过快崛起。随着中国崛起步伐的加快，美国"亚太再平衡"的内容和手段也在不断翻新和增加。自 2008 年之后，美国为抑制中国的影响，同时激活本国经济，先后推出 TPP，新丝绸之路计划等计划，并对亚洲基础设施投资银行投下"反对票"。目前把中国排除在外的 TPP 已经在 12 个成员内得以签署，新丝绸之路计划因美国自身种种原因不了了之，不过也有一些大项目仍在进行。2015 年 3 月底在亚洲基础设施投资银行结束报名之前，美国和日本劝说部分国家不加入该投资银行，[2] 试图影响亚洲基础设施投资银行的建设进展。目前美国又从经济领域向安全领域延伸，通过派出军舰进行巡航等手段，试图将南海争端扩大化，影响海上丝绸之路建设进展，阻碍 21 世纪海上丝绸之路走出国门。[3] 其他大国同样对周边小国战略对接中国 21 世纪海上丝绸之路施加影响，迫使小国不得不采取"平衡"策略。[4]

总之，要把 21 世纪海上丝绸之路"蛋糕"做大不容易，同时如何分配"蛋糕"也不容易，这需要中国与沿线国家愿意为做大"蛋糕"而努力，也

---

[1] 在所有讨论 21 世纪海上丝绸之路面临的挑战时都无不论及美国对 21 世纪海上丝绸之路的影响。相关文献参见袁新涛《丝绸之路经济带建设和 21 世纪海上丝绸之路建设的国家战略分析》，《东南亚纵横》2014 年第 8 期。楼春豪《21 世纪海上丝绸之路的风险与挑战》，《印度洋经济体研究》2014 年第 5 期；陈晓律、叶璐《中国构建海上丝绸之路的两个节点：马来西亚与泰国》，《南京政治学院学报》2015 年第 1 期。

[2] 杨晓杰：《试析影响我国二十一世纪海上丝绸之路建设的"日本因素"》，《探求》2015 年第 3 期。

[3] 李骁等分析了"海上丝路"可能面临的安全风险：可能引发美国"亚太再平衡"的进一步举措；可能导致印度的担忧和反制；沿线热点安全问题形成的干扰，以及恐怖主义、自然灾害、传染性疾病、海洋环境污染和生态破坏，以及海盗问题等五大类沿线的非传统安全威胁。参见李骁、薛力《21 世纪海上丝绸之路：安全风险及其应对》，《太平洋学报》2015 年第 7 期。中国海上通道安全极其脆弱，近年来，对 21 世纪海上丝绸之路航道的威胁与挑战也使我国遭受较大损失。参见许可《"21 世纪海上丝绸之路"面临的安全挑战——"银河号事件"的启示》，《亚非纵横》2015 年第 2 期；朱时雨、王玉《21 世纪海上丝绸之路航道安全探析》，《交通运输研究》2015 年第 2 期。

[4] 廖萌：《斯里兰卡参与共建海上丝绸之路的战略考虑及前景》，《亚太经济》2015 年第 3 期。

愿意为切好"蛋糕"而有谦让精神，这是21世纪海上丝绸之路得以存续下去的理由，当然也是21世纪海上丝绸之路建设过程中面临的挑战。

五 推进21世纪海上丝绸之路的几点建议

中国政府在发布的"愿景与行动"中提出了共商、共建、共享原则，并强调要在政策沟通、设施联通、贸易畅通、资金融通、民心相通等"五通"领域加强合作。"愿景与行动"将成为长期推进21世纪海上丝绸之路的指导文件。这里以五通为蓝本，结合目前的实际发展提出以下几点建议。

第一，推进政策沟通，做好合作框架的建设工作。以一国一策一框架为原则，加紧对沿线国家合作内容的充实和完善。目前这项工作尚未完全开展，与沿线国家现有的合作框架也亟待整合。该合作框架是未来中国与沿线国家的合作指南，是落实21世纪海上丝绸之路倡议的具体措施、项目等。在制定合作框架时，最好由双方共同制定推进双边合作的规划和措施，协商解决合作中可能遇到的问题，为务实合作及大型项目实施提供政策支持。

第二，推进互联互通项目。这里不仅包括所在国的基础设施内部建设与互联互通问题，也包括国与国之间、地区与地区之间基础设施互联互通问题。在尊重相关国家主权和安全关切的基础上，做好沿线国家的基础设施建设规划、技术标准体系工作，逐步形成海上基础设施建设通道和网络。既包括交通基础设施的关键通道、关键节点和重点工程、能源基础设施互联互通合作、跨境光缆等通信干线网络建设等硬件建设，也包括相关的软件建设，如国际通关、规则规范与衔接、信息交流与合作等。由于互联互通项目往往是大型的基础设施建设项目，项目建设周期长、资金投入大、收回成本时间长，同时沿线国家政治风险较大，有时往往容易拿中国项目说事，如缅甸密松水电站项目和斯里兰卡科伦坡港口项目。为保障"一带一路"项目的顺利进行，并规避项目的不可预测的种种风险，有必要加强与第三方合作。

第三，大力推进与沿线国家的自由贸易区（简称"自贸区"）建设，以促进贸易畅通。自贸区是规范和调整中国与沿线国家双边经贸关系的主要手段。目前自贸区的发展已经进入新生代。中国已经提出要建设全球自贸区网络，因而加强与沿线国家自贸区建设是必不可少的组成部分，未来的建设思路可依据沿线国家的现实需要，尽可能建立新生代的自贸区。

贸易投资便利化是目前世界各国极力推进的领域，其能带来的收益甚至大于通过减税带来的收益，且贸易投资便利化不需要像贸易投资自由化那样涉及主权谈判问题，因此，应尽可能与沿线国家加强信息互换、监管互认、执法互助的海关合作，以及检验检疫、认证认可、标准计量、统计信息等方面的双多边合作，推动世界贸易组织《贸易便利化协定》生效和实施。[①]

在投资自由化领域，与沿线国家洽谈推行投资负面清单制，拓展相互投资的领域。同时协助所在国政府提升负面清单的制度推行工作水平。

与不同沿线国家开展不同类型的产业合作，通过产能合作，尽可能形成以地区产业分工为基础的生产体系，形成中国与沿线国家上下游产业链和关联产业协同发展。同时鼓励以新思路推进工业园区建设。工业园区是目前中国对外投资的主要载体，过去工业园区建设主要依靠企业来进行，同时政府作为辅助角色支持工业园区建设。从现实情况看，这种靠企业推进工业园区建设的做法虽然有利于市场运作，但同时企业面临失败的风险也较大，为此，有必要强化政府对工业园区建设的主导作用，在具体运作方面仍采取市场运作方式，建立起新一代工业园区。

第四，加强资金融通和推进人民币"走出去"。目前中国为"一带一路"建设已推动建立多种融资通道，如亚洲基础设施投资银行、丝路基金、金砖国家新开发银行等，加上国际上已有的多边合作机构和基金，以及各国国内可以动员的资金，基本上可以满足沿线国家基础设施和其他方面建

[①] 毛艳华、杨思维：《21世纪海上丝绸之路贸易便利化合作与能力建设》，《国际经贸探索》2015年第4期。

设的资金需求。目前最大的问题是如何提高资金的使用效率和推进信用体系的建设。可以考虑加强双边资金担保体系的建设和企业黑名单制，以规范和约束双方企业的非正常经营行为。

借助 21 世纪海上丝绸之路建设推进人民币"走出去"是人民币国际化必不可少的路径。[①] 2015 年上半年，以人民币进行结算的跨境货物贸易、服务贸易及其他经常项目、对外直接投资、外商直接投资分别达到 30000 亿元、3711 亿元、1670 亿元、4866 亿元。今后可考虑进一步扩大与沿线国家双边本币互换、结算的范围和规模，支持沿线国家政府和信用等级较高的企业以及金融机构在中国境内发行人民币债券，同时对符合条件的中国境内金融机构和企业可以在境外发行人民币债券和外币债券，鼓励在沿线国家使用所筹资金。通过上述路径，形成人民币"走出去"、实现国际化的有效通道。

加强金融监管合作是确保双边或地区宏观金融乃至经济稳定的必要手段，这方面可包括构筑风险应对和危机处置制度安排，构建区域性金融风险预警系统，建立应对跨境风险和危机处置的交流合作机制等等。

第五，加强人文交流、巩固民心基础。21 世纪海上丝绸之路建设不仅涉及政府层面的合作，也是中国与沿线国家老百姓民心相连的事，且这方面工作做得好坏直接关系到 21 世纪海上丝绸之路建设的成败。有些国家如美国、日本、韩国要比我们更会做一些民心相通的工作，以至于老百姓往往成为这些国家投资的积极支持者。今后应广泛开展文化交流、学术往来、人才交流合作、媒体合作、青年和妇女交往、志愿者服务等人文交流活动，同时整合现有资源，积极开拓和推进与沿线国家在青年就业、创业培训、职业技能开发、社会保障管理服务、公共行政管理等共同关心领域的务实合作，与沿线国家智库之间开展联合研究、合作举办论坛等；广泛开展教育医疗、减贫开发、生物多样性和生态环保等各类公益慈善活动，促进沿

[①] 目前已有这方面的探讨性研究，相关文献有保建云《论海上丝绸之路建设与海上丝路人民币贸易圈的形成与发展》，《江苏行政学院学报》2015 年第 2 期。

线贫困地区生产生活条件改善。[1] 通过上述做法，既可以起到老百姓之间相互了解、增进感情，同时有助于汉语传播，进一步发挥中国软实力在沿线国家的影响。

第六，突出21世纪海上丝绸之路的战略重点，加强与沿线国家的海洋经济合作。中国既是陆地国家，也是海洋国家，充分利用海洋资源，推动中国经济增长从陆地走向海洋是中国经济发展的大方向，也最终为海洋强国的实现奠定经济基础，因此，21世纪海上丝绸之路还承载着不同于丝绸之路经济带的战略使命，这也为拓展与沿线国家发展海洋伙伴关系创造了机会。[2] 加强海洋合作将成为未来与沿线国家的重点合作领域，因此，有必要加强与沿线国家海洋合作的发展规划，进一步提升海洋经济在21世纪海上丝绸之路双边合作中的作用。[3]

---

[1] 金荣：《浅析中国—东盟文化交流在21世纪海上丝绸之路的影响及前景》，《广西社会主义学院学报》2014年第5期。

[2] 刘赐贵：《发展海洋合作伙伴关系推进21世纪海上丝绸之路建设的若干思考》，《国际问题研究》2014年第4期。

[3] 中国海洋经济发展迅速，2013年达到54313亿元。中国海洋战略型新兴产业划有六大产业：生物和医药；能源；海水利用；制造与工程产业；设备、堤坝、隧道、桥梁建筑等；物流及旅游业。参见麦康森《21世纪海上丝绸之路与中国海洋战略性新兴产业》，《新经济》2014年11期。

中巴经济走廊建设的现状与挑战

王　旭[*]

摘　要： 中巴经济走廊是"一带一路"倡议的旗舰项目。目前，中巴经济走廊建设已进入全面实施阶段，形成以中巴经济走廊为引领，以瓜达尔港、能源、交通基础设施和产业合作为重点，形成"1 + 4"经济合作布局，并在上述四个方面取得重要进展。同时，中巴经济走廊建设面临一系列来自政治、经济和安全方面的挑战，需要加以妥善应对。

关键词： 中巴经济走廊　瓜达尔港　地缘政治　风险防范

中巴经济走廊北起新疆喀什，南至巴基斯坦瓜达尔港，位于丝绸之路经济带和 21 世纪海上丝绸之路交会处，是"一带一路"倡议的旗舰项目。建设中巴经济走廊旨在进一步加强两国互联互通，扩大经贸合作，促进共同发展，充实中巴命运共同体内涵，对全面推进周边外交和"一带一路"建设具有重要战略意义。目前，中巴经济走廊建设已进入全面实施阶段，但受巴国内外诸多因素影响，也面临一系列挑战。本文拟在全面介绍中巴经济走廊的规划过程、战略意义和建设现状的基础上，对面临的挑战进行分析和预判，以期有助于中巴经济走廊建设的顺利实施。

一　规划过程

中巴两国是风雨同舟、患难与共的好朋友、好伙伴、好邻居、好兄弟。

---
*　王旭，北京大学南亚研究中心常务副主任，副教授。

自 1951 年建交以来，两国关系历经时代变迁和国际风云变幻的考验，发展了全天候的友谊和全方位的合作，堪称国与国关系的典范。近年来，中巴关系保持稳步深入推进的良好发展势头。两国高层互访频繁，政治互信不断增强。双方决心进一步深化全面务实合作，把两国高水平政治关系优势转化为更广泛的经济合作成果。中巴经济走廊为两国务实合作搭建了战略框架，是两国领导人达成的重要共识。建设中巴经济走廊的倡议是新时期巩固中巴传统友谊、深化两国务实合作、充实中巴命运共同体内涵的战略选择，对顺利推进"一带一路"建设具有重要的示范作用和引领作用。

中巴经济走廊建设的规划过程大致可以分为初步设想、正式规划和全面实施三个阶段。

（一）初步设想

早在 2006 年，以合作建设瓜达尔港为契机建设中巴经济走廊的设想便成为中巴双方的商讨议题。当年 2 月，巴总统穆沙拉夫在访华期间正式提出，巴方重视与中方合作，将努力建好瓜达尔港，使其成为巴中友谊的象征。巴方希望中方充分利用巴的地理优势，把巴作为在本地区的贸易和能源走廊。[①] 中方对此做出积极回应。2007 年 2 月，巴基斯坦铁路公司委托中国东方电气集团和一家德国—奥地利公司联合体对建设中巴铁路（中国边境至巴境内的瓜达尔港）进行预可行性研究。[②] 根据 2008 年完成的预可研报告，这一项目不具商业可行性，而是否具有战略需要，仍待两国进一步探讨。[③]

2010 年 7 月，在巴总统扎尔达里访华期间双方再次讨论了建设铁路、公路网络的开放政策，以及建立石油天然气管道的可行性方案。但受诸多

---

① 《胡锦涛与巴基斯坦总统穆沙拉夫举行会谈》，新华网，http：//news. xinhuanet. com/politics/2006 - 02/20/content_4205193. htm。

② 梁叶：《巴基斯坦铁路发展规划及中巴铁路合作建议》，《国际工程与劳务》2008 年第 10 期，第 30 页。

③ 驻巴基斯坦使馆经商参处：《预可研表明中国与巴基斯坦铁路连接线不具商业可行性》，《国际工程与劳务》2008 年第 10 期，第 61 页。

客观因素限制，上述设想并未能立即付诸实施。

（二）正式规划

2013 年 5 月，李克强总理在出访巴基斯坦时提出建设中巴经济走廊的倡议，得到巴方积极回应。双方同意，在充分论证的基础上，共同研究制订中巴经济走廊远景规划，推动中巴互联互通建设，促进中巴投资经贸合作取得更大发展。[①] 同年 7 月，巴总理谢里夫访华，双方同意成立中巴经济走廊远景规划联合合作委员会（下称"联委会"），由中国国家发展和改革委员会与巴基斯坦计划发展部牵头，并在上述两部门设立秘书处，尽快启动中巴经济走廊远景规划相关工作。[②]

为进一步落实两国领导人关于建设中巴经济走廊的重要共识，推进走廊建设取得积极进展，自 2013 年成立以来，联委会及下设能源、交通基础设施、综合规划等三个工作组先后成功地召开了五轮会议和多次工作组会议。联委会机制为中巴双方密切沟通、加强合作搭建起一个重要交流平台，从而为推进走廊项目快速落地铺平道路。[③]

（三）全面实施

2015 年 3 月，国家发展和改革委员会、外交部、商务部联合发布的《推动共建丝绸之路经济带和 21 世纪海上丝绸之路的愿景与行动》中明确提出，"中巴、中印孟缅两个经济走廊与推进'一带一路'建设关联紧密，要进一步推动合作，取得更大进展"。[④] 中巴经济走廊的战略重要性进一步

---

① 《中华人民共和国和巴基斯坦伊斯兰共和国关于深化两国全面战略合作的联合声明》，新华网，http：//news. xinhuanet. com/2013－05/24/c_124755934. htm。
② 《关于新时期深化中巴战略合作伙伴关系的共同展望》，新华网，http：//news. xinhuanet. com/2013－07/05/c_116426628. htm。
③ 《中巴经济走廊联委会第五次会议在卡拉奇召开》，新华网，http：//news. xinhuanet. com/world/2015－11/12/c_128423094. htm。
④ 《推动共建丝绸之路经济带和 21 世纪海上丝绸之路的愿景与行动》，新华网，http：//news. xinhuanet. com/2015－03/28/c_1114793986. htm。

提升。

2015 年 4 月习近平主席访巴期间，双方高度评价了中巴经济走廊建设取得的进展，共签署了超过 30 项涉及走廊建设的政府间合作文件和商业文件，并举行了有关项目的开工仪式和竣工仪式。由此，中巴经济合作驶入快车道，以中巴经济走廊为引领，以瓜达尔港、能源、交通基础设施和产业合作为重点，形成"1 + 4"经济合作布局。

中巴经济走廊建设将覆盖巴全国各地区，造福巴基斯坦全体人民，促进中巴两国及本地区各国共同发展繁荣，具有重要的战略意义和现实意义。

一是对做好新形势下周边外交工作具有重要的借鉴意义。2013 年 10 月，习近平主席在中央周边外交工作座谈会上发表重要讲话，强调要坚持与邻为善、以邻为伴，坚持睦邻、安邻、富邻的基本方针，突出体现亲、诚、惠、容的理念，更加奋发有为地推进周边外交，为我国发展争取良好的周边环境，使我国发展更多惠及周边国家，实现共同发展，让命运共同体意识在周边国家落地生根。

中巴友谊是肝胆相照的信义之交、休戚与共的患难之交，堪称国与国友好相处的典范。巴方多次重申对华友好是巴外交政策的基石和举国共识，而中方也始终把两国关系置于外交优先方向。2015 年 4 月，习近平主席出访巴基斯坦，双方一致同意将中巴关系提升为"全天候战略合作伙伴关系"。中巴经济走廊建设将推动中巴战略合作伙伴关系迈上新台阶，进一步充实中巴命运共同体内涵，为推进周边外交提供有益参考。

二是对顺利推进实施"一带一路"倡议和规划项目具有重要的示范作用。2013 年 9 月和 10 月，习近平主席在出访中亚和东南亚国家期间，先后提出共建"丝绸之路经济带"和"21 世纪海上丝绸之路"的重大倡议，得到国际社会高度关注。但仍有少数沿线国家受传统地缘政治等因素的影响，对"一带一路"倡议持谨慎或观望态度。中巴双方有着高度的政治互信，始终在国际和地区事务上保持密切沟通和协作。巴方坚定支持并积极参与"一带一路"建设，认为"一带一路"倡议是区域合作和南南合作的新模式，将为实现亚洲整体振兴和各国共同繁荣带来新机遇。中巴经济走廊也由此成为"一带一路"倡议的旗舰项目。目前，在双方共同努力下走廊建设推进顺利。同时，中巴全天候友谊也将为走廊建设提供根本保障，有助于双方尝试创新的思路和方法来积极应对走廊建设中面临的各种挑战，为"一带一路"建设积累宝贵经验。

三是将中国西部大开发战略与巴国内经济发展进程更加紧密结合，有利于挖掘两国经贸、物流、人员往来的潜力，促进各自国内经济发展，推动两国和地区经济一体化。

对中方而言，走廊建设有利于打通中国西部地区面向印度洋的出海口，加快西部大开发战略的实施；有利于充分发挥中国近年积累起来的资金、技术、产能、工程作业能力优势，获得更为广阔的市场空间；有利于繁荣新疆地区口岸经济，打击"三股势力"，促进新疆地区社会稳定、长治久安。

对巴方来说，经济走廊有利于形成新的增长轴，带动经济增长，加快摆脱近年来持续的低增长、高通胀局面；有利于解决基础设施领域长期制约发展的关键瓶颈，形成新的产业集聚；有利于平衡国内区域经济增长格局，缩小区域经济发展差距，缓解民生矛盾，促进国内和平稳定。

二　建设现状

目前，中巴经济走廊建设推进顺利，已从前期规划逐步进入全面实施阶段。中巴双方正抓住走廊建设的战略机遇，齐心协力，携手开创互利共赢的良好局面，在瓜达尔港建设、能源合作、交通基础设施建设、产业合作等重点合作领域取得了重要进展。

（一）瓜达尔港建设

瓜达尔港位于巴基斯坦西南部俾路支省沿海的莫克兰地区，紧邻霍尔木兹海峡，具有重要的战略意义。作为中巴经济走廊的重要枢纽，瓜达尔港对加强经济走廊与外部世界联系、推动地区经济增长具有重要意义。

2002 年 3 月，中巴合作建设的瓜达尔港项目正式开工。港口一期工程于 2005 年完成，建成一个拥有 3 个 2 万吨级泊位的多用途码头。2007 年 3 月，新加坡国际港务集团通过国际招标中标后负责运营瓜达尔港，租赁期为 40 年，但此后经营状况不佳，港口基本处于闲置状态。因此，2013 年 2 月，巴方正式将瓜达尔港运营权和配套基础设施开发权移交给中国海外港口控股有限公司。中国对瓜达尔港经营权的获得，加快了中巴经济走廊的规划进程。2015 年 11 月，巴方向中方企业移交瓜达尔港自贸区总规划面积的三成土地使用权（约 280 公顷），租期 43 年。根据双方正式签署的移交文件，中方企业将管理瓜达尔国际机场、瓜达尔自由区和瓜达尔海运服务 3 家公司，同时全权打理瓜达尔港业务。① 2015 年 5 月，瓜达尔港至中国的首航正式开启，瓜达尔港终于实现了自 2007 年建成以来期待已久的商业集装箱货运。②

目前，在中巴双方的积极推动下，东湾快速路、新国际机场、防波堤工程、泊位及通道清淤工程、自由贸易区与出口加工区的基础设施、淡水处理及供应设施等一批瓜达尔港配套基础设施项目正在加速启动。同时，为帮助当地民众改善生活水平，中方正在同巴方一道，积极推进援助建设瓜达尔港小学、医院、技术职业中心等教育、医疗和培训项目。③

（二）能源合作

近年来，能源危机已成为严重影响巴经济发展和民生改善的首要障碍。为帮助巴方尽快摆脱制约经济发展的能源困境，能源成为中巴经济走廊建设的重点合作领域。

根据中巴经济走廊建设规划，目前在能源合作领域共有优先实施项目

---

① 《瓜达尔港部分土地使用权移交中方 中巴互利共赢》，新华网，http：//news. xinhuanet. com/world/2015 - 11/13/c_128423778. htm。

② 《中企运营的瓜达尔港雄心：全球自贸港》，搜狐财经，http：//business. sohu. com/20150514/ n413010667. shtml。

③ 《中国援助瓜达尔港建立职业培训中心》，驻卡拉奇总领馆经商室，http：//www. mofcom. gov. cn/ article/i/jyjl/j/201602/20160201253619. shtml。

16 个、积极推进项目 8 个，其中火电项目 13 个、水电项目 3 个、风电项目 5 个、光伏项目 1 个以及输变电线路项目 2 个。① 已有一批建设周期短、见效快的清洁能源项目开工或建成投产并取得了较好的社会效益和经济效益。

在火电方面，中国华能集团的萨希瓦尔煤电项目建设于 2015 年 7 月全面启动，该项目总装机容量 1320 兆瓦，计划于 2017 年实现并网发电；② 中国电建集团的卡西姆燃煤电站项目于 2015 年 12 月 22 日正式宣布完成融资关闭，成为首个达到该阶段的中巴经济走廊煤电项目，该项目总装机容量为 1320 兆瓦，首台机组计划于 2017 年底投产发电，目前，燃煤电站主体工程已正式动工，煤码头也建设顺利。③

在水电方面，中国长江三峡集团的卡洛特水电项目主体工程于 2016 年 1 月开工。这是中巴经济走廊首个水电投资项目，也是丝路基金首单项目。该项目总装机容量 720 兆瓦，是巴基斯坦第五大水电站。项目总投资约 16.5 亿美元，采用 BOOT 方式投资建设。④

在风电方面，项目主要集中在信德省的吉姆普尔和巴哈伯尔地区。中国长江三峡集团的巴基斯坦风力发电项目一期工程（巴风一期）于 2014 年 11 月建成，该项目总装机容量 49.5 兆瓦，2015 年发电约 1.4 亿千瓦时；⑤ 2016 年 1 月，巴风二期项目正式开工建设，该项目装机容量为 99 兆瓦，预计将于 2017 年实现并网发电；⑥ 中国水电顾问集团国际工程有限公司的大沃风电项目于 2015 年 4 月正式开工，该项目总装机容量为 49.5 兆瓦，预计

① 《中巴经济走廊项目一览》，巴基斯坦政府发展、规划与改革部，http：//www. pc. gov. pk/？page_id = 5352。

② 《中巴经济走廊首个能源项目华能萨希瓦尔煤电项目开工建设》，中国华能集团，http：//www. chng. com. cn/n31531/n31597/c1392550/content. html。

③ 《中巴经济走廊项目连续获得重大进展》，驻卡拉奇总领馆经商室，http：//www. mofcom. gov. cn/article/i/jyjl/j/201512/20151201219512. shtml。

④ 《"中巴经济走廊"首个水电投资项目主体工程开工》，中国长江三峡集团公司，http：//www. ctgpc. com. cn/xwzx/news. php？mnewsid = 94194。

⑤ 《"中巴经济走廊"建设助力巴基斯坦电力发展》，新华网，http：//news. xinhuanet. com/fortune/2015 – 04/02/c_1114856043. htm。

⑥ 《三峡集团巴基斯坦风电二期项目开工仪式成功举办》，人民网，http：//world. people. com. cn/n1/2016/0113/c1002 – 28049581 – 6. html。

2016 年 9 月正式并网发电；[1] 同年 12 月，该公司承建的萨察尔风电项目也正式开工，该项目总装机容量为 49.5 兆瓦；[2] 中国葛洲坝集团公司承建的联合能源吉姆普尔风电场一期项目于 2015 年 5 月正式开工，总装机容量为 99 兆瓦，合同工期 18 个月。[3]

在光伏方面，项目集中在旁遮普省巴哈瓦普尔的真纳太阳能工业园。其中特变电工新疆新能源股份有限公司承建的 100 兆瓦太阳能光伏电站已于 2015 年 3 月正式并网发电。[4] 中兴能源有限公司投资建设的 900 兆瓦太阳能光伏电站也于 2015 年 4 月 20 日正式开工，总投资额逾 15 亿美元，分三期实施，预计 2017 年全部建成。[5]

目前，中巴双方已在走廊建设的能源合作领域初步形成一个覆盖整个产业链、投资形式多样、多方积极参与、开放包容、合作共赢的局面。上述能源项目的陆续开工建设有望在不久的将来极大地缓解巴能源危机，为巴经济社会发展提供强劲动力。

（三）交通基础设施建设

交通基础设施落后也是长期制约巴经济社会发展的主要瓶颈。为提升中巴互联互通水平，改善当地交通状况，促进巴经济社会发展，中巴双方高度重视、努力推动交通基础设施建设早期收获项目尽快开工。目前，已有若干项目取得了突破性进展。

在城市轨道交通方面，拉合尔轨道交通橙线项目是中巴两国领导人达

---

① 《高清组图：人民网记者探访巴基斯坦大沃风电项目》，人民网，http：//world. people. com. cn/n/2015/0731/c1002－27389048. html。

② 《水电顾问巴基斯坦撒察尔风电 EPC 项目开工》，中国电力建设集团，http：//www. powerchina. cn/art/2015/12/14/art_23_107856. html。

③ 《李克强谢里夫见证葛洲坝集团承建巴基斯坦吉姆普尔风电项目签字仪式》，中国葛洲坝集团，http：//www. cggc. cn/News/info_show. asp? type = yaowen&uid =1426&id = 35849。

④ 《中企承建巴基斯坦巴哈瓦尔普尔太阳能光伏电站》，人民网，http：//world. people. com. cn/n/2015/0604/c1002－27106071. html。

⑤ 《新能源助力中巴经济走廊发展——访中兴能源总裁于涌》，人民网，http：//world. people. com. cn/n/2015/0429/c157278－26926603. html。

成共识的重要合作项目，是"一带一路"倡议框架下中巴经济走廊首个正式启动的交通基础设施项目，将由中国铁路总公司和中国北方工业公司联合承建。2015 年 12 月，中国进出口银行与巴政府签署了项目贷款协议，项目金额 16.26 亿美元，成为中巴经济走廊交通领域进展最快的早期收获项目和示范性项目。

在公路方面，经过中巴双方的共同努力，喀喇昆仑公路二期（哈维连至塔科特段）升级改造项目和卡拉奇至拉合尔高速公路（苏库尔至木尔坦段）项目的商务合同于 2015 年 12 月签署。喀喇昆仑公路二期升级改造项目全长 120 公里，项目金额约合 13.15 亿美元，将由中国交通股份有限公司实施。卡拉奇至拉合尔高速公路项目是中巴经济走廊最大的交通基础设施项目，此次签约的苏库尔至木尔坦段全长 392 公里，项目金额约合 28.9 亿美元，将由中建股份有限公司实施。[①]

在铁路方面，2015 年 4 月中巴双方签署合作框架协议，将联合开展巴基斯坦 1 号铁路干线和哈维连陆港建设的可行性研究。巴基斯坦 1 号铁路干线从卡拉奇向北经拉合尔、伊斯兰堡至白沙瓦，全长 1726 公里，是巴基斯坦最重要的南北铁路干线。哈维连站是巴铁路网北端尽头，将规划建设由此向北延伸经中巴边境口岸红其拉甫至喀什的铁路，哈维连拟建陆港，主要办理集装箱业务。[②] 此前，中方已于 2014 年 11 月正式启动了中巴铁路预可行性研究，并于同年 12 月对中巴铁路喀什至红其拉甫段进行了现场踏勘。

（四）产业合作

产业合作也是中巴经济走廊建设的重点合作领域，对拉动两国经济、增加市场就业、促进贸易投资、实现互利共赢具有重要意义。但受能源电力短缺和交通基础设施落后等客观不利因素的制约，目前中巴产业合作仍

---

① 《商务部：中巴经济走廊若干项目已取得突破性进展》，中国网财经，http：//finance. china. com. cn/news/20160106/3531481. shtml。

② 《中国与巴基斯坦联合开展中巴经济走廊铁路项目研究》，中央政府网，http：//www. gov. cn/xinwen/2015－04/22/content_2851403. htm。

处在起步阶段。未来随着走廊建设的全面实施，当地投资经营环境的日益改善，中巴产业合作前景广阔。

早在 2006 年 11 月中国海尔集团就同巴基斯坦鲁巴集团共同建立了"海尔—鲁巴经济区"，是中国首批国家级境外经济合作区之一，目前已从家电生产基地逐步发展为集家电生产和销售于一体的大型经济区，有力地带动了当地经济发展。

由山东如意集团联合巴基斯坦马苏德纺织厂在旁遮普省共同投资建设的纺织工业园于 2014 年 5 月举行奠基仪式，计划建成一个集纺纱、染色、织布、整理、高端面料、服装、仓储、物流一体化，具有能源配套优势的棉纺服装产业链纺织工业园区。① 此外，瓜达尔港自贸区建设也在稳步推进，有关前期规划正在修订当中。

三　主要挑战

中巴经济走廊建设有助于深化两国各领域务实合作，促进两国共同发展，受到两国政府的高度重视和两国人民的广泛支持。中巴全天候友谊是顺利推进走廊建设的根本保障。但受巴国内外诸多不利因素的影响，目前中巴经济走廊建设也面临一系列来自政治、经济和安全方面的挑战。

（一）地缘政治博弈日趋复杂

目前，中巴经济走廊周边地区的地缘政治博弈颇为复杂，既有巴印传统地缘政治矛盾、巴阿非传统安全威胁，也有巴与中东国家的地缘经济博弈以及域外大国插手加剧地区紧张。

一是巴印关系近期虽有缓和迹象，但受历史遗留的克什米尔问题和近年来跨境恐怖主义等问题制约，两国关系短期内难有实质性改善。此外，

---

① 《中资产业园区"先手"中巴经济走廊》，中国企业报网，http：//finance.sina.com.cn/roll/20150429/110622072775.shtml。

印方公开质疑中巴经济走廊建设，引发两国争议，也加剧了巴方的不安和疑虑。

二是巴阿两国安全形势的互动关系密切，随着 2014 年美国从阿富汗撤军，阿国内局势的动荡及由此产生的不确定性和非传统安全威胁对巴国内安全和中巴经济走廊建设构成了严峻挑战。近期巴阿采取积极措施，努力改善双边关系，但受制于杜兰线问题和塔利班问题，两国间的紧张关系暂时难以完全缓和。

三是巴基斯坦与中东国家，特别是与沙特阿拉伯和伊朗的关系微妙。近期中东局势更趋紧张。巴采取谨慎务实的外交政策，努力平衡与中东大国的关系。在中巴经济走廊问题上，地缘经济将取代地缘政治成为影响走廊建设的主要因素。

四是近期域外大国在调整全球战略的背景下把南亚地区政策的重心逐渐向印度倾斜，以达到制衡中国的目的，却造成了其地区传统盟友巴基斯坦对"扶印弃巴"前景的忧虑，也进一步加深了巴民众根深蒂固的反感情绪。

鉴于上述复杂的地缘政治矛盾短期内难以化解，巴对周边主要邻国和域外大国缺乏基本信任，加之个别域内外国家对中巴经济走廊建设的质疑和抹黑，因此目前巴在走廊建设中对坚持"和平合作、开放包容、互学互鉴、互利共赢"的丝路精神采取颇为谨慎的态度。虽然在卡西姆燃煤电站和卡洛特水电站等中巴经济走廊能源合作领域的项目中进行了有益的尝试，但相较中巴经济走廊建设的整体预期而言仍有较大的提升空间。

简而言之，未来走廊建设将面临日趋复杂的地缘政治环境，地缘政治、地缘经济和非传统安全的潜在挑战不容忽视，中巴双方需秉承开放包容的丝路精神和"共商、共享、共建"的"一带一路"建设原则，科学有序地推进中巴经济走廊建设的全面实施。

（二）巴结构性政治矛盾长期存在

相较而言，目前巴国内长期结构性政治矛盾对中巴经济走廊建设的影响更为明显和直接，突出表现为央地矛盾和政局稳定性等方面的问题。

2014 年 8 月，巴反对党正义运动党和人民运动党在首都伊斯兰堡发起持续数十日的大规模示威游行并演变为街头暴力事件和政治危机，对巴国民经济造成沉重打击，引发对巴政局稳定和中巴经济走廊建设前景的担忧。

近期，巴国内围绕中巴经济走廊建设规划产生了"路线争议"，引发媒体广泛关注。争议的焦点是巴主要反对党、俾路支省和开普省反对联邦政府为照顾执政党利益，优先在旁遮普省建设中巴经济走廊项目。"路线争议"不仅会影响中巴经济走廊建设的顺利推进，也会给中巴两国友好关系造成负面影响。

表面上，"路线争议"是巴联邦与地方政府、不同民族和政党之间围绕中巴经济走廊建设规划产生一些争议。但实质上，这不过是此前街头政治暴力的另一种表现形式，是巴国内各政治势力间的利益之争，也是巴国内长期结构性政治矛盾的一种表现形式。

首先，在建国后的现代民族国家建构过程中，"两个民族"理论作为巴国家认同的基础不断受到冲击，伊斯兰化进程和世俗化进程此消彼长、长期对立。一方面，世俗化加剧了巴民族分裂，造成了目前央地矛盾突出的困境；另一方面，伊斯兰化虽然有利于增强民族凝聚力，但加剧了巴极端化和塔利班化，使巴民族和教派冲突加剧，对巴国家安全和社会稳定造成很大冲击，威胁到中巴经济走廊建设的顺利实施。

其次，基于封建土地所有制和部落血亲关系的巴基斯坦家族政治造成政府效率低下、贪腐现象严重和政策缺乏全局性等问题，成为影响中巴经济走廊建设的消极因素。目前，巴缺乏全国性政党和政策，代表不同家族利益的政党斗争具有明显的自私性和地方性，往往导致政治矛盾激化引发政治危机，无助于问题的理性解决。

最后，长期以来军方作为巴政局举足轻重的政治力量对民选政府缺乏基本信任。一旦政党斗争激化造成政治危机，军方便有可能出面干预，在巴基斯坦历史上已先后出现四次军人执政，累计长达 33 年。军方干政已成为影响巴政局长期稳定的重要因素。

上述巴国内结构性政治矛盾始终存在，并非因中巴经济走廊建设而产生，未来却将长期对走廊建设的顺利实施产生不利影响。

（三）经济政策存在不确定性

经济政策不确定性是投资领域的主要挑战之一。代表不同家族利益的巴政党往往在政治斗争中将经济政策作为打击政敌或为己谋利的重要手段，长期以来巴经济政策具有明显的不确定性。这一问题在目前中巴经济走廊建设的能源合作领域上表现最为明显。

近年来，严重的能源危机已成为制约巴经济社会发展的主要瓶颈。造成巴能源电力短缺的主要原因是巴能源匮乏且能耗结构严重失衡。同时，电力企业的三角债问题也是制约巴电力发展的主要因素。

首先，为尽快缓解巴能源电力短缺，中巴双方一致同意在走廊建设中优先落实一批投资小、见效快的风电和光伏发电的清洁能源项目，其中大多已经开工或建成投产。但 2015 年 4 月，巴方却提出太阳能、风力等可再生能源发电成本高于传统发电方式，现阶段不可行，并暂停新建太阳能和风力发电项目。[1] 同年 12 月，又宣布将进一步下调太阳能发电上网电价。[2] 巴方在清洁能源发展政策上的不确定性可能会给中方的相关投资造成不必要的经济损失，相关后续项目建设未来何去何从仍未可知。

其次，巴煤炭储量约 1860 亿吨，居世界第七位。[3] 充分利用巴丰富的煤炭资源，大力发展煤电将有助于从根本上解决巴能源危机和电力企业三角债问题。因此，中巴双方共同制定的走廊建设规划将建设 13 个火电项目，其中 12 个是煤电项目。但近期巴方却提出，希望用液化天然气取代燃煤，成为巴能源结构重要组成部分。煤电项目投资额高、建设周期长，一旦巴

---

[1] 《巴政府暂停新建太阳能和风力发电项目》，驻巴基斯坦使馆经商处，http://pk.mofcom.gov.cn/article/jmxw/201504/20150400950891.shtml。

[2] 《巴基斯坦政府宣布降低太阳能发电上网电价》，驻巴基斯坦经商参处，http://pk.mofcom.gov.cn/article/jmxw/201512/20151201212444.shtml。

[3] 《巴基斯坦煤炭储量居世界第七位》，中国煤炭资源网，http://www.sxcoal.com/coal/3489432/articlenew.html。

方在火电发展政策上进行重大调整，将给中方造成严重的经济损失。

最后，2010 年通过的巴基斯坦宪法 18 修正案允许联邦政府"为发电而修建或要求修建水电厂、火电厂、电站及铺设或要求铺设跨省输电线路"，但"联邦政府决定在任一省份修建或要求修建之前，需与该省政府咨询协商"。[①]至于如何协调，此后巴历届政府也没能出台具体政策加以细化说明。在当前巴央地矛盾突出的情况下，这无疑将增加能源项目在具体实施中的困难。

造成上述问题的重要原因在于巴方急于在短期内缓解能源电力短缺，"病急乱投医"又"朝令夕改"，而中方在做相应规划时对巴经济政策不确定性可能导致的投资风险估计不足。为此，中巴双方应密切沟通协作，尽快明确相关能源发展政策，确保中巴能源合作能够持续、稳定和健康发展。

（四）债务风险进一步上升

近年来，巴政府债务负担沉重，存在债务违约风险。根据巴央行公布的数据，截至 2015 年年底，巴国内债务总额达 12.87 万亿卢比，同比增长 12%。[②] 巴外债总额已达 680 亿美元，IMF 估算到 2017～2018 财年巴外债总额将攀升至 745.72 亿美元，意味着未来两年半巴将新增外债 60 亿美元。目前巴出口总额为 240 亿美元，外债与出口额比率高达 283%，外债可持续性面临危机。[③] 同时，巴债务水平高达国内生产总值的 65%，每年偿还利息占国内生产总值的 4.4%。[④] 在今后一年内，8.1% 的国际债务和 47.3% 的国内债务将到期，巴基斯坦财政偿付能力将接受严峻考验。[⑤] 此外，根据世行近期发布的"全球经济展望"报告，巴政府为中巴经济走廊建设提供的大量

---

① 《巴基斯坦宪法（18 修正案）》第 161 条第 1 款，2010 年，巴基斯坦国民议会。

② 《巴基斯坦 2015 国内债务增长 12%》，驻巴基斯坦经商参处，http://www.mofcom.gov.cn/article/i/jyjl/j/201602/20160201249198.shtml。

③ 《巴基斯坦外债总额达 680 亿美元，债务可持续性面临危机》，驻卡拉奇总领馆经商室，http://www.mofcom.gov.cn/article/i/jyjl/j/201511/20151101164572.shtml。

④ 《世界银行把脉巴基斯坦国家财政》，驻巴基斯坦经商参处，http://www.mofcom.gov.cn/article/i/jyjl/j/201601/20160101228707.shtml。

⑤ 《巴基斯坦政府偿债压力巨大》，驻巴基斯坦经商参处，http://www.mofcom.gov.cn/article/i/jyjl/j/201511/20151101165784.shtml。

主权担保也可能存在中长期财政风险。

（五）安全形势依然严峻

自 2014 年 6 月巴军方开展反恐"利剑行动"以来，在巴政府和军队的共同努力下，巴整体安全形势有了明显好转。根据巴基斯坦和平研究所的最新统计，[①] 2015 年巴国内共发生暴恐袭击事件 625 起，同比下降 48%。[②] 但根据澳大利亚智库经济与和平研究所近期发布的《全球恐怖主义指数报告》，巴基斯坦在全球恐怖主义指数排名中位列第四。[③] 中巴经济走廊建设由此将面临诸多安全挑战。

一是俾路支省民族矛盾和冲突多发，安全风险居高不下。2015 年俾路支省安全形势有明显改善，共发生暴恐袭击事件 218 起，下降了 36%，死亡 257 人，受伤 236 人，分别同比下降了 31% 和 64%。[④] 但俾路支省继续成为巴国内暴恐袭击数量最多的地区，在当地推进中巴经济走廊项目，特别是瓜达尔港建设仍面临严峻的安全挑战。

近年来，俾路支省的安全威胁主要来自俾路支叛乱组织，其中最活跃的是俾路支解放阵线、俾路支军和俾路支解放军。尽管 2014 年以来俾路支省叛乱活动的整体形势有所改善，但是在俾路支省南部和西南部，特别是瓜达尔及其周边的盖杰、阿瓦兰和本杰古尔等地区，俾路支叛乱组织的活动却有所上升。目前，俾路支省的叛乱活动已经从农村发展到城市，从东北部蔓延到西南部，叛乱分子也从部落成员扩大到现在的城市中产阶级。俾路支叛乱组织的主要袭击目标是巴基斯坦国有设施和安全部队。同时，

---

① 本节中所有统计数据，如无特别注明均引自 Pak Institute for Peace Studies 的数据库，http：//san‐pips. com/app/database/index. php。

② Muhammad Amir Rana：*Pakistan Security Report 2015*（Pak Institute for Peace Studies，January 2015），p. 7.

③ *Global Terrorism Index 2015*（Institute for Economics and Peace，November 2015）.

④ Muhammad Amir Rana：*Pakistan Security Report* 2015（Pak Institute for Peace Studies，January 2015），p. 7.

他们反对在当地建设中巴经济走廊，认为随之而来的大量非俾路支工人将挤占当地人的就业机会，并将彻底改变俾路支省的人口比例，因此不断对非俾路支工人和定居者发动暴恐袭击。

俾路支省的民族问题并不是一个简单的历史遗留问题。巴历届政府诸多不当的俾路支政策不仅未能有效地化解历史积怨，反而进一步激化了民族矛盾。首先，俾路支人的民族身份认同源于根深蒂固的俾路支传统社会政治结构，仅凭伊斯兰化重构巴基斯坦国家认同很难轻易取而代之。其次，巴联邦政府应对俾路支民族问题多采用军事手段，缺乏有效的政治手段。但事实证明，单纯依靠军事手段很难实现俾路支省的长治久安，反而会激化民族矛盾，加剧武装冲突。此外，巴联邦政府未能真正给予俾路支人平等的政治和经济权利。长期遭受的不公平待遇使得民族主义运动在俾路支人当中拥有广泛的群众基础，这是俾路支民族问题迟迟无法得到根本解决的重要原因。

简而言之，虽然巴联邦政府积极采取措施努力缓解民族矛盾，改善俾路支省的安全形势并取得了一定的成效，但不可否认，俾路支民族问题由来已久，成因错综复杂，短期内得到全面解决的可能性不大。未来将有大量中方人员参与瓜达尔港和中巴经济走廊其他相关项目的建设，面对依然严峻的俾路支省安全形势，需要制定更加严格的安保措施和应急预案。

二是极端组织加紧渗透，极端思想和暴恐组织向周边地区外溢的风险进一步上升。近年来，极端组织"伊斯兰国"也建立了"呼罗珊分支"，加紧对巴基斯坦及其周边地区的渗透。近期在巴基斯坦拉合尔和卡拉奇等大城市均出现了极端组织发动的小规模暴恐袭击。巴警方也在旁遮普省的锡亚尔科特逮捕了极端组织的8名成员，查获大量武器、爆炸品和极端组织宣传材料。目前，极端组织在巴有向受过良好教育的城市青年扩散的趋势，未来巴极端化可能会进一步加剧。

其次，近年来巴阿边境的部落地区已成为极端组织的藏身之所，成为宣扬极端和暴恐思想的非法音视频材料的主要来源地。同时，极端组织也试图通过多种方式从周边国家向中国渗透、回流。曾经藏匿在北瓦济里斯坦部落地区的"东伊运"和"乌伊运"恐怖组织在遭受巴军方打击后逃往阿富汗北部地区并宣布效忠极端组织。极端思想和暴恐组织向周边地区的外溢风险无疑将威胁到我国西部地区——特别是中巴经济走廊起点的南疆地区的安全和稳定。

此外，由于巴阿边境缺乏有效管控，两国人员可以在部分地区自由往来，因此一旦巴反恐形势趋缓，不排除暴恐分子回流的可能。近期暴恐袭击事件在巴有再次上升的趋势。2016 年 1 月，位于巴基斯坦西北部贾尔瑟达地区的帕夏汗大学遭严重恐怖袭击，导致无辜师生 21 人死亡、数十人受伤。这次暴恐袭击事件凸显了巴国内面临着持续和复杂的安全威胁。

整体上看，尽管巴方已组建了上万人的特别安全部队，将为走廊建设提供包括军队、准军事部队、警察和安保公司在内的四层安保措施，但未来中巴经济走廊建设的整体安全形势仍不容乐观。

四　结论

中巴经济走廊作为"一带一路"倡议的旗舰项目，旨在进一步推动中巴互联互通建设，扩大两国经贸合作，促进两国经济一体化，为各领域务实合作搭建起战略框架。建设中巴经济走廊的倡议绝非出于偶然，经历了初步设想、正式规划和全面实施三个阶段，顺应了新时期巩固中巴传统友谊，充实中巴命运共同体的战略需要，对做好新形势下周边外交工作和顺利推进"一带一路"建设具有重要的示范和引领作用。

中巴经济走廊建设将覆盖巴全国各地，造福巴全体人民，不仅是两国领导人的重要共识，更得到了两国人民的广泛支持。目前，中巴经济走廊建设在瓜达尔港、能源、交通基础设施和产业合作等重点合作领域推进顺利，已进入全面实施阶段，社会效益和经济效益正在逐步显现。

但目前中巴经济走廊建设仍然面临着一系列挑战，包括：地缘政治博弈日趋复杂、巴国内长期结构性政治矛盾造成央地矛盾和政局不稳、经济政策不确定、债务风险上升、民族矛盾和冲突加剧导致俾路支省安全形势严峻以及极端思想和暴恐组织向周边地区外溢的风险进一步上升等。

尽管如此，面对中巴经济走廊建设中出现的上述挑战，中方仍应客观理性地应对，与各方加强沟通协作，秉承开放包容、互利共赢的丝路精神，"共商、共享、共建"中巴经济走廊，实现地区的共同发展繁荣；应避免主动介入巴国内政治纷争，也要避免在走廊建设中激化当地原有矛盾，同时坚持正确的义利观，有原则、讲情谊、讲道义，通过多种途径和方式积极在巴开展社会公益事业，向更多巴当地民众提供力所能及的帮助；做好在巴人员的安全风险教育和应急预案准备，同时与巴方加强交流，扩大在反恐和去极端化领域的全面合作。

总之，中国应充分理解建设中巴经济走廊对全面推进周边外交和"一带一路"倡议的重要意义，保持战略定力，科学规划，循序渐进地推动和落实走廊建设。

周边外交与周边安全合作

周边外交进展与前景

周方银*

摘　要： 过去的 2015 年中，中国周边外交继续积极进取，在周边环境经历复杂演变过程的情况下，仍取得了较为丰硕的成果。同时，周边外交环境中面临的一些重要挑战仍然存在，传统安全问题、地区经济格局的变化、美国"亚太再平衡"战略的推进，对中国周边外交形成一定的压力和挑战。未来，中国周边外交需进一步探索新的思路，创新政策手段，争取更大的战略主动性。

关键词： 周边外交　"一带一路"　周边环境

2015 年，中国周边外交延续了 2014 年以来奋发有为、积极进取的态势，在周边环境经历复杂演变过程的情况下，在经济、外交、安全、区域合作等领域努力开拓，取得了较为丰硕的成果。同时，周边外交环境中面临的一些重要挑战，包括南海局势的复杂化、美国"亚太再平衡"战略带来的安全压力等，仍然作为未来中国要面临的长期性问题存在，并经历了新的发展。总体上，中国周边外交的一些成功来之不易，2016 年，中国在推进周边外交的过程中，面临的某些方面的阻力会有所上升，为此，周边外交中在保持战略定力和战略耐心的同时，需进一步探索新的思路，创新政策手段，为中华民族伟大复兴营造一个良好的周边环境。

---

* 周方银，广东外语外贸大学广东国际战略研究院周边战略研究中心主任，《战略决策研究》执行主编，教授。

一 中国周边外交取得的成功

自 2013 年以来，中国新外交布局逐渐清晰。2014 年中国外交强势出击，取得较为丰硕的成果。2015 年以来，中国周边外交在已有成果的基础上，继续保持主动态势，并取得了多方面成果，主要体现在以下几个方面。

（一）"一带一路"、互联互通在周边地区快速推进，取得良好开局

2015 年 2 月 1 日，推进"一带一路"建设工作会议在北京召开。中央政治局常委、国务院副总理张高丽强调要努力实现"一带一路"建设良好开局。[①] 实现"一带一路"良好开局，是 2015 年中国外交的一项重要任务和使命。周边地区在"一带一路"建设中无疑具有突出的重要性，经过一年来的努力，"一带一路"建设在周边取得了与其在中国外交布局中的重要性相称的成果。

2015 年 4 月，习近平主席应邀对巴基斯坦进行正式访问，双方发表《中华人民共和国和巴基斯坦伊斯兰共和国关于建立全天候战略合作伙伴关系的联合声明》。[②] 双方同意，以中巴经济走廊为引领，以瓜达尔港、能源、交通基础设施和产业合作为重点，形成"1 + 4"经济合作布局。双方同意尽快完成《中巴经济走廊远景规划》。中国设立的丝路基金宣布入股三峡南亚公司，与长江三峡集团等机构联合开发巴基斯坦卡洛特水电站等清洁能源项目，这是丝路基金成立后的首个投资项目。中巴还努力推动中巴自由贸易区谈判，试图以此引领中国同南亚国家自由贸易区建设。中巴经济走廊建设的迅速推进，成为当前"一带一路"建设中具有标志性的事件。

2015 年 5 月 8 日，中俄发表《中华人民共和国与俄罗斯联邦关于丝绸

---

① 《张高丽：努力实现"一带一路"建设良好开局》，新华网，http：//news. xinhuanet. com/politics/2015 – 02/01/c_1114209284. htm。

② 《中华人民共和国和巴基斯坦伊斯兰共和国关于建立全天候战略合作伙伴关系的联合声明》，新华网，http：//news. xinhuanet. com/2015 – 04/21/c_127711924. htm。

之路经济带建设和欧亚经济联盟建设对接合作的联合声明》。① 俄方表示支持丝绸之路经济带建设，愿与中方密切合作，推动落实该倡议。中方表示支持俄方积极推进欧亚经济联盟框架内一体化进程，并将启动与欧亚经济联盟经贸合作方面的协议谈判。12 月，俄罗斯总理梅德韦杰夫对中国进行正式访问期间，双方发表《中俄总理第二十次定期会晤联合公报》，认为上海合作组织是实现丝绸之路经济带建设与欧亚经济联盟建设对接的最有效平台，愿同其他国家一道，最大限度利用上海合作组织的现有发展潜力。② 要在丝绸之路经济带建设与欧亚经济联盟建设对接框架内开展合作，推动两国在经贸、投资、能源、人文等各领域合作取得更多实际成果，促进两国共同发展振兴。

除此之外，2015 年 7 月，中蒙俄三国签署了《关于编制建设中蒙俄经济走廊规划纲要的谅解备忘录》。中国与吉尔吉斯斯坦签署了《中华人民共和国政府与吉尔吉斯共和国政府关于两国毗邻地区合作规划纲要（2015—2020 年)》，与塔吉克斯坦签署了《关于编制中塔合作规划纲要的谅解备忘录》，与哈萨克斯坦签署了《关于加强产能与投资合作的框架协议》。中国与哈萨克斯坦将尽快成立丝绸之路经济带建设与哈萨克斯坦"光明之路"新经济政策对接联合工作组，并启动丝绸之路经济带建设与"光明之路"新经济政策对接合作规划联合编制工作。2015 年 10 月，中韩签署《关于在丝绸之路经济带和 21 世纪海上丝绸之路建设以及欧亚倡议方面开展合作的谅解备忘录》，一系列合作文件的签署为下一步"一带一路"的务实推进奠定了良好的政治基础。

虽然"一带一路"是一项具有长期影响的倡议，其实际效果需要在 10 年、20 年甚至更长时期之后才能进行更为准确的评估。但过去两年取得的多方面成果，为"一带一路"建设实现了良好开局，为"一带一路"建设的持续深入推进奠定了坚实基础。

---

① 《中华人民共和国与俄罗斯联邦关于丝绸之路经济带建设和欧亚经济联盟建设对接合作的联合声明》，新华网，http：//news. xinhuanet. com/2015 - 05/09/c_127780866. htm。

② 《中俄总理第二十次定期会晤联合公报》，新华网，http：//news. xinhuanet. com/politics/2015 - 12/18/c_1117499329. htm。

与此同时，中国在周边地区的互联互通建设也取得了重要进展。

2015 年 10 月 16 日，中国铁路总公司牵头组成的中国企业联合体，与印度尼西亚维卡公司牵头的印尼国企联合体正式签署组建中印尼合资公司的协议。该合资公司将负责印度尼西亚雅加达至万隆高速铁路项目的建设和运营。2016 年 3 月，雅万铁路的先导段实现开工。雅万高铁位于印度尼西亚人口最密集的爪哇岛，连接印度尼西亚最大城市雅加达和第四大城市万隆。雅加达和万隆两地经济活跃，总人口超过 1200 万。雅万高铁具有明显的经济拉动效应，将带动沿线地区冶炼、制造、基建、电力、电子、服务、物流等配套产业发展。在高铁建设的带动下，一条雅万经济走廊有望形成。雅万铁路最高设计时速 300 公里，它是中国高速铁路从技术标准、勘察设计、工程施工、装备制造，到物资供应、运营管理和人才培训等全方位整体"走出去"的第一单项目，也是首个由政府主导搭台、两国企业对企业（B2B）进行合作建设的第一个铁路"走出去"项目。①

2015 年 12 月 19 日，中泰两国在泰国举行铁路合作项目启动仪式。铁路设计时速 180 公里，预留时速 250 公里提速条件。它将全部使用中国技术、标准和装备。项目的实施有助于实现中国与泰国铁路的互联互通，促进泛亚铁路的贯通，构建中国与东盟之间的铁路运输网络，推动东盟各国在贸易、投资、物流、旅游、科技、文化等方面的交流合作。不过由于大型基础设施项目普遍存在的多方面复杂性，这一项目在落实过程中并非一帆风顺。2016 年 3 月 25 日泰国交通部部长突然宣布，泰国决定自筹资金投资中泰铁路项目建设工程，虽然仍将使用中国技术、信号系统和列车，但工程将使用泰国企业作为分包商，原材料、设备和劳动力也将来自泰国。泰国政府同时决定，仅建设曼谷—呵叻段一段，全长 250 公里，设计时速 250 公里。②

---

① 《2015 年度综合铁路十大新闻——中国拿下印尼雅万高速铁路项目》，中华铁道网，http：//www.chnrailway.com/html/20160104/1326061.shtml。
② 《中泰铁路合作再生变故 铁总称双方仍有协商余地》，财经网，http：//politics.caijing.com.cn/20160402/4099748.shtml。

2015 年 12 月 2 日，连接老挝首都万象与云南昆明的中老铁路老挝段（磨丁至万象）举行开工奠基仪式。印度尼西亚、泰国、老挝铁路建设项目各自取得的不同程度的进展，都是中国与东南亚互联互通建设中的重要成果，它有助于推动中国与东南亚国家的进一步联通。

到 2016 年年初，中国—巴基斯坦以及中国—吉尔吉斯斯坦—乌兹别克斯坦铁路全线的调研已经完成，中吉乌铁路计划 2016 年开始动工修建。此外还有中塔公路二期以及中亚天然气管道 C 线和 D 线都在取得进展。中俄之间的互联互通稳步发展，包括合作建设同江—下列宁斯阔耶跨境铁路桥，开展滨海通道 1 号和滨海通道 2 号过境运输，实施莫斯科—喀山高速铁路项目，加强港口物流合作，等等。中国与周边国家的互联互通在广泛的地理范围内得到较为迅速和平稳的推进。

（二）高层往来频繁，与周边国家关系平稳发展

2015 年，习近平主席出访了周边的俄罗斯、巴基斯坦、印度尼西亚、哈萨克斯坦、越南、新加坡六国。李克强总理出访了马来西亚、韩国。另外，柬埔寨、哈萨克斯坦、吉尔吉斯斯坦、老挝、蒙古国、缅甸、巴基斯坦、韩国、俄罗斯、塔吉克斯坦、东帝汶、乌兹别克斯坦、越南等国的国家领导人，朝鲜、泰国的重要领导人，以及印度、马来西亚、新加坡等国的高级别代表参加了 9 月 3 日在北京举行的纪念中国人民抗日战争暨世界反法西斯战争胜利 70 周年阅兵式。此外，哈萨克斯坦总理、澳大利亚总督、斯里兰卡总统、印度尼西亚总统、印度总理、新加坡总统、新西兰总督、蒙古国总统、土库曼斯坦总统分别对中国进行了访问。中国与周边国家的高层往来在 2015 年达到更高的频度。

在周边地区，中俄合作继续保持在高水平上运行。习近平主席在 2015年的 5 月和 7 月两次访问俄罗斯，俄罗斯总统普京和总理梅德韦杰夫分别于 9 月和 12 月访问中国，两国在双边关系、国际战略、维护国际秩序、推动共同发展等领域的合作取得许多新的成果。5 月 25 日，中俄在莫斯科进行第十一轮战略安全磋商，发表《关于第二次世界大战胜利及联合国成立 70

周年的联合声明》，指出两国将继续在集体协商、尊重文明和文化多样性原则上推动国际关系和国际秩序朝着公正合理的方向发展，维护国际和平与安全，并共同倡导国际社会构建以合作共赢为核心的新型国际关系。①

2015 年 5 月，印度总理莫迪对中国进行正式访问，双方决心进一步加强两国更加紧密的发展伙伴关系。在涉及国际秩序的问题上，双方同意协调立场，共同塑造地区和全球事务议程和结果，继续加强在中俄印、金砖国家、二十国集团等多边机制中的协调配合，促进发展中国家的利益。

2015 年 7 月，金砖国家新开发银行在上海开业。同月，金砖国家央行共同签署《金砖国家应急储备安排中央银行间协议》，确定应急储备安排操作的技术细节。在 7 月举行的金砖国家领导人乌法会晤中，通过重要成果文件《金砖国家经济伙伴战略》。中国、俄罗斯、印度都是金砖合作中的重要成员，金砖合作的深入发展，同时意味着中国与俄罗斯、印度合作在多边领域取得重要进展。

在南海局势有所复杂化、越南共产党召开十二大的背景下，中越两国高层保持了密切往来。2015 年 4 月，越共中央总书记阮富仲访问中国，同年 11 月，习近平主席出访越南。2016 年 1 月 29 日，越共十二大结束第二天，中联部部长宋涛作为习近平总书记的特使访问越南，2 月 29 日，越共中央对外部部长黄平君作为阮富仲总书记的特使对中国进行访问。中越两国较为密集和稳定的高层往来，对于保持中越关系的发展方向、加强战略沟通、增进政治互信、管控和妥善处理双边关系中的分歧发挥了重要作用。

2015 年 11 月，习近平主席对新加坡进行访问，中新两国一致同意建立与时俱进的全方位合作伙伴关系，由此，中国与所有东盟成员国都建立起伙伴关系。中国和新加坡同意启动中新自贸协定升级谈判，并力争于 2016 年内结束谈判，双方认为中新自贸协定升级应是全面的、平衡的和互惠的，包括货物贸易、服务贸易和投资等要素。双方将鼓励两国企业在

---

① 《中俄第十一轮战略安全磋商关于第二次世界大战胜利及联合国成立 70 周年的联合声明》，外交部网站，http://www.fmprc.gov.cn/web/gjhdq_676201/gj_676203/oz_678770/1206_679110/1207_679122/t1266865.shtml。

"一带一路"倡议和东盟互联互通总体规划下，探索开拓第三方市场的合作模式。

在尼泊尔经历国内转型与发展的过程中，中尼关系得到新的发展。2016年3月20~27日，尼泊尔总理卡·普·夏尔马·奥利对中国进行正式访问。尼方表示坚定支持中方为维护国家主权、统一和领土完整所做的努力，不允许任何势力利用尼领土从事任何反华分裂活动。双方同意对接各自发展战略，制订双边合作规划，在"一带一路"倡议框架下推进重大项目实施。并确定推动一系列公路、铁路等项目的可行性研究。双方将尽早商签双边司法协助条约和引渡条约，加强边界管理，共同打击非法越境和跨境犯罪。①

(三)周边经济合作取得重要进展

2015年，中国在推进经济合作中取得了不少重要成果，其中最突出的是亚洲基础设施投资银行的建立。

2013年10月，习近平主席和李克强总理在先后出访东南亚时提出筹建亚投行的重大倡议。2014年10月，首批域内21个意向创始成员国在北京签署《筹建亚投行备忘录》。随后，亚投行筹建转入多边阶段。截至2015年4月15日，亚投行意向创始成员国确定为57国，涵盖亚洲、大洋洲、欧洲、非洲、拉美等五大洲。6月29日，《亚洲基础设施投资银行协定》签署仪式在北京举行。2015年8月，各方选举中方提名人选、亚投行多边临时秘书处秘书长金立群为亚投行候任行长。12月25日，该协定达到生效条件，亚洲基础设施投资银行正式成立。亚投行的成立是国际经济治理体系改革进程中具有里程碑意义的重大事件。同时，它也是中国承担更多国际责任、补充现有国际经济体系的建设性举动，是对现有多边发展体系的有

---

① 《中华人民共和国和尼泊尔联合声明》，新华网，http：//news. xinhuanet. com/world/2016 - 03/23/c_1118422293. htm？ = 87904974。

益补充。① 亚投行的设立过程，显示在主导大国提供全球和区域经济公共物品意愿不足的情况下，新兴大国能够以受到国际社会普遍欢迎的方式发挥积极作用。

经过 3 年多的努力，中韩两国于 2015 年 6 月 1 日签署《中韩自由贸易协定》。该协定于 12 月 20 日正式生效。协定范围涵盖货物贸易、服务贸易、投资和规则共 17 个领域，包含了电子商务、政府采购、环境等"21 世纪经贸议题"。中韩双方承诺，在协定签署后将以负面清单模式继续开展服务贸易谈判，并基于准入前国民待遇和负面清单模式开展投资谈判。中韩自由贸易协定的签署，将为两国的货物贸易提供制度保障，为新兴战略服务领域合作提供有效的框架，并可以对中国与本地区其他国家的双边经济合作发挥推动作用。

2015 年 6 月 17 日，中国与澳大利亚签署《中澳自由贸易协定》，协定于 12 月 20 日正式生效。中澳自由贸易协定在内容上涵盖货物、服务、投资等十几个领域，是中国与其他国家签署的贸易投资自由化整体水平最高的自贸协定之一。根据协定，澳大利亚最终实现零关税的税目占比和贸易额占比将达到 100%；中国实现零关税的税目占比和贸易额占比将分别达到 96.8% 和 97%。这大大超过一般自由贸易协定中 90% 的降税水平。在服务领域，澳大利亚承诺对中国以负面清单方式开放服务部门，成为世界上首个对中国做出这一服务贸易承诺的国家，中方则以正面清单方式向澳方开放服务部门。澳方将对中国企业赴澳投资降低审查门槛，做出便利化安排。

韩国、澳大利亚都是美国在亚太地区的重要盟国。中韩、中澳自由贸易协定的签署和生效，一方面就其本身而言具有重要的经济意义，另一方面，其在地区经济关系中也具有很强的示范意义，说明美国的盟国完全可以根据自身需要，与中国建立起更为紧密的经济贸易联系。

---

① 楼继伟：《开放包容 互利共赢 打造二十一世纪新型多边开发银行》，《人民日报》2016 年 6 月 25 日，第 10 版。

此外，中国—东盟 FTA 完成升级谈判。2015 年 11 月 22 日，中国与东盟正式签署中国—东盟自由贸易区升级谈判成果文件《中华人民共和国与东南亚国家联盟关于修订〈中国—东盟全面经济合作框架协议〉及项下部分协议的议定书》。该议定书是中国在现有自由贸易区基础上完成的第一个升级协议，涵盖货物贸易、服务贸易、投资、经济技术合作等领域，是对原有协定的丰富、补充和提升，体现了双方深化和拓展经贸合作关系的共同愿望和现实需求。该议定书的达成和签署，将为双方经济发展提供新的助力，对促进区域全面经济伙伴关系协定谈判和亚太自由贸易区建设进程也将发挥积极的推动作用。[①]

（四）传统安全问题总体保持在可控状态

2015 年以来，周边地区的热点问题——特别是南海问题出现新的发展。南海问题发生在美国推行"亚太再平衡"战略，中国实力总体保持较快上升势头的大背景下。当前的南海问题，主要围绕中国在南海相关岛礁的扩建、美国在南海的巡航活动以及菲律宾向海牙国际仲裁庭提起的国际仲裁等几个方面进行。2015 年以来，南海问题的发展经历了阶段性起伏，2015 年 5～6 月，岛礁建设成为南海问题的一个热点。2015 年年底，围绕美国在南海的巡航活动成为新的焦点。关于南海问题的国际仲裁在整个过程中以时隐时现的方式表现其存在。

中国在南海岛礁建设过程中虽然承受了来自美国方面的较大压力，但通过岛礁扩建，中国客观上强化了自身在南海的物质存在，提升了未来围绕南海问题争议方面的物质能力和主动性。同时，中国在岛礁扩建过程中，将建设包括避风、助航、搜救、海洋气象观测预报、渔业服务及行政管理等民事方面的功能和设施，这有利于为中国及其他国家的船只在南海地区的航行提供协助，更好地履行中国在海上搜寻与救助、防灾减灾、海洋科

---

① 《中国—东盟自贸区升级版正式签署》，环球网，http://world.huanqiu.com/hot/2015 – 11/8027547.html

研等方面承担的国际责任和义务。①

虽然中国周边的热点问题——特别是南海问题和朝核问题有新的发展，但总体保持在可控状态。在南海问题上，中国一方面坚定地维护自身的利益，同时也不轻易激化矛盾，而是积极与东南亚国家寻求海上合作的空间。在朝核问题上，中国投票支持联合国安理会制裁朝鲜的2270号决议，并严格执行对朝制裁，表现出在朝核问题上的鲜明立场。同时，中国认为朝核问题应该通过和谈的方式来解决，并愿意为促进和做出积极努力。②

在周边安全环境有所复杂化的情况下，中国政府在维护自身权益、保持周边环境的总体稳定方面做出了重要努力，但相关问题的解决还需要一个比较长期的过程。

二　未来周边外交面临的挑战与应对

当前，中国的周边环境处在复杂的演变过程中，还有许多不确定因素。在过去一年周边外交取得重要进展的同时，未来一个时期，中国在周边地区将继续面临较大压力，与过去相比，这一压力甚至可能在某些领域有所上升。这主要体现在以下几个方面。

（一）区域经济合作格局可能发生结构性变化

在美国的大力推动下，经过多年努力，2015年10月，跨太平洋伙伴关系协定取得实质性突破，美国、日本和其他10个泛太平洋国家就TPP达成一致。与以往的大多数自贸区协议不同，TPP协定内容中包含了许多非经济元素，如国企私有化、保护劳工权益、保护知识产权、环境保护、信息自

---

① 《2015年4月9日外交部发言人华春莹主持例行记者会》，中国外交部网站，http://www.fmprc.gov.cn/web/wjdt_674879/fyrbt_674889/t1253375.shtml。
② 《王毅谈半岛核问题：制裁是必要手段 维稳是当务之急 谈判是根本之道》，新华网，http://news.xinhuanet.com/politics/2016lh/2016-03/08/c_1118264802.htm。

由等方面的内容。这在很大程度上改变了过去自贸区协议专注于贸易领域的性质，将对国际社会中未来贸易投资模式的演变产生深远影响，也影响到中国对外开放面临的国际经济环境。

过去两年，亚太区域经济合作本来是 TPP 与区域全面经济伙伴关系协议并行发展的局面。但截至目前 RCEP 谈判的进程不尽如人意。如果 TPP 先行一步，并较快地展现其经济效应，将对 RCEP 的发展产生不利影响，降低 RCEP 对日本、韩国、澳大利亚以及不少东南亚国家的吸引力。未来 TPP 还有扩容的可能性，如果印度尼西亚、韩国、泰国、菲律宾甚至柬埔寨等国申请加入 TPP，将使 RCEP 的吸引力和经济价值进一步下降，这将影响到中国以及不少非 TPP 成员国未来面临的区域经济合作环境，也会导致区域经济合作制度安排方面一定程度的失衡。

为此，需要努力推进 RCEP 谈判进程，使其更好地适应本地区国家发展的需要，避免未来区域经济合作安排中 TPP 一家独大的局面。2016 年 3 月 24 日，李克强总理在博鳌亚洲论坛开幕式上的演讲中指出，"区域全面经济伙伴关系协定是亚洲参与成员最多、规模最大的区域贸易安排，我们应当力争在 2016 年完成谈判"[①]。这既体现了中国政府努力推动 RCEP 谈判的决心，同时也体现出亚洲区域经济合作中存在的某种危机感。与此同时，中国将提升现有自贸协议的合作水平。中韩、中澳高水平自贸协议的签署和生效代表了这一努力的重要组成部分。中国东盟自贸区升级版谈成后，未来还有许多自贸协定需要升级换代，如中国与新加坡、巴基斯坦自贸协定的升级正在探讨中，而中国与澳大利亚和韩国之间的自贸协定也需要在服务贸易方面填补空白。中国还会在确保东亚区域经济一体化合作稳步推进的情况下，加强同美国、欧盟、日本等世界主要经济体的双边经济合作，促进相互之间贸易投资便利化，为中国在跨区域合作中发挥建设性作用创造条件。

[①] 《李克强在博鳌亚洲论坛 2016 年年会开幕式上的演讲（全文）》，中国政府网，http://www.gov.cn/guowuyuan/2016－03－25/content_5057611.htm。

（二）传统安全压力继续存在，某些局部领域的问题有所复杂化

2015 年以来，周边地区的传统安全压力继续保持在一个虽不至于严重激化但仍属相对较高水平的态势，这种情况未来 2～3 年内都难以缓解。周边的传统安全问题发生在中国崛起、美国实行"亚太再平衡"战略、亚太地区力量格局经历深刻转型的背景下，涉及复杂的历史因素和现实因素，在中短期内不会有轻而易举的解决。

南海问题是当前周边传统安全方面的一个焦点，它涉及不同的竞争领域，包括物质方面的对抗、国际法院的仲裁、国际舆论的引导以及部分非当事国政策立场的考量，等等。过去一年多，中国在南海岛礁建设上取得了较大成果。与此同时，美国加大了对南海问题的介入力度，美海军在南海的巡航活动，客观上使中国在南海维权方面面临的安全环境和舆论环境有所复杂化。美国海军在南海的巡航，并不能改变中国对南沙群岛的主权，随着时间的推移，中国在南海对抗中物质能力的相对增强是一个难以被他国改变的趋势。但从短期来说，中国与美国相比还处于相对劣势。中国在坚定维护自身核心利益的前提下奉行防御性的国防政策，在涉及自身领土领海主权权益的问题上，不会在其他国家的压力下退缩，但也不轻易激化矛盾，而会在这个过程中向东南亚国家释放合作的信号，努力稳定地区局势。美国在南海的巡航活动，以及南海问题的国际仲裁，从软硬两个方面，一定程度上增大了中国在南海问题上面临的压力，要求我们在比较短的时间内寻找出较为有效的应对和破解之道。

未来一个时期，南海问题的僵持局面难以改变，就其本身而言，中国有能力在自身利益不受严重损害的情况下进行必要的斗争。在这个过程中，需要避免的是南海问题产生很大的政策溢出效应。为此，需探索南海问题更有效的管控之道，降低南海问题对中国—东盟关系提升、21世纪海上丝绸之路建设、中国与周边国家务实合作的推进可能产生的干扰。

（三）在东南亚推进"一带一路"、互联互通面临复杂的政治环境

2014～2015 年，中国政府为在东南亚地区推动"一带一路"和互联互通做出了巨大努力，但这一努力，面临传统安全因素的干扰，以及中南半岛国家政治转型过程等因素的影响。

2015 年 11 月 8 日，缅甸举行 5 年一次的全国大选，昂山素季领导的缅甸全国民主联盟在联邦议会中获得过半议席，在省级议会、少数民族地区和广大的农村地区也取得压倒性胜利。缅甸的政治转型过程走过了一个重要阶段。但是，缅甸依然存在如何处理文官政府与军方的关系，如何有效实现民族和解、处理好与民族地方武装的关系，如何迅速发展经济、尽快满足民众在教育、医疗保健、社会服务、住房和基础设施等方面的期望等方面的问题和挑战。

菲律宾于 2016 年举行总统大选，越南、泰国的国内政治也在经历较为深刻的演变过程。东南亚国家的政治社会转型，既会影响其国内政治生态，也会对其对外政策包括对华政策产生一定影响。大选过程往往会牵动国内政治的多方面因素，可能使一些本来不是问题的国际合作项目成为讨论的焦点和政治牺牲品，或者使一些项目的落实过程受到影响。为此，对于在东南亚推进"一带一路"、互联互通的复杂性需要有充分的思想准备，并更加注重沟通的有效性和细节的落实。

三　结语

2015 年以来，中国周边外交继续保持积极进取的态势，并取得了较为丰硕的成果。与此同时，中国周边环境在经历复杂的演变过程，南海问题继续保持较高热度、美国"亚太再平衡"战略持续深入推进、区域经济合作方面的制度和安排在经历新的组合和重构，随着"一带一路"、互联互通在周边地区的推进日益深入，其所面临的问题和挑战也更为多元和复杂。未来一个时期，中国周边外交会继续开拓进取，但在某些局部领域面临的

阻力可能有所上升。周边外交中在保持战略定力和战略耐心的同时，需要探索新的思路，创新政策手段，更好地落实已经达成的倡议和设想，把与周边国家的务实合作推进到更高水平，为中华民族伟大复兴营造一个良好的周边环境。

中美关系与中国周边外交

赵明昊*

摘　要： 随着"亚太再平衡"战略的推进，美国进一步加大了对中国周边地区的重视和资源投入。这直接影响到中美新型大国关系建设、南海问题的走势，并对"一带一路"的推进产生影响。如何引导美国因素在中国周边外交中发挥建设性作用，使中美探索构建新型大国关系与中国周边外交变革相协调，更好地处理中美关系中存在的结构性矛盾，对于稳定中美关系和更好地发挥周边外交的效果，具有重要意义，也有助于重塑两国在亚太地区的互动关系。

关键词： 中美关系　周边外交　新型大国关系　南海问题　"一带一路"

美国因素一直是影响中国周边外交的重要变量，中美关系的整体发展与两国在亚太地区的互动息息相关。近年，随着美国不断推进"亚太再平衡"战略以及中国明显加大对周边外交的重视和投入，中美双方能否在亚太地区形成一种新的"相互适应"关系，引起各方关注。应该看到，自2013年以来中美关系保持了基本稳定，并在很多方面取得积极进展，中美之间一种事实上的"新型关系"正显雏形。然而，也应看到，美国对华"接触＋防范"的总体战略虽未改变，但局部政策调整明显，如在南海问题上。美国国内也开启了新一轮对华政策的大辩论。① 中国需要进一步思考如

---

　* 赵明昊，博士，中共中央对外联络部当代世界研究中心副研究员、亚太安全合作理事会（CSCAP）中国国家委员会委员。

① Harry Harding, "Has US China Policy Failed?" *The Washington Quarterly*, Volume 38, Issue 3 2015, pp. 95 – 122.

何更好地应对周边外交中的美国因素，如何协调推动中美新型大国关系与新型周边外交的构建，如何引导中美在亚太地区形成良性互动，从而营造更加稳定和有利的周边外交环境。

一　中美探索构建新型大国关系

近年，中国国内生产总值总量突破 10 万亿美元大关，人均国内生产总值达到 8000 美元左右，中国经济增长对世界经济的贡献率在 20% 以上。按照当前经济"新常态"之下的中高速增长态势，中国经济总量有望在 2023 年前后超过美国成为世界第一。即便中国在人均国内生产总值、民众生活水平、技术创新能力等诸多方面与美国仍有显著差距，但中美经济力量和国家整体实力对比的变化，已经让人们开始非常认真地讨论在世界历史上多次上演的"大剧目"：一个实力快速增长的崛起国后来居上，挑战一个长期占据全球霸主地位的守成大国。中国和美国会不会陷入崛起国和守成国战略对抗的"修昔底德陷阱"，重演大国政治的悲剧，成为各方的关注焦点。[①]

回顾伯罗奔尼撒战争历史，我们会看到，单单是实力的崛起并不必然导致崛起国家和守成国家之间的激烈冲突，崛起国和守成大国选择什么样的战略，它们如何回应彼此的政策选择，它们是迎头相撞还是相向而行，它们如何处理国内政治因素和"第三方因素"，这些问题的答案都决定着两国关系的最终走向。简而言之，中国面对的所谓"修昔底德陷阱"挑战，就是如何在日益复杂严峻的内外挑战之下仍能坚持和平发展，如何让包括美国在内的外部世界真正接受一个快速崛起的中国，如何确保"中国梦"的实现不因外部危机、冲突和战争而前功尽弃、半途夭折。

在当今时代，中美要想避免陷入"修昔底德陷阱"，就需要建立一种"前无古人、后启来者"的新型大国关系。2012 年 2 月，时任国家副主席的

---

① Graham Allison, "Avoiding Thucydides's Trap," *Financial Times* (August 22, 2012).

习近平访问美国，正式提出中美探索建立新型大国关系的倡议。2013年6月，习近平主席和奥巴马总统在美国加州举行不打领带的"庄园会晤"，习近平主席用三句话概括中美新型大国关系的内涵：一是不对抗、不冲突；二是相互尊重；三是合作共赢。奥巴马则表示将"探讨构建在互利互尊基础上的国与国之间新的合作模式"。2014年奥巴马访华期间，习近平主席提出了充实新型大国关系的更多具体建议。2015年9月，习近平主席对美国进行国事访问期间表示世上本无"修昔底德陷阱"，奥巴马也回应称自己不认同"修昔底德陷阱"，他相信美中两国有能力管控好分歧。应当说，对于需要避免崛起国家和守成大国陷入激烈冲突，或是因之将世界引向灾难，中美两国高层已经建立起某种战略共识。问题在于，如何将这种战略共识转化为相互接受的具体政策，让新型大国关系从纸面变为现实。正如习近平主席一再强调的，构建新型大国关系没有什么现成的历史教科书可供遵循，要想解决这一世纪难题，中美两国唯有"逢山开路、遇水搭桥"。

近年来，中美关系维持了基本稳定，并在很多方面取得新的进展，一种事实上的"新型关系"正显现雏形。这主要体现在以下几个方面。

首先，两国之间的经贸联系不断拓展，"压舱石"的内涵出现新的变化。过去几年，中美两国贸易额翻了一番，2015年中美贸易额约为5600亿美元。美国是中国的第二大贸易伙伴、第一大出口市场，中国在2015年超过加拿大成为美国最大贸易伙伴，目前中国是美国增长最快的出口市场之一。据估计，到2024年双边贸易额有望超过1万亿美元。① 随着中国经济结构的深入调整、中产阶层消费能力的提升，美国的企业界正更多从"中国转型"而非从"中国增速"中获得新的机遇。与此同时，中国企业对美国的直接投资也在快速增长，这对于中国经济内在实力的增强大有助益。根据2015年美国咨询公司"荣鼎集团"和美中关系全国委员会发布的研究报告，2014年中国对美直接投资高达140亿美元，在美国收购或创办1583

① Gao Hucheng, "China – US Trade Soars, Benefiting Both Nations," *USA Today* (September 21, 2015), http://www.usatoday.com/story/opinion/2015/09/21/china – us – trade – soars – benefitting – nations – column/72586882/.

家企业，雇佣 8 万多名美国员工。"荣鼎集团"还预测，到 2020 年中国企业累计对美投资将达到 1000 亿~2000 亿美元，将为美国创造 20 万~40 万个就业岗位。① 这将进一步拉近中美两国商业界和社会之间的联系。

其次，中美双方大力培养"合作的习惯"，探索以"新型"方式认真应对"新型"难题。面对美方借网络安全问题发难，中国方面"见招拆招"，一方面反对美方搞"网络霸权主义"，一方面通过建立网络问题高级别交流机制等举措管控分歧。2015 年 9 月下旬，习近平主席对美国进行首次国事访问，与奥巴马总统举行会晤。双方达成共识，同意两国加强网络安全领域对话合作，建立两国共同打击网络犯罪及相关事项高级别联合对话机制，设立热线电话。同年 12 月 1 日，首次中美打击网络犯罪及相关事项高级别联合对话在华盛顿举行。对话由中国国务委员、公安部部长郭声琨与美国司法部部长林奇、国土安全部部长约翰逊共同主持。郭声琨表示，这次对话表明中美网络安全执法合作进入了"新的发展阶段"，通过中美双方共同努力，有望"把网络安全执法合作打造成中美关系的新亮点"。在南海问题上，中国既不惧美方的挑衅，也注重突出中美在南海问题上的共同利益，维护南海和平稳定大局。习近平主席明确指出，中美双方都支持维护南海和平稳定，支持直接当事国通过谈判协商和平解决争议，支持维护各国依据国际法享有航行和飞越自由，支持通过对话管控分歧，支持全面、有效落实《南海各方行为宣言》，并在协商一致基础上尽早完成"南海行为准则"磋商。应当看到，无论是网络安全还是海洋方向的博弈，对于中美两国来说都是新问题、新挑战，需要双方以一种直面问题、相向而行的"新型"心态和方式予以应对。只要双方本着冷静、务实的态度，就有可能使敏感问题降温，甚至将中美之间的"冲突领域"转变为"合作亮点"。

再次，中美关系的"全球性"意涵大大扩展，双方更加主动地应对国际机制、国际秩序层面的分歧，探索具有创新性的举措。随着两国重新审

---

① "New Neighbors: Chinese Investment in the US by Congressional District," National Committee on US-China Relations and Rhodium Group（May 2015），https://www.ncuscr.org/sites/default/files/Chinese - FDI - in - US_Full - Report - 2015 - NCUSCR_2.pdf.

视应对气候变化的重要性和紧迫性，中美关系近年在该领域取得了超乎人们预料的积极进展，双方通过"能源和环境十年合作框架"等多方面渠道，努力在应对气候变化方面扩展共同利益。2014 年 11 月，奥巴马总统访问中国期间，双方发布了"历史性的"共同声明，不仅各自做出新的减排承诺，还表示要大力推动达成新的国际性气候协议。就连一向挑剔的《纽约时报》也称这份协议"从根本上改变了与气候变化问题相关的全球政治"。同年 12 月，《联合国气候变化框架公约》成员国在秘鲁首都利马举行会议，会议宣言借用了美中联合声明中的表述，以打破发达国家和发展中国家之间的谈判僵局。2015 年 9 月习近平主席访美期间，中美元首发表关于气候变化的联合声明，中国还通过该声明首次宣布 2017 年推行全国碳市场的目标，并承诺向发展中国家提供 200 亿元人民币（约合 31 亿美元）的基金用于应对气候变化。中美合作为 2015 年巴黎联合国气候变化大会的成功奠定了基础，为完善气候问题的全球治理机制做出重大贡献。此外，中美两国高层还就国际经济治理机制的改革和完善持续进行沟通，双方同意构建全球发展伙伴关系，在国际维和、反恐、网络空间规则制定、公共卫生、野生动物保护等方面大力拓展"新型"协作。实际上，近年中美在携手应对西非埃博拉疫情、共同推动解决伊朗核问题等方面取得了巨大成就。正如美国评论家托马斯·弗里德曼所言，美中可以做"全球稳定的共同维护者"。中美之间在全球事务方面的"新型"合作是中美关系"升级换代"的真切反映。

最后，值得强调的是，在两国最高领导层的持续推动下，中美军事关系也在近年显露出很多新的积极变化。无疑，良性的军事关系有助于增加两国之间"不冲突、不对抗"的保险系数。2014 年 6 月，在中美军方围绕南海问题出现公开争执的情况下，中国海军仍按计划首次参加美国主导的"环太平洋"海上联合军演，向外界展现了中方推动构建中美新型军事关系的诚意，中国愿意通过增进与美军的沟通和接触，减少误解误判，避免双方在军事领域发生"碰撞"。同年，两国国防部签署了建立重大军事行动相互通报机制和公海海域海空军事安全行为准则。2015 年 6 月，中央军委副主席范长龙访问美国期间提出，中美两军应积极构建"互信、合作、不冲突、可持续"的新型军事关系，进一步密切交往、加强合作、管控风险。美国国防部部长卡特也强调，美中两军关系有很大的发展潜力。

总之，在"新型大国关系"理念的引领之下，近年中美关系发展取得了值得肯定的诸多成就。然而，不应忽视两国关系面临的复杂挑战和变数。比如，"中国正在推行没有开放的改革"等不实观点也在美国商业界传播，不少在华美资企业抱怨中国的经商环境正在恶化，中国政府对外资企业采取"歧视性执法"，中国的"经济民族主义"更趋升温。此外，还有些美国智库学者大谈"中国对美国的亚洲盟友实施胁迫"，"中国正搭建国际和地区秩序的新炉灶"等负面论调。[①] 2015 年 4 月，美国重要智库对外关系委员会发布《修改美国对华大战略》报告，其作者是美国资深外交官布莱克威尔（Robert D. Blackwill）和知名战略学者特利斯（Ashley J. Tellis）。报告认为，近年中国外交政策的日趋强硬表明，中国现在和将来都是美国最重要的对手，因而华盛顿需要一个新的对华大战略，以制衡中国实力扩大而非继续协助中国崛起。他们建议美国政府将对华政策由"接触"向"遏制"方向回调。[②] 显然，新一轮的对华政策大辩论已然在美国战略界展开，考虑到 2017 年美国将迎来新一届政府，如何确保未来一个时期中美关系平稳过渡、健康发展，是一项重要而紧迫的课题。

二　美国在南海问题上加大对华制衡

从中美关系发展面临的挑战角度而言，两国在海洋方向上的博弈升温值得引起警惕，尤其是南海问题对中美关系和中国周边外交正带来日趋严重的困扰。在财政资源有限、军费削减等因素的影响下，美国要想成功实

[①] Patrick M. Cronin et al., *Tailored Coercion: Competition and Risk in Maritime Asia* (Center for New American Security) March 2014; Denny Roy, China's Strategy to Undermine the US in Asia: Win in the "Gray Zone", *National Interest* (September 18, 2015).

[②] Robert D. Blackwill and Ashley J. Tellis, *Revising US Grand Strategy Toward China* (Council on Foreign Relations, April 2015).

施"亚太再平衡",就不得不寻求有效发挥各种"杠杆"的效用,尽可能地以低成本维护对地区事务主导权。由此,海上安全问题正成为美国推进"亚太再平衡"战略的核心抓手。

近年,美国总统奥巴马、国务卿克里、国防部部长卡特等政府高官多次就南海问题向中国发难。在外交层面,美表现出改变在主权争端问题上"不持立场"的倾向,明显偏袒菲律宾和越南。在军事层面,2015 年 10 月,美军派"拉森"号导弹驱逐舰进入中国南海岛礁邻近 12 海里海域内实施"航行自由行动"(Freedom of navigation acton,FONA)。此后,美防长卡特宣布美军将定期进行此类行动,每季度至少两次。12 月初,美军两架 B-52 轰炸机擅自进入中国南沙群岛有关岛礁邻近空域。2016 年 1 月,在未通知中国的情况下,美军"威尔伯"号导弹驱逐舰驶入西沙中建岛邻近 12 海里海域,此举被中方认为是"严重的政治和军事挑衅"。

显然,美方在南海问题上正在逐步加大针对中国的制衡。美方此举既是针对中国在亚太地区实施"进取外交"的战略反制,也是中美海权竞争日益凸显的反映,将对中国周边外交态势带来深远影响。应当看到,围绕南海岛礁建设以及所谓"军事化"问题,中美之间的博弈正在深化。美军太平洋舰队前司令詹姆斯·莱昂斯(James Lyons)等人称,通过"造岛"中国显然希望获取对包括台湾在内的"第一岛链"的霸权,最终这种霸权会延伸至包括关岛在内的"第二岛链",面对这一情况,"要么美国在该地区带头建立新的'武装和平',要么中国将会发动争夺主导权的战争"。[①] 在美国政策界人士和智库学者中间,关于中国南海政策意图的类似负面论调并不鲜见。

实际上,美国在南海问题上的对华制衡策略已经在实施,这一策略概

---

① James Lyons, "Armed Peace:US Needs Bolder Strategy in South China Sea to Stop Beijing," (November 4,2015),http://www.breitbart.com/national – security/2015/11/04/armed – peace – u – s – needs – bolder – strategy – in – south – china – sea – to – stop – beijing/;James Lyons and Richard Fisher, "Checking China's Military Build – up in the South China Sea," *The Washington Times* (June 14,2015).

括而言就是"成本强加"。所谓"成本强加"，即一方面避免与中国爆发直接的、大规模的武装冲突；一方面通过外交、政治、军事威慑、法律、舆论战等综合性的政策手段，提升中国推进南海政策的成本，让中国在南海问题上"既难看又难受"，使中国承受周边关系紧张、国家声誉受损等方面的政策代价，从而尽可能地抵消和否定中国在南海问题上的政策收益。这种"成本强加"策略包括军事层面和非军事层面的举措。

从军事层面，美方会在军力部署、军事行动、伙伴军事能力建设等方面采取新的行动。美国海军军事学院中国问题专家莱尔·戈尔茨坦（Lyle J. Goldstein）认为，在南海地区，"美中战争对美军而言绝非一场易如反掌的较量"，在高强度的海空战中中国将拥有一定的"主场"优势。[①] 美军事情报专家普遍认为，2020 年前后中国的导弹部署在数量和攻击距离上都将超越美海军舰载系统的应对能力。美须大力开发新一代长程反舰导弹以及与垂直发射系统相适应的"海上攻击导弹"等新型武器和平台。再者，需要加紧建设核动力攻击型潜艇，强化反潜巡航导弹的储备和部署。有美国专家建议，每年至少应建造两艘弗吉尼亚级核动力潜艇，加大部署攻击型水雷，确保和提升美军在南海区域的"水下战争"优势。[②]

美军在南海和西太平洋地区将更多采取"驻地而非基地"的军力部署方式，以轮换驻军强化前沿力量，增加美军在南海地区的存在感，提升盟友和安全伙伴应对中国的信心。[③] 早在 2015 年 7 月，美国国防部就特意安排 B-52 轰炸机从美国本土路易斯安那州的基地起飞，在澳大利亚、菲律宾等国协助下执行"轰炸机保证和威慑"任务，国防部匿名官员称，这是美

① Lyle J. Goldstein, "The South China Sea Showdown: 5 Dangerous Myths," *The National Interest* (September 29, 2015).

② Andrew S. Erickson, *Testimony before the House Committee on Foreign Affairs Subcommittee on Asia and the Pacific* (Hearing on America's Security Role in the South China Sea, July 23, 2015), pp. 6–8; Patrick M. Cronin and Alexander Sullivan, *Preserving the Rules: Countering Coercion in Maritime Asia* (Center for New American Security, March 2015), p. 18.

③ Ely Ratner et al., *More Willing and Able: Charting China's International Security Activism* (CNAS, May 2015), p. 65.

国针对中国在南海地区日益增多的威胁性活动而释放的信号。[①] 而未来这类行动可能会更多。

美国正加紧与日本等国商讨在南海地区开展联合巡逻和反潜战等科目的演习，尤其是在热点的争议区域。美国考虑加大与日本、菲律宾等进行混编巡航和混编空中巡逻的力度和频次，使中国因担心与美、日爆发直接对抗而有所退缩。美国还推动澳大利亚政府在中国新建的"人工岛屿"邻近区域进行舰机巡航，以向中国示威。美太平洋舰队司令斯威夫特有意将原来在该地区举行的双边演习进一步扩展为多国联合演习。美方拉拢尽可能多的国家展开针对中国的军事活动，目的在于降低各国独自抗衡中国的成本。

与此同时，美国考虑进一步放宽针对外国军队进行军售和资金援助的法律限制，以及向这些国家出口军民两用技术的相关限制，更充分地利用"国际军事教育和训练项目"（IMET）等对南海地区国家进行各类安全援助。试图将对菲律宾的援助打造成"样板工程"，在美国加大援助力度的同时，推动日本、澳大利亚等国向菲律宾进一步提供海上安全援助，包括输送巡逻船、人员培训等，不断完善这类整合双边、多边渠道的海上安全援助模式。美支持日菲在多次联合演训的基础上，尽快达成"部队访问协定"，该协定将使日本舰机以轮换的方式使用菲律宾的军事基地。[②]

从非军事层面而言，"成本强加"策略强调应通过舆论、外交、法律和规则制定等方面增大中国在南海问题上面临的压力。如此，不仅可以使美国占据道义和国际法方面的优势，凸显美国作为地区秩序维护者的姿态，还能借此强化与盟友和伙伴国的关系。而一旦中美因南海问题爆发直接武装冲突，非军事层面的"成本强加"举措则有助于美国获得更多的国际支持和道义优势。

首先，加大对中国南海政策推进行动的"曝光"频度和程度，使中国

---

① Bill Gertz, "B‐52s' BAAD Message to China," *The Washington Times* （July 15, 2015）.

② Mira Rapp‐Hooper, *Testimony before the House Committee on Foreign Affairs Subcommittee on Asia and the Pacific* （Hearing on America's Security Role in the South China Sea, July 23, 2015）.

面临更大的国际舆论压力。战略与国际研究中心"亚洲海事透明度倡议"主任拉普－胡珀等人建议，应利用先进的技术手段和各种场合对中国在南海的动作及时、高调地进行传播，包括加快推进建设上述"海域感知""共同行动成像"等系统，使相关国家和国际社会更易于捕捉中国在南海的行动和动向。此外，美国或就南海问题定期发布白皮书，积极利用"东盟地区论坛""东盟海事论坛扩大会议""东盟防长扩大会议""东亚峰会"等场合宣扬中国的南海行动。美国防部、国务院会为美国智库增加拨款，支持它们就中国的南海政策和行动进行研究、举办会议，更多邀请东南亚国家的学者和官员参加。鼓励美国军事和外交人员更加积极地参与在东盟国家举办的智库活动。①

其次，在制度、规则等层面对中国造成更大压力，进一步迫使中国厘清"断续线"的法律内涵。在菲律宾提出仲裁申请后，美国推动越南等国针对中国提出仲裁申请，或是设法推动其他声索国互诉，从而在最大程度上实现南海争端的"法律化"。在"南海行为准则"问题上，美智库专家提出，可考虑抛开既有的谈判进程，东盟国家、日本、印度、澳大利亚等国另起炉灶，就"南海行为准则"进行协商。这种方式如同 TPP 的谈判，在排除中国的情况下制定出有约束力的、高标准的国际规则，继而迫使中国在加入与否之间做出选择。②

再次，加强对东盟及其成员国的外交，推动其参与并加大对中国的制衡。美方认为，在南海问题上东盟内部存在三类国家：作为抗衡中国的"前沿国家"的越南、菲律宾，同为声索国但相对温和的马来西亚、文莱，以及非声索国。由此，美国的政策目标应是，尽力减少中国在东盟内部实施"分而治之"策略的空间。美学者指出，应充分利用 2015 年 12 月东盟共同体正式建立之机，在南海问题上强化东南亚国家之间的团结，特别是促使声索国之间达成一定妥协。可考虑推动东盟在《东南亚友好合作条约》

---

① Patrick M. Cronin, *The Challenge of Responding to Maritime Coercion*, CNAS（September 2014）.

② Bonnie S. Glaser, "Conflict in the South China Sea," *Contingency Planning Memo Update*（Council on Foreign Relations, April 2015）.

基础上推出专门针对海洋问题的《东南亚海洋区域友好合作条约》，迫使中国接受和遵守东盟制定的规则，推动东盟针对海洋安全问题的处理方式从"重过程"向"重结果"转变。这类做法是东盟加强政治、安全共同体建设的应有之义，将显著增大中国面对的地区性压力，却又使中国难以反对和反制。

对美国而言，上述军事层面和非军事层面的政策构想能否真正落实还存在不少挑战和变数，如日本对在南海地区与美联合巡航抱持顾虑、东盟担心中美博弈深化使其在南海问题上日益"边缘化"，等等。① 但是，中国绝不应忽视美国在南海问题上加大制衡的动向。虽然美国智库和政界人士多认为两国仍应避免在南海地区发生直接的大规模军事冲突，但他们普遍赞同加大对华威慑力度，不排除双方在南海摩擦升级甚至是"擦枪走火"的可能性。更需引起注意的是，出现了一种对中美关系发展具有整体性影响的负面论调，即面对中国越发强势的对外政策尤其是在南海问题上的举动，美国需从战略思维、战略心态上做出调整，要学会适应与中国进入相互摩擦和紧张越发频繁的"新常态"。

2015年7月，美国众议院外交事务委员会亚太小组委员会专门就"美国在南海的安全角色"举行听证会，美国海军战争学院教授艾立信（Andrew S. Erickson）在会上表示，"中国领导层显然对一定程度的摩擦和紧张并未感到不舒服"，在南海问题上美国也应当接受"适度的摩擦"和"竞争性共处"；既然是大国关系，那么，在中国推进它的关键利益的时候，"我们需要行动起来保护我们自己的关键利益"。② 应该说，艾立信这一论调是对"大国关系"的一种曲解，但它的确在美国智库和政策界人士中有一定的代表性。

---

① Benjamin Schreer, "Will Japan Join the US in Freedom of Navigation Patrols in the South China Sea?" *The Strategist*（Australian Strategic Policy Institute, October 30, 2015）.

② Andrew S. Erickson, *Testimony before the House Committee on Foreign Affairs Subcommittee on Asia and the Pacific*（Hearing on America's Security Role in the South China Sea, July 23, 2015）, p. 5.

由于美国不断加大对南海问题的干预力度、谋求所谓"武装和平"等因素，南海问题的性质近年正发生十分重要的变化，越发具有大国博弈的色彩。在美国因素的带动下，日本、澳大利亚、印度等位于"印太亚洲"（Indo‐Pacific Asia）战略空间内的大国或中等强国也都在加大对南海问题的介入，甚至有意从"观众""助演"变为"主演"。更重要的是，在美国加大施压的情况下，南海问题与中美关系中的其他问题形成"共振"的可能性也在加大。如随着2016年台湾地区领导人的更替，南海问题与台海局势的相互负面影响或将凸显。总之，南海问题正演变为中美之间更加复杂的较量，不应低估这一趋势给中美关系和中国周边外交态势投下的"战略阴影"。正如兰普顿（David Lampton）所言，在很大程度上，南海问题会加剧中美关系"战略漂移"的危险，体现了战略上日益加深的相互猜疑，反映了两国关系从"重防范"或在转向"重威慑"。[①]

三 美国因素与"一带一路"建设

观察中美关系对中国周边外交的影响，除了南海问题，"一带一路"提供了另一个重要的维度。"一带一路"国际合作倡议与中国外交的"再平衡"息息相关，也是中国加大周边外交工作力度的具体体现。从地缘政治看，中国面临的核心难题是"东西问题"，即实现向东开放和向西开放、拓展海权与强化陆权的平衡。从地缘经济看，中国面临的核心难题是"南北问题"，即如何在发展中国家（从国际发展角度也被称为"南方国家"）与发达国家（"北方国家"）之间重新定位自己，力争成为沟通两者的桥梁。"一带一路"合作倡议，和上述两大难题是紧密相关的，其为中国实现地缘

---

① 兰普顿认为，如今，中美两国精英的讨论重心已从伙伴关系和"战略合作论"经过彼此防范阶段而转向"威慑论"，中美关系正处于日趋消极的战略漂移状态，双方必须进行反思并采取行动，David Lampton, Three Perspectives to Stop the Sino‐US Strategic Drift, *South China Morning Post*（November 24, 2015）。

政治和地缘经济的"再平衡"提供了重要途径。①

"一带一路"倡议涉及的国家和项目大部分位于中国的周边地区，如中亚、东南亚、南亚等。它无疑为中国推动周边外交大发展提供了新的平台和抓手。2013 年 9 月和 10 月，习近平主席在访问哈萨克斯坦和印度尼西亚期间分别提出"丝绸之路经济带"倡议和"21 世纪海上丝绸之路"倡议。同年 10 月下旬，中央召开周边外交工作座谈会，确定了未来 5 年至 10 年周边外交工作的战略目标、基本方针、总体布局，提出了解决周边外交面临的诸多重大问题的工作思路和实施方案，并明确了"亲、诚、惠、容"的周边外交理念。习近平主席在此次会议上发表的重要讲话中特别强调，"思考周边问题、开展周边外交要有立体、多元、跨越时空的视角"。

近年来，中国大力促进"一带一路"倡议的落地，并以此带动周边外交的推展。在东北亚，中国和蒙古国加快落实"丝绸之路"与"草原之路"的对接，中俄蒙就建设三国经济走廊制定三方合作中期路线图。在东南亚，尽管彼此在领土和海洋权益方面存在争端，中国仍和越南就"一带一路"和"两廊一圈"合作展开磋商。新加坡则成为中国在"一带一路"倡议下合作开拓第三方市场的关键伙伴。中国领导人宣布丝路基金和亚洲基础设施投资银行将为"大湄公河次区域经济合作机制"（Great Mekong Surbregion Cooperation，GSM）成员国提供融资服务。在重点项目方面，中印尼雅万高铁项目敲定，中国—老挝、中国—泰国铁路开工在即，泛亚铁路网建设终于迈开实质性步伐。随着"孟中印缅经济走廊"规划的进一步完善，"中巴经济走廊"框架下重要项目的陆续开工，东亚与南亚发展机遇的深度对接也有望成为现实。可以说，落实"一带一路"倡议已经与中国周边外交工作紧密相连。

中国提出"一带一路"国际合作倡议，并不像有些国外学者所言，是针对美国"亚太再平衡"战略的反制。② 但是，在推动落实"一带一路"

---

① 赵明昊：《"一带一路"的战略含义》，《新战略》，九州出版社，2016。

② Yukon Huang, "Courting Asia: China's Maritime Silk Route vs. America's Pivot," *The Diplomat* (April 25, 2014).

倡议的过程中，美国因素的影响却是不可忽视的。对于"一带一路"倡议，不少美国政策精英表达了担心和疑虑。他们认为"一带一路"倡议是中国的"马歇尔计划"，中国意欲借此将经济实力转化为地缘政治影响力，建立和巩固自身对欧亚大陆的控制，并在国际秩序方面"另起炉灶"，推动中国版本的"全球化"。斯坦福大学高级研究员弗兰西斯·福山（Francis Fukuyama）甚至提出，中国将利用"一带一路"倡议向其他国家出口自己的发展模式，一场历史性的发展模式之争正在中国与美欧西方国家之间上演，而这会影响全球政治的未来。福山"忧心忡忡"地呼吁："如果我们不行动起来，就有可能将欧亚大陆以及世界其他重要地域的未来拱手让给中国以及中国的发展模式。"① 在美国大西洋理事会会高级研究员罗伯特·曼宁（Robert Manning）等人看来，中国并没有按照西方国家的期待成为"负责任的利益攸关方"，反而通过"一带一路"、亚洲基础设施投资银行等打造"并行的机制"。②

要想确保"一带一路"倡议顺利落实，就需要妥善应对大国博弈等因素带来的挑战，包括俄罗斯、印度、美国等。③ 不可否认的是，"一带一路"建设会对美国在相关国家和地区的利益带来一定影响，美国虽然并不位于"一带一路"沿线，但却具有对"一带一路"建设形成牵制甚至是阻碍作用的力量。在"一带一路"沿线国家中，有20多个国家有美国驻军或与美国存在军事同盟关系，美国16个"非北约盟国"中有10个以上处于该区域。④ 随着"一带一路"建设不断向西拓展，将有不少项目牵涉北约成员国，北约28个成员中有13个位于该区域。美国担心中国通过"一带一路"

① Francis Fukuyama, "Exporting the Chinese Model," *The Straits Times*（December 30, 2015）.

② Robert Manning and James Przystup, "How George Kennan Would Contend with China's Rise," *The National Interest*（June 30, 2015）.

③ Alexander Gabuev, "Eurasian Silk Road Union: Towards a Russia – China Consensus?" *The Diplomat*, 5 June 2015；Zorawar Singh, "Indian Perceptions of China's Maritime Silk Road Idea," *Journal of Defence Studies*, Vol. 8, No. 4（2014）.

④ 截至2015年12月，美国的"非北约盟国"包括澳大利亚、埃及、以色列、日本、韩国、约旦、新西兰、阿根廷、巴林、菲律宾、泰国、科威特、摩洛哥、巴基斯坦、阿富汗、突尼斯。

建立"去美国化"的经济和政治安排。此外，美国也担心"一带一路"冲击美国提出或推动的地区合作方案，如"新丝绸之路""印太经济走廊""亚太全面能源伙伴计划""湄公河下游倡议"等。

虽然"一带一路"倡议引发了美方的关切，但这并不意味着中美必然会因为"一带一路"而陷入新的冲突，需要结合中美构建新型大国关系的历史性进程，积极探索两国在"一带一路"框架下的合作之道。值得注意的是，美国官方层面对"一带一路"的表态目前仍趋向积极，也有美国智库学者认为"一带一路"可以为美中深化合作带来重要机遇。2015 年 3 月，美国常务副国务卿布林肯（Antony Blinken）在布鲁金斯学会就"中亚的长久愿景"发表演讲称，"我们不认为中国在中亚的参与是零和性的。它对中亚基础设施的开发完全可以与我们自己的努力形成补充。特别是，我们认为中国在支持阿富汗转型以及推动阿富汗融入更大的亚洲地区方面是一个重要角色。"布林肯还表示，中国增加对中亚地区国家的投资不但会惠及当地民众，也会给美国商业界带来好处。① 同年 5 月，负责南亚和中亚事务的助理国务卿比斯瓦尔（Nisha Biswal）称，中亚不是进行"零和性的地缘战略对抗的空间"，包括中国在内的每个国家都可以扮演建设性的角色，美国欢迎亚投行等新多边机制在遵守国际规则的条件下满足该地区国家的紧迫需要。② 6 月，助理国务卿帮办理查德·霍格兰德（Richard Hoagland）来华与中国国家发展和改革委员会官员商讨如何使"新丝绸之路计划"与丝绸之路经济带建设互为补充，探索美中在第三国合作的具体形式。

为了促进阿富汗经济发展以及中亚和南亚地区的经济一体化，美国在 2011 年提出"新丝绸之路"计划。到了 2014 年，"新丝绸之路"计划进一步聚焦四个主要领域，即发展地区能源市场、促进贸易和交通、提升海关和边境管控、加强商业和人员联系。从理论上讲，"新丝绸之路"计划与中

---

① Anthony Blinken, "An Enduring Vision for Central Asia," Remarks at the Brookings Institute, March 31, 2015, http://www.state.gov/s/d/2015/240013.htm.

② Nisha Biswal, "Central Asia in a Reconnecting Eurasia," (Remarks at Center for Strategic and International Studies, May 12, 2015) http://www.traceca-org.org/en/traceca/.

国提出的建设"丝绸之路经济带"构想有不少相近之处，两者存在相互对接、相互促进的可能性。① 曾供职于白宫国家安全委员会的南亚问题专家、美国进步中心研究员阿里拉·维耶赫（Ariella Viehe）认为，"如果'一带一路'倡议和'新丝绸之路'相互补充而不是为同样的资源而竞争，那么，它们就更有可能取得成功"。中美双方可在很多方面尝试开展合作，比如共同支持地区性的职业培训中心和劳动力市场、扩展电网等基础设施建设、减少海关障碍、升级边境和口岸设施、推动过境贸易协定谈判等。中美还可以在"中亚地区经济合作"（Central Asia Regional Economic Cooperation, CAREC）等多边框架下合作推动地区经济发展。② 王缉思教授也认为，中美两国在东亚的竞争，已日益呈现某种"零和格局"。但若"西进"，中美在投资、能源、反恐、防扩散、维护地区稳定等领域的合作潜力都较大，而且几乎不存在军事对抗的风险。在维护阿富汗、巴基斯坦等国稳定的问题上，美国迫切希望中国提供帮助。③

以"丝绸之路经济带"的沿线国家阿富汗为例，它位于中亚、南亚和西亚这三大亚洲次区域的连接点，处于欧亚大陆的中心地带，被视为"亚洲的十字路口"和"亚洲的心脏"。中国新疆地区经由南北长 60 公里、东西长 120 公里的瓦罕走廊与阿富汗接壤。随着美国正式结束阿富汗战争、北约国家撤出军事力量，长期盘踞在阿富汗以及阿富汗—巴基斯坦边境地区的恐怖主义、极端主义势力将对中国国家安全和边境地区稳定构成直接威胁。来自阿富汗及"金新月"地区的毒品贩运和其他跨国有组织犯罪活动也会危及中国。此外，中国在阿富汗拥有重要经济利益，包括中国冶金集

---

① Erica Marat, "Following the New Silk Road," *The Diplomat*（October 22, 2014）; Reid Standish, "The United States' Silk Road to Nowhere," *Foreign Policy*, September 29, 2014; Kathleen Collins, "The Limits of Cooperation: Central Asia, Afghanistan, and the New Silk Road," *Asia Policy*（January 2014）.

② Ariella Viehe, "US and China Silk Road Visions: Collaboration not Competition," in Rudy deLeon and Yang Jiemian eds., *Exploring Avenues for China – US Cooperation on the Middle East*（July 2015）, Center for American Progress.

③ 王缉思:《"西进": 中国地缘战略的再平衡》,《环球时报》2012 年 10 月 17 日。

团的埃纳克铜矿项目和中国石油公司的阿姆达利亚（Amu Darya）项目等。如果阿富汗局势在"后撤军"时期进一步恶化，势必将对中国提出的"中巴经济走廊""丝绸之路经济带"等计划的实施带来负面影响。因此，维护阿富汗的稳定并帮助阿富汗实现自主的、可持续的发展符合中美双方的共同利益。实际上，中美近年围绕阿富汗事务已经展开了协调与合作，包括联合培训阿富汗外交官等。2016 年 1 月，阿富汗问题首次巴阿中美会议在巴基斯坦首都伊斯兰堡举行，四方就重启阿富汗和平进程路线图进行了讨论。应该说，中美在阿富汗事务上的合作，以及两国推动"丝绸之路经济带"与"新丝绸之路"的对接，是促进中美关系与中国周边外交形成良性互动的一种积极探索。①

总之，如何引导美国因素在中国周边外交中发挥建设性作用，如何使中美探索构建新型大国关系与中国周边外交变革相协调，如何善用"第三方"因素增强中国自身对中美关系发展的引领性作用，是值得深入探索的问题。2015 年 9 月，习近平在美国西雅图发表演讲称，世界上本无"修昔底德陷阱"，但大国之间一再发生战略误判，就可能自己给自己造成"修昔底德陷阱"。② 避免"修昔底德陷阱"，不只是任何一国单方面的愿望，也是时代的必然要求，需要中美两国发挥战略能动性，需要中美双方作出不懈的共同努力。要想探索避免"修昔底德陷阱"之道，仅仅关注中美之间的"结构性矛盾"是不够的，需要用一种更加开放的战略视野审视和推动中美之间的"结构性合作"，包括重塑两国在亚太地区的互动关系。

---

① Zhao Minghao, "Afghanistan and China – US Relations," *Exploring the Frontiers of US – China Strategic Cooperation Policy Report*, Center for American Progress, (November 2014).

② 习近平:《在华盛顿州当地政府和美国友好团体联合欢迎宴会上的演讲》, http://sn. people. com. cn/n/2015/0924/c190207 – 26512678. html。

"战略抗衡"路线下的日本对华政策及影响

吴怀中[*]

摘　要： 2015 年，是亚太秩序及格局经历深刻调整的一年。对地区秩序权力转移历来敏感的日本，以制定规则、抵制倡议、搅局南海这一"三管齐下"的方式，对因中国崛起而引发的形势变化展开强力战略抗衡行动，意图维护美日主导的地区秩序于不倒。同时，日本制定历史性的安保法、深刻调整军事安全政策，对中国的地区安全环境形成重大而持久的影响。对此局面，中国应从政治、经济及安全多个层面综合施策、趋利避害，为民族复兴塑造有利格局。

关键词： 中日关系　安倍路线　对华政策

当前日本国家大战略，即"安倍路线"（Abe Doctrine），有别于二战以来历届日本政府制定的非系统性战略，是一个综合有机的大战略。这个大战略的主要内容，是日本通过革内政、提经济、拼外交、筑国防，达到谋求重新崛起、提升国际地位和影响力的目标。通常认为，日本是力不从心的处于衰落进程中的地区大国，并不是战略一极。然而，2012 年年底，安倍二次上台后，一反历届政府的"政策故态"，采取综合举措强势推动日本在逆境中崛起，谋求"夺回强大日本""成为国际社会主要玩家"，表示日本"绝不做二流国家"。与此同时，日本把崛起的中国视为最大的竞争对手与潜在威胁、是实现日本国家战略目标过程中需全力应对的障碍性因素。这个大战略落实到关键性的亚太或东亚地区，体现为一个从塑造地区整体

＊　吴怀中，中国社会科学院日本研究所政治研究室主任，研究员。

的体系和秩序出发、以保持日本主导地位和影响力为目标、以日美同盟为基轴、以地区多边为依托、以应对中国崛起为重点、涵盖政治、经济和安全领域的全方位的对外战略。

2015年，随着中美某些局部矛盾的激化以及中国周边外交倡议的迅速推进，安倍政府将上述大战略中的对华部分发挥到了一种极致状态，径直显示出与中国进行战略抗衡与竞争的政策意图：在大战略行为方面，刻意通过"三管齐下"对华展开地区秩序及主导权之争，维护美日霸权体系格局；在对外政治关系上，强化与东盟、印度、大洋洲国家的关系，通过高层会谈及战略磋商反复倡导"围堵中国"的价值及利益共同体；在地区经济关系上，消极对待"一带一路"甚至推出对抗性措施[1]，推动日本投资从中国转向东南亚，同时"逢华必争"——展开基础设施项目争夺大战；在军事安全领域，时隔多年修订日美防卫合作指针、大力强化美日同盟，制定并通过新安保法，加速推动广义上的军事外交——包括装备技术转移、海洋安全合作等，染指印太安全事务及热点问题。由此，中日战略竞争日益溢出双边范畴，南海及"一带一路"等中国国家战略的重点实施区域渐成两国博弈的主战场。日本的所作所为在战略环境和安全态势上对中国造成一定程度的挤压，干扰了中国周边外交的顺利推动及落实。

一 三管齐下：严防中国主导地区秩序

当代日本地区战略的全局性课题，是面对后金融危机时代新兴国家群体崛起引发的格局变动新形势，[2] 维护美、日、澳等发达"民主"国家主导的、受到巨大调整压力的现存亚太秩序和规则。其核心目标，是在重点应

---

① 例如，安倍在2015年5月宣布推出1100亿美元的日本版"亚洲基础设施建设资助计划"。

② 世界范围内的新兴国家群体崛起的局面，尤其集中地体现在亚太地区，例如"金砖五国"（BRICs）中，就有中俄印三大国位于亚太地区，而"未来十一"（NEXT 11）中也有一半一上的国家位于亚太。这一新形势的生成，给以"亚洲代表"或"亚洲唯一发达国家"自居的日本带来了政治、经济和安全上的巨大压力。

对中国崛起的同时，确保并增进日本相对下降的国际地位、经济繁荣和安全系数。战略实施的手段，则是政治、经济、安全等诸要素的配套组合和叠加使用，它以自助努力为基本，以日美同盟作为支轴，以双边及地区多边合作网络为依托。该战略的推进与美国"重返"亚太高度共振，给大国关系和地区形势带来复杂的变数及影响。

2015 年，世界变得更加动荡不安，国际格局的重要变化正在悄然发生，地缘政治也在重新洗牌，亚太秩序和格局发生了很大变化，进一步加重了日本的形势危机感和守护秩序的紧迫感。2015 年，从中俄举行盛大阅兵仪式、共同维护二战成果和战后国际秩序，到亚洲基础设施投资银行建立、金砖国家新开发银行正式开业，国际政经秩序加速调整和演进，中国在推动秩序建设和改良上取得了巨大成就。

中国的相关倡议及政策举措，对于周边国家的发展提供了重要机遇，中国的崛起不得不改变周边诸多国家对中国的旧有思维，南海相关国家除了菲律宾以外，都在积极适应中国的崛起。日本也在思考如何应对中国的崛起，但至少目前安倍政府已显示出鲜明态度，那就是继续与美国实施高度捆绑，通过压制、围堵中国以维持其在东亚的主导地位和影响力。实际上，不单是美、日等西方发达国家，包括第三世界都不同程度存在对中国崛起的疑虑，但他们的担心是有所差别的，美日是疑虑中国改变原来由西方主导的国际秩序，而且他们不仅是担心，还试图阻止中国的崛起、封堵中国改良国际秩序中不合理部分的有益尝试。①

（一）急推规则出台、维护经贸秩序

2015 年 10 月，耗时多年的 TPP 谈判基本完成。美国视推动 TPP 协定为其"亚太再平衡"战略的重要内容，是美国"重返亚洲"在经济领域的大手笔，是加固美国世界经济霸主地位所需的关键性一步。尽管美国一再声

---

① 日本对中国主导东亚秩序的疑虑和抵制，不但来自于对现实的判断，部分也来自历史记忆及经验。参见周方银、高程主编《东亚秩序》，社会科学文献出版社，2012。

称，TPP 并非针对中国，但美国总统奥巴马在结束 TPP 谈判后发布的声明中特别表示："我们不能让像中国这样的国家书写全球经济的规则，我们应该制订这些规则"。① 这种毫不掩饰的表态，几乎等同于证明美国主导 TPP 的主要目的就是为了另建国际贸易新秩序，把中国排除在新一轮全球贸易游戏规则及主流体系之外。

TPP 最终达成协议的一个重要因素是日本的态度变化。2012 年 12 月日本解散国会后的大选上，安倍在党内外获得优势，其重要的选举口号就是坚决反对 TPP。但是上台后不久，安倍就转变为积极推动日本加盟 TPP，于2013 年 3 月正式宣布参加 TPP 谈判。日本主流媒体评论认为，该协定的目标是以经济为纽带建立亚太模板的国际新秩序，日本不仅在安保领域拉拢美国，还在经济层面上深化与美国的关系，如果今后倾向于参加 TPP 的国家增多，RCEP 或走向名存实亡，中国就会丧失经济贸易秩序构建的主导权。②

一般认为，TPP 对提振日本经济的效果有限，不到国内生产总值的 1%（多数估算为 0.6% 左右）。但日本是否加入，对 TPP 的发展前景至关重要。日本与美国一起被看作 TPP 的两大主角，日本是美国之外 TPP 参与者中的第二个巨人，占世界生产总值的 4.5%，美日两国占 TPP 12 国国内生产总值的约 80%，而其他亚洲参与者占全球国内生产总值不到 1 个百分点。在日本国内，反对 TPP 的势力及其呼声都不可谓弱小，但日本决策层和主流政治精英早已形成共识来推动这一艰难的任务。安倍与奥巴马均将其视为巩固两国关系的重要政治遗产。2015 年 4 月安倍在与奥巴马举行会谈时，强调了推动已达成基本协议的 TPP 早日生效的决心，"为了早日生效，希望加强日美合作"，"将共同致力于达成妥协"，成了日美首脑会谈联合声明的主要内容。甚至，安倍时常显得比美方还要着急，6 月，美国国会和奥巴马政府相持不下、对 TPP 协议相关法案表示反对之际，安倍曾十分生气地说：

---

① 《环球时报》2015 年 10 月 6 日。
② 《日美首脑会谈的幕后主角是中国》，日经中文网。

"真不知道美国干什么，奥巴马干什么！"①

日本加入 TPP 的政治思维明显大于经济考量，美日等国结束 TPP 谈判，经济围堵中国的意图很明显，TPP 被认为是美日联合遏制中国的协议，是一个在政治目标主导下的经济成就，TPP 带来的巨大经济圈将重塑世界贸易规则和亚太经济秩序。负责日本 TPP 事务的经济财政与再生相甘利明表示：东亚是非常不安定的地区，有中国"霸权"以及朝鲜"威胁"，虽然 TPP 是经济层面的问题，不过也将为安全保障和地区和平做出贡献，不久的将来中国也将不得不加入 TPP，将难以无视 TPP 的规则。② 2015 年 11 月，安倍在二十国集团（G20）首脑会议上强调称，"TPP 构建的经济秩序将成为 RCEP 等制订规则时的草案"。③ 在 11 月的 APEC 会议上，哪种框架将成为亚太自贸区"主角"成为各方瞩目的焦点，美日用 TPP 阻止中国提倡的 APEC 全体 21 国参加的 FTAAP 计划，日本政府则坚持要求在致力实现亚太自贸区的首脑宣言中写入 TPP。12 月，美日等 12 个成员在马尼拉举行 TPP 首脑会议时，安倍竭力主张："应该力争参加国的扩大，日本将致力于扩大 TPP 协定。"④ 很明显，日美之所以探讨扩大 TPP 参加国，是希望在中国崛起的情况下能掌握地区规则制定的主导权，维护既有的对其有利的经贸秩序。

（二）抵制亚投行及金融秩序变动

2015 年 6 月，《亚洲基础设施投资银行协定》签署仪式在北京举行，亚投行 57 个意向创始成员国财长或授权代表出席了签署仪式。截至 2015 年年底，共有 53 个国家正式签署了协定，17 个意向创始成员国已批准亚投行协定并提交批准书。在这一进程中，除美国之外，对中国的倡议进行质疑、

---

① 以上引用均出自《环球时报》2015 年 6 月 29 日报道。
② 《甘利明：中国也将不得不加入 TPP》，日经中文网。
③ 《中美博弈贸易外交》，《读卖新闻》2015 年 11 月 19 日。
④ 在共同宣言谈判中，日本的强烈坚持惹恼了亚洲经济圈内不想将主导权交给 TPP 阵营的许多国家。参加 APEC 会议访问菲律宾的中国国家主席习近平在 11 月 18 日发表的演讲中，针对 TPP 指出："当前，新的区域自由贸易安排不断涌现，引发大家对碎片化倾向的种种担忧。"

批评乃至攻击最多的就是日本。在亚洲地区明确表示反对成立这一银行的，也只有日本一国。

亚投行的成立，将推动亚洲地区基础设施建设和互联互通，深化区域合作，实现共同发展。但实际上，正如外界所分析的，亚投行不是一个简单的金融问题，是单极与多极秩序之争的反映，是国际金融秩序加速演进的象征。至少，在美日看来，例如7月金砖国家新开发银行在上海正式开业，11月国际货币基金组织执董会决定将人民币纳入特别提款权货币篮子（Special Drawing Right，SDR）等一系列事件的发生，都集中体现为秩序之争问题。现有的国际金融机构都是二战后由美国主导建立的，世界银行的总裁、IMF的专务理事分别从美国和欧洲选出，亚开行的总裁则从日本选出，这已成了一条不成文的规矩。日美主导成立的亚洲开发银行，很大程度上左右亚洲的基础设施投资乃至金融秩序。美国对中国倡议成立亚投行非常敏感，不仅自己表示暂时不参加，还阻止盟国和伙伴国参加。美日在对华政策上加强了统一步调。2015年4月，奥巴马在日美首脑会谈后的记者会上强调"如果成立多边融资机构，（在融资决定等方面的）指针必不可少"，安倍则附和性地发出了同样的意见。[①]

尽管如此，美国的许多盟友没有听从其意见和屈从其压力，而是自主加入了亚投行，如英、法、德、意、澳、泰、韩、菲等国，这在国际上引起了很大反响。相比之下，日本几乎是坚定支持美国这一愿望的为数极少的盟国。美国的盟国，包括与中国有利益争端的邻国，在这一问题上都没有像日本那样坚定地选边站队。作为中国的近邻，与中国有着巨大经贸往来和利益融合的日本，这一突出的表现十分异常而引人关注。非但如此，日本认为中国"主导"的亚投行成立意味着过去日本主宰亚洲基础建设融资的时代即将终结，需要对此展开针锋相对的博弈与对冲行动，加大对亚洲地区既有金融体系的支持力度。2015年5月，正值中国筹备亚投行之际，日本宣布一项向亚洲基建项目提供1100亿美元援助的计划。这笔日本资金

① 《中美日"三国杀"》，《朝日新闻》2015年5月6日。

将在未来五年陆续投资，它的规模比亚投行预计为 1000 亿美元的资本规模还要大，外界对此的一致评价是"叫板亚投行"。

事实上，日本政府应该接到了中方多次递出的"橄榄枝"。一些媒体报道，中方曾诚邀日本加入亚投行成为创始成员国，并表明愿意在亚投行管理层给日本一个高级副总裁职位。在某些场合，中方筹建负责人之一的金立群，以极大的耐心和努力表明中方希望日本加入亚投行。金立群甚至对日方代表中尾表示，为使日本加入亚投行，有必要的话自己可以赴日商讨。①

日本没有接受中国伸出的"橄榄枝"，而是与美国站在一起。在外界看来是因顾忌美国的态度，美国的动向是左右日本是否加入亚投行的关键因素。日本最后罗列了与美国所持理由相同的说辞，诸如"组织运营不透明""融资审查标准不清楚"等不能马上决定加入的理由。日本副首相兼财务相麻生太郎在 3 月的记者会上，表达了如果亚投行理事会不改善无法审查个别融资项目这一点就很难加入的想法。② 但实际上，安倍政府在这一问题上出现了很大误判，这一点连他自己也不得不承认。日本政府以及执政的自民党曾多次就是否应加入亚投行一事进行讨论，而负责收集信息和与中国谈判的中国财务省曾向安倍报告称："7 大工业国（G7）都不会加入亚投行"。③ 日本政府 3 月底决定暂不判断是否加入亚投行，安倍及其核心执政团队认为，按照当时形势，日美欧加上其他国家可以抵制甚至搅黄中国的倡议行动。但是，当结果出来后，安倍身边的人士纷纷表示："是（日本）疏忽大意了"。而安倍则对提供情况判断的日本外务省等相关机构的高官大发雷霆，训斥他们判断失误导致日本外交陷于被动。④

---

① 《日本经济新闻》2015 年 4 月 17 日。
② 《朝日新闻》2015 年 3 月 25 日。
③ 《读卖新闻》2015 年 5 月 15 日。
④ 《日本的误算与安倍的判断》，日经中文网。

（三）介入南海与维护海洋秩序

2015 年，南海问题成为中国周边安全问题热点中的热点，其中一个最大变化在于中美战略博弈凸显，美国从幕后走向前台，进一步推动其"亚太再平衡"战略，加大在该地区的军事存在，拉拢日本等盟国，导致南海局势升温。在此背景下，日本介入南海事务的兴趣和积极性也显著增强，搅局举措增多，导致中日关系的改善停滞不前、步履艰难。

日美都不是南海问题的直接当事方，但两国都认为自己是南海海洋秩序乃至西方霸权秩序的坚定维护者，皆以所谓秩序维护者的姿态介入南海事务。日美聚焦和炒作的两大议题——航行自由、"以大欺小"及武力改变现状，牵涉到的都是秩序问题而不是岛礁的具体归属问题。中国正当的维权行为以及反对美日介入的措施，在美日看来就是一种破坏地区秩序以及挑战美日东亚海上霸权的行为。当南海问题被上升为地区秩序走向层级时，美日与中国达成政策妥协的可能性大大降低。可以说，南海问题大幅升温的困境，是美日以秩序维护者姿态强势介入的必然后果。

2015 年 4 月，日美两国政府在"2 + 2"会议上就南海局势交换了意见。日本防卫相中谷元表示，"这直接关系到地区的和平与稳定，是日美共同关心的事项"，从而显示，为了南海局势的稳定，日本将与美国和东盟开展紧密磋商。日美还在"不能对试图改变现状的举动放任不管"的认识上达成一致，并确认了法律支配地位和维护秩序的重要性。① 其后，作为日美首脑会谈联合声明主要内容的第一条，就是直接申明"试图依靠力量来改变现状的行动是对国际秩序的挑战"。② 11 月，安倍在马尼拉与美国总统奥巴马举行会谈，就美国向南海中国建造的人工岛 12 海里内派遣军舰的"航行自由行动"表明了日本的立场，安倍公开声称："支持相关国家。反对改变现状、提升紧张的单方面行为。"③

① 《日美"2 + 2"会议就南海局势交换意见》，日经中文网。
② 《日美首脑会谈联合声明的主要内容》，参见外务省官网。
③ 《朝日新闻》2015 年 11 月 19 日。

从目前来看，日本自卫队已经能够在公海展开警戒监视活动，并正在着手准备与美国在南海进行联合空中巡逻。而 2015 年 9 月最终通过的安全保障相关法，使得日本只要认为对日本和国际社会的和平与安全造成影响，就能在没有地理条件制约的情况下，可以与美国等国军队联合作战，或为美军等他国军队提供后方支援。由于当前日本能采取的行动有限，日美"2 +2"会议达成的共识是，希望对把同盟关系扩大至"面"进行布局，并由日本充当美日同盟的地区代理和次轴心，积极推动围绕南海的地区多边外交安全合作。

首先，为在政治层面制造声势和舆论，日本大力推动"联合阵营"与"统一战线"外交。2015 年 4 月，日本推动七国集团（G7）外长会议通过了一份《关于海洋安全的声明》，使该会议首次就南海问题发声表态。[1] 12 月，安倍访问印度，促成双方联合声明提及南海问题，强调南海航线对地区能源安全及商贸的重要意义，要求各方遵守《联合国海洋法公约》，呼吁当事国不应采取可能导致局势紧张的单边行动。同月，日本与澳大利亚举行了"2 +2"磋商，双方发表共同文件，对中国在南海的动向表示"强烈关切"，并商定尽早制定共同战略。

其次，日本竭力将围绕南海海洋安全保障的合作网扩大至韩国、东南亚、印度和澳大利亚，以使各国一同维持稳定局面，维护所谓的自由航行秩序。除了响应美国军方在南海进行军事巡逻的要求，日本还重点加强与南海当事国的安全防务合作，与菲律宾、越南等国进行联合军演，并提供装备及技术援助。2015 年 6 月，日菲首次在南海举行联合军演，同月，日本政府还与菲律宾达成有关军事技术和装备转让的协议。[2] 8 月，日本海上自卫队舰艇首次参加由美国主导、在菲律宾沿海举行的海上人道主义救援

---

[1] 日本还准备在 2016 年于日本举行的 G7 首脑会议上要提出南海议题。2016 年 2 月，中日副部长级高官磋商，中日双方为此展开讨论，但日方坚持不做让步，刻意要把南海议题带到 G7 会议，以形成对中国的牵制。中国外长王毅以此批评日本为"双面人"的做法，指出这种姿态损害了双边关系，导致关系改善难以改善。

[2] 进入 2016 年后，日本又承诺向菲律宾出租教练飞机，用于其在南海巡逻。

演习。近年，日越关系有不断走近趋势，安倍二次就任首相后甚至选择越南作为重新出任首相后外访的第一站，日本海上自卫队还与越南加强军事联系，并向越南提供二手巡逻船（同时已开始考虑早日提供全新巡逻船），帮助越方培养海上巡逻力量。

二 安全政策大跃进：影响中国周边安全

2015 年 9 月，日本在安全防卫领域最大的政策跃进是国会正式通过了一套综合性的、前所未有的新安保法。在安倍路线的组成部分中，"安倍国防学"是推进迅速、取得成效最大的板块。安倍国防学是包含指导思想、战略、政策、法制、体制编制、装备、战术、部署等变革的一个系统工程。安保法立法的完成是安倍国防学的收官阶段，也标志着安倍推动的重大安全政策调整基本告一段落。

日本正式通过的两项重要安保法，即《和平安全法制整备法》与《国际和平支援法》，[①] 前者由 10 部法律组成，分别由自卫队法、武力攻击事态法、国际和平合作法、周边事态法等修改后整合而成，主要规定了"存亡危机事态"以及"重要影响事态"下，自卫队对他国遂行集体自卫权和军事后勤支援等各种事项，以及自卫队在从事国际维和行动时业务范围和武器使用权限的扩大；后者的实质是"海外派兵永久法"，规定了在"国际共同应对事态"下自卫队可以随时开赴海外并向外军提供合作支援。

据此，今后，理论上日本政府只要找到"合法"理由，就可以在安全政策上有限度地做到以下三点突破：在全球范围内行使集体自卫权，与美国等国并肩作战；随时派兵海外对美国等国提供后勤支援；在国际和平行动中大幅扩大业务范围和武器使用权限。日政府认为，面对新形势，之前其安保法体系存有缝隙，覆盖面和衔接度不够，因此需要改进、完善，以

---

① 有关安保法的内容，请参见日本内阁官房「平和安全法制等の整備について」，2015 年 5 月 14 日，http://www.cas.go.jp/jp/gaiyou/jimu/housei_seibi.html。

便在时间（各种安全事态）和空间（本土、周边及地区、国际）两个维度上，为无缝应对各种安全问题提供法律依据。实际上，这主要是一种主观借口，安倍内阁的目的是通过以上三点突破，推动全面实施"积极和平主义"，达到推动日本"正常国家化"、自卫队"走出去"介入国际安全事务、强化日美同盟、防华与制华的多重目的。

在此背景下，2015 年日本对华战略的一个显著特征，是紧随美国"亚太再平衡"下的具体行动，在军事领域和安全领域不再停留于规划和愿景，而是作为切切实实的"行动派"，以国内体制及法制的解禁为政策突破口和发力点，背靠日美同盟、强化多边联合，采取了越来越多的针对中国的军事和安全举措。

（一）新安保法对东亚总体影响

安倍政权推动通过新安保法，使日本安全防卫政策经历战后最大蜕变，这将给东亚安全环境带来一定变数和不安。其中，两个总体影响需引起关注。

首先，东亚将面对一个军事崛起的日本，面临谋求更大地区安全角色、推动对外军事干预的日本，东亚原有的战略格局及军事平衡受到一定挑战。新安保法通过，使日本在摆脱战后体制方面迈出大步、攀上新阶，日本"国防正常化"与军事大国化更将借此提速升级。同时，借助新法成立，日本为防卫政策升级、自卫队性质及角色转型留出了空间。自卫队将进一步摆脱自卫范畴，成为与美军绑定的对外攻击性力量，亚太军力格局及我国安全环境变数增多。美国"亚太再平衡"战略加大对日本军事扶持力度，逐步解禁自卫队进攻战力，还有意将西太平洋一线的守备监控任务部分移交日本；而日本借机在日美同盟框架内加速军事崛起、迈向有限军事大国目标。

其次，中日安全关系受到影响，加重东亚结构性的安全问题。在新安保法制定过程中，安倍视中国为主要对手与威胁源，各种施策以此展开。新安保法为新版《日美防卫合作指针》背书，日本还以行使"集体自卫权"

等举措强化日美同盟，美国"亚太再平衡"战略意图借日制华，两者相互配套，规定日美从平时到战时无缝对接、联合制华的系统措施。日美以此为契机，加速推动军事一体化的升级。日美在对华战略上的"共振合拍"，对中国安全环境造成困扰甚至威胁，东亚安全形势发生震荡的可能性增加。

（二）对中国周边安全的影响

总体上，这将给中日关系及中国安全环境带来不安因素。据日媒报道，针对安保法的目的，安倍曾表示"制定安保法案是冲着中国——要行使集体自卫权和美国一道敲打南海上的中国"，① 如此惊人言论显示该法与中国的直接关联。其中，就其对中国的直接影响而言，以下三个方面尤其需要引起关注和重视。

1. 总体上使中国安全环境恶化、面临威胁增大

首先，新安保法通过，使日本在摆脱战后体制方面迈出重大一步，上了一个重要台阶，日本的"国防正常化"与军事大国化更将借此提速升级。其次，新安保法为新版《日美防卫合作指针》背书，两者相互配套，从平时到战时无缝对接，便利了美国"亚太再平衡"战略的有效推进，增大了中国在周边地区面临的战略压力。

2. 加剧在东海及第一岛链形成冲突带和易爆点

新安保法助推日本以独自或日美联合的形式，无缝应对所谓"西南威胁"。特别是，新法使自卫队平时就能通过行使集体自卫权，与美军在相互守护中共同开展巡逻监视活动。日本现在的构想是，通过行使集体自卫权，夯实日美防卫合作，使日本的"统合机动防卫力量构想"和美国"亚太再平衡"的"空海一体战"平战衔接、联成一体，以便对华构筑无缝应对态势。日本意图达到两个主要目标。①依靠自身力量完成包括"涉钓"在内的岛屿防卫无缝态势。②使自卫队充分发挥侦察、反潜、海上防空、反导等作用，开展日美两军不间断的情报信息链接，将日美两军打造

---

① 《环球时报》2015 年 6 月 29 日报道。

成一个随时联动的整体来对付中国。这将成为中国周边冲突的易燃易爆点。

3. 助推日本介入地区事务，干扰中国周边安全及"一带一路"的实施

新安保法通过后，从理论上讲，日本已可以凭借行使集体自卫权以及提供后勤支援等名义，介入地区安全事务，援助中国的对立面，从而给中国周边安全环境造成干扰和损害。事实上，近年日本战略自主性增强，军事姿态日益进取，除强化美日同盟外，还以南海为中心、印太为外缘，同时加强与东盟各国及与澳大利亚、印度的军事联系与合作。尤其是当前，日本已彰显搅局南海、牵制中国的意图。日本采取"东守南攻"策略，即在钓鱼岛及东海当面维持坚守周旋的态势，但在南海，利用形势的变化，使用背靠美国、脚踩多边的方式，对华采取了一定的攻势政策。美日将南海作为牵制中国的重心和主要抓手，在南海问题上的角色扮演越来越趋于积极，挑衅动作加码。

同时，还要看到，日本安保法以及《日美防卫合作指针》的重点经营区域，从东海经南海到印度洋、中东地区，都与"一路"地带高度重合。这一区域，又是西方地缘战略学说中的重要地缘政治地带。这一地带也事关日本海上交通线安全，日对其加以重点经营，当是不可避免的趋势。当前，领土海洋权益争端仍是中国周边安全环境中的最大挑战，在日（美）挑唆和炒作下，中国与周边国家的领土及海洋权益争端持续发酵，东南部周边以及"一路"地带面临不稳形势和安全压力。

三 结语：一些应对思考

在总体布局上，中国应加速推动国际政经秩序向更公正合理的方向发展。近年，中国也在积极应对美日推动 TPP、塑造南海秩序等举措可能产生的不利影响，例如，稳步推动区域全面经济伙伴关系谈判和亚太自贸区建设，签署中韩、中澳自由贸易协定，设立亚投行和金砖银行等。在此布局优化的基础上，为应对日本围绕秩序构建、利益争夺、安全防范上的对华

政策行为，应注意以下几点综合配套的政策措施。

（一）构建中外新型大国关系，重点投入"前沿国家"

中美、中俄、中欧关系是中国外交大局。并非一切都为了处理对日关系，但客观上有了较为稳定的大国关系，中国在对日关系上才能有经略空间和战略依托。同时，安倍在其对华战略中，将澳大利亚、印度和东南亚等的分量看得很重，同时也极力拉拢俄、韩两国。而日、朝、俄在外交上皆面临一定孤立，需要相互借助打开外交局面。中国应密切跟踪相关动向，继续加强对这些涉日重点国家的工作。

（二）继续做好"一带一路"大格局文章，以总体外交平衡抑日反华

"一带一路"的推进将极大地改善中国的外交形象，拓展中国的外交空间，在一定程度上可以消除或减弱周边对中国崛起的疑虑。"一带一路"建设也是中国积极应对美国"亚太再平衡"战略的重要手段。中国应争取将此构想与日本挂上钩，或至少应争取日本不完全站在中国对立面。如果中国政策的实施结果是加速将日本推入美国怀抱，致其全面阻挠中国国家大战略的推进，则未免有些得不偿失。

（三）以东亚及亚太合作"拉日""融日"，为中国对外大战略服务

2015 年，中日韩 FTA、RCEP、FTAAP 皆有好戏登场。借此机会，尽量把日本拉到中国主导的这些地区合作框架和制度中去，而不是任日本被美欧拉到一边。中国应至少让日本脚踏几只船，在东亚陷入深度利益融合，而不是完全站在美国一边对中国实行负向政策。这对塑造对中国有利的国际格局也是有益无害。在东北亚，中国可与日韩俄共同开展图们江开发，将日本拉入东北亚经济合作框架中，弱化其地区安全政策中主要针对中国的一面。

（四）以"稳东保南"思路，妥处"两海""一路"中的涉日因素

围绕两海的涉日博弈与斗争，中国宜以"稳东保南"思路，稳住东海动态平衡形势，着力处理南海涉日因素。

新安保法通过后，日本军事元素"走出去"、介入地区和国际安全事务的步伐加快加大。其中，美国政府一再表示欢迎日本巡逻南海，日本已开始考虑研究可行方案。日本在"以南补东"策略无法使中国在东面方向让步的情况下，可能采取"东守南攻"策略，将"南攻"不仅仅是作为"东守"的辅助项，而是作为对中国崛起进行外围牵制、扰乱"一带一路"构想的战略选项。在不与中国发生正面碰撞和重大冲突的情况下，日本逐步加大资源投入、积极插手南海争端，同时加大对印合作并染指印度洋安全事务，应是一种能够预计到的政策行为。

南海争端的重要性、紧迫性与复杂性，比钓鱼岛争端有过之而无不及。对中国来说，现阶段与日本适当缓和"东面关系"也是宏观需要，在战略上有助于中国推动一系列战略布局。针对日可能采用的"东守南攻"策略，中国宜采取"稳东保南"策略加以应对。东海不像南海，主动权多在中方手中，可以较好地稳定和管控。对日介入南海的动向，中国一要把握、揭露、警告，二要采取加强军事能力、基础建设以及外交折冲等综合手段加以应对。

2015年中俄关系评述

王树春　朱　燕[*]

摘　要： 2015 年中俄两国在双边、地区和国际领域进一步加强了合作与协调，取得了丰硕成果，中俄全面战略协作伙伴关系实现了重大发展和突破。未来，中俄关系总体利好，但在务实合作领域面临挑战，比如资金隐患、政治风险和俄罗斯对中国的疑虑等。

关键词： 中俄关系

2015 年中俄两国在双边、地区和国际领域进一步加强了合作与协调，取得了丰硕成果，中俄全面战略协作伙伴关系实现了重大发展和突破。

一　中俄合作取得新成果

（一）领导层密集互动，政治互信不断提升

2015 年，中国国家主席习近平和俄罗斯总统普京利用双边和多边场合举行了五次会晤，从莫斯科到乌法，再从北京到安塔利亚、巴黎，不断推动着中俄关系向更广、更深发展，使双方互信进一步提高。

5 月 8～10 日，习近平对俄罗斯进行了正式访问。期间，习近平出席了在莫斯科举行的纪念伟大卫国战争七十周年的隆重活动，共同签署并发表《中华人民共和国和俄罗斯联邦关于深化全面战略协作伙伴关系、倡导合作

---

* 王树春，广东外语外贸大学法学院副院长、教授、博士生导师。朱燕，广东外语外贸大学西方语言文化学院俄语语言文学专业俄罗斯国情研究方向 2015 级博士研究生。

共赢的联合声明》和《中华人民共和国与俄罗斯联邦关于丝绸之路经济带建设和欧亚经济联盟建设对接合作的联合声明》，并见证了能源、交通、航天、金融、新闻媒体等领域多项合作文件的签署。

7月8～10日，金砖国家领导人第七次峰会和上海合作组织成员国元首理事会第十五次会晤先后在俄罗斯南部城市乌法举行，习近平出席两大峰会，并会见普京，两大峰会取得圆满成功。9月3日，习近平主席在人民大会堂会见俄罗斯总统普京。两国元首共同见证了外交、基础设施、地方、教育、科技、海关、经济、能源、投资、金融、贸易、电力、交通、网络、汽车等领域近30个合作协议的签署。两国元首还于11月15日在安塔利亚举行的"二十国集团"峰会，以及11月30日在巴黎举行的联合国气候变化大会期间进行了会晤，就共同关心的问题深入交换意见。

12月17日中国国务院总理李克强同俄罗斯总理梅德韦杰夫共同主持中俄总理第二十次定期会晤，共同签署《中俄总理第二十次定期会晤联合公报》，并见证能源、投资、金融、高科技、海关、质检、教育、旅游等领域33项合作文件的签署。在两位总理会晤之前，两国副总理领导的双方"总理定期会晤筹备委员会"和"中俄投资、能源和人文合作委员会"，做了大量准备工作。2015年，两国副总理进行了13次会晤。

5月8日发表的联合声明第一部分指出："中共中央办公厅、中共中央纪委监察部与俄罗斯总统办公厅分别建立了交往合作机制，这是双方高度互信的又一新体现。"5月25日，中国国务委员杨洁篪在莫斯科同俄罗斯联邦安全会议秘书帕特鲁舍夫举行中俄第十一轮战略安全磋商，发表了中俄第十一轮战略安全磋商关于第二次世界大战胜利及联合国成立70周年的联合声明。[1] 6月25日帕特鲁舍夫与中共中央政治局委员、中央政法委书记孟建柱就双方在反恐和执法安全领域进行了磋商。[2] 这些也体现了中俄之间的

---

[1] 《杨洁篪出席中俄第十一轮战略安全磋商》，http：//news. xinhuanet. com/world/2015－05/26/c_127840675. htm。

[2] 《孟建柱出席第六届安全事务高级代表国际会议 并举行中俄执法安全合作机制第二次会议》，http：//news. xinhuanet. com/legal/2015－06/26/c_127951938. htm。

相互信任。

（二）"一带一盟"实现对接，合作格局进一步扩大

2015年，5月8日中俄元首在莫斯科商定将丝绸之路经济带建设和欧亚经济联盟建设两大战略对接；7月习近平主席在乌法会见普京时强调要将上海合作组织作为"一带一盟"对接合作的重要平台；9月，习近平主席在北京会见普京时称，要制定好"一带一盟"建设对接合作的长期规划纲要，落实好合作项目。11月安塔利亚"习普会"上，习近平主席强调要加快落实"一带一盟"的对接合作。从商定对接到制定长期规划纲要，随着两国元首频繁互动，丝绸之路经济带同欧亚经济联盟的对接合作稳步推进。两国战略项目实现对接，是中俄关系站上新的历史起点的一个重要标志，将进一步增加两国发展战略的契合点，把双方的合作空间延伸至欧亚地区，为保持中俄关系高水平发展注入强劲动力，也将带动整个欧亚大陆的合作、发展与繁荣。

5月8日在中俄元首敲定"一带一盟"对接的同时，商定启动中国与欧亚经济联盟的经贸合作伙伴关系协定谈判。商务部部长高虎城表示，这是具有远见卓识的重大战略决定，掀开了中国与欧亚经济联盟合作的新篇章。

（三）务实合作持续推进，呈现新的亮点和增长点

2015年，中俄双边经贸额为660亿美元，[①] 与上一年相比下降了30%，金额的降低与全球经济放缓、俄罗斯经济下滑和石油价格暴跌有关。其实，双边贸易数量并没有减少。相反，俄许多商品的实际供货量在增长。2015年上半年，中国自俄罗斯进口的机器技术产品增长33%，原油增长27%。石油产品进口增长20%，经过加工的木材进口增长9%，海产品进口增长

[①] 数字源于中国海关信息网（http：//www. haiguan. info/OnLineSearch/TradeStat/StatComSub. aspx? TID=1）。

7%，创新产品进口增长 5%，纤维素进口增长 4%，金属制品进口增长 3%。①

此外，2015 年中俄在一系列重点领域和重点项目合作上取得突破，带动了相互投资，活跃了金融合作。

1. 基础设施领域合作

5 月，中俄两国签署莫斯科—喀山高铁合作形式和融资模式备忘录，中方表示将向该高铁项目投资约 70 亿美元。6 月，中铁二院与俄罗斯企业组成的联合体，就中标的莫斯科—喀山高铁项目的勘察设计部分与俄罗斯铁路公司正式签约，金额约 24 亿元人民币。该事件标志着中俄高铁合作项目向前迈出了实质性一步，实现了中国高铁技术"走出去"的新突破。莫斯科—喀山高铁项目背后是中俄打造欧亚高速运输走廊的共同愿景，正如俄罗斯科学院远东所副所长奥斯特洛夫斯基所言，莫斯科至喀山高铁项目将成为"丝绸之路经济带"上的重要一环。以高铁为标志，中俄启动一批战略性合作项目，相互借力给力，从而实现互利共赢。9 月，中俄签署了《关于在中俄边境黑河市（中国）与布拉戈维申斯克市（俄罗斯）之间建设、使用、管理和维护跨黑龙江（阿穆尔河）跨境索道的协定》《中俄关于修订 1995 年 6 月 26 日签署的〈中俄关于共同建设黑河—布拉戈维申斯克黑龙江（阿穆尔河）大桥的协定〉的议定书》。

2. 能源领域合作

6 月，中俄东线天然气管道中国境内段破土动工，从"世纪合同"迈向真正的"世纪项目"，中俄围绕石油、天然气等能源领域的合作正不断深入。9 月俄罗斯石油公司与中石化签署共同开发位于俄联邦北部亚马尔—涅涅茨自治区和克拉斯诺亚尔斯克两大油气田的框架协议。根据协议，中石化拥有俄罗斯石油公司所属东西伯利亚油气公司和秋明油气公司 49% 的股份。这两家公司分别拥有鲁斯科耶油气田和尤鲁勃切诺—托霍姆油气田的

---

① 《中国商务部：尽管双边贸易整体下滑但对俄商品需求不断增加》，http://sputniknews.cn/china/20150821/1015979773.html。

开发许可证。2015 年 12 月，中俄签署了亚马尔液化天然气项目协议，中国丝路基金从俄罗斯诺瓦泰克公司手中购得亚马尔液化天然气项目 9.9% 的股份，加上此前中石油获得的 20% 股份，中国共持有该项目 29.9% 的股份。

3. 航空卫星领域

中国北斗卫星导航系统和俄罗斯格洛纳斯卫星导航系统开展合作，致力打造中俄卫星导航系统"梦之队"。双方加快了联合研制远程宽体客机项目进程，有望打破西方长期以来在大飞机制造领域的垄断局面。

4. 金融合作领域

3 月 17 日，莫斯科交易所根据市场需求启动了人民币与卢布的期货交易。3 月 28 日，俄罗斯以第三大股东身份加入中国倡导设立的亚投行，为双方在亚太地区的投融资合作开辟了新平台。5 月，俄联邦储蓄银行与中国国家开发银行签署总值 60 亿元人民币的信用额度协议。5 月习普会谈后普京表示："（俄中双方）将加强金融合作，更多地用卢布和人民币进行结算。"他说，"仅今年头两个月两国双边合同本币结算额就超过了 7%"。9 月普京访华期间，俄外贸银行与中国国家开发银行签署 120 亿元人民币的贸易融资协议等。10 月，两国央行签署合作谅解备忘录。

5. 地区合作

中国长江中上游地区和俄罗斯伏尔加河沿岸联邦区合作取得积极进展。启动了中国东北地区和俄罗斯远东地区地方合作理事会的工作，双方将充分发挥该机制的作用，积极推动地区合作，提高合作质量和实际效益。借俄罗斯政策向东方倾斜之机，中国对俄东部投资方兴未艾。6 月，俄罗斯外贝加尔边疆区政府与中国浙江华俄兴邦投资有限公司签署了关于租赁 11.5 万公顷荒地的意向协议，租赁期限为 49 年，租赁总额 240 亿卢布。

（四）中俄军事合作迈上新台阶

11 月，俄罗斯和中国结束多年谈判，签署了供应 24 架多功能战机苏-35 的军机合同，交易额达 20 亿美元。此外，中国还成为首个签署合同采购俄罗斯最新型 S-400 防空导弹系统的境外买家。中俄在尖端军事武器上达成的订单凸显两国两军高度的战略互信水平，提升了中俄全面战略协作伙伴关系。

中俄"海上联合—2015"军演分两阶段举行。5月11~21日，"海上联合—2015（Ⅰ）"中俄海上联合演习在地中海海域举行，以维护远海航行安全为演习主题；8月23~28日，"海上联合—2015（Ⅱ）"在彼得大帝湾海域、克列尔卡角沿岸地区和日本海海空域进行，以"联合保交和联合登陆行动"为主题。2015年度的"海上联合"演习在时空和融合度上都有所突破，彰显了中俄两国两军战略互信的高水平，有助于深化两军务实友好合作。如今的中俄军事合作走出过去中方高度依赖俄方的状态，进入中俄相互补充、相互依赖的局面，未来中国在关键技术上将实现独立，中俄将以1+1大于2的形式共同应对西方的战略挤压。

（五）中俄人文交流喜结硕果

2014—2015年中俄两国共同举办"中俄青年友好交流年"。期间，双方共举办了600多场活动，内容涉及教育、文化、科技、新闻出版和广电等多个领域，形式包括各类比赛、青年交流、研讨会、学生互换、艺术节、电影周等，两国参与青年友好交流年活动的人次达数亿。这些活动进一步增进了两国人民相互了解和友谊，全面促进了两国各领域合作深入交流，为中俄关系发展注入了持久动力。2016~2017年两年，双方将开启"媒体交流年"，充分体现了两国领导人对双边关系顶层设计的战略远见。2015年中国稳居俄罗斯入境游第一大客源国，赴俄中国游客人数连续3年呈增长趋势。据俄罗斯"世界无国界"旅游协会统计，2015年，以旅游为目的到访俄罗斯的中国公民达到67万人，比上一年同期增长63%，其中通过团体免签渠道进入俄罗斯的中国游客增长70%~80%。①

---

① Туристы из Китая оставили в Москве от 800 тыс до 1 млрд долларов США, 04.02.2016, http://www.tury.ru/digest.php? id=68585.

（六）多边合作不断深化

作为"上海合作组织"和"金砖国家"的创始国，中俄深化彼此及同相关国家在两大多边机制中的合作，对维护地区稳定和促进跨国合作、构建以合作共赢为核心的新型国际关系具有示范和引领作用。

金砖国家领导人乌法峰会上，与会各方发表了此前外界广泛关注的《乌法宣言》。该宣言强调，金砖国家未来将提高自身在国际事务中的作用。在当天的会议上，各方通过了《乌法宣言》及其行动计划、《金砖国家经济伙伴战略》等纲领性文件，为金砖国家中长期合作指明了方向。其中，《金砖国家经济伙伴战略》旨在增强金砖国家在国际市场上的竞争力，不断巩固五国在能源、高科技、农业、科学与教育方面的密切联系，并对金砖国家未来五年经贸合作进行了规划，是金砖国家经贸关系的又一次飞跃。金砖国家决定启动金砖国家新开发银行和金砖外汇储备池，这将简化金砖国家间的相互结算与贷款业务，促进成员国的合作，并提高组织在世界经济中的地位。

上海合作组织成员国元首乌法峰会通过了《上海合作组织至2025年发展战略》《上海合作组织成员国打击恐怖主义、分裂主义和极端主义2016至2018年合作纲要》，签署了《上海合作组织成员国边防合作协定》，批准启动《反极端主义公约》制定工作，发表了《关于应对毒品威胁问题的声明》和《关于第二次世界大战反法西斯胜利70周年的声明》，对组织深化安全合作应对新的安全挑战具有重要意义。会议决定启动接收印度和巴基斯坦加入上海合作组织程序，白俄罗斯升级为观察员国，阿塞拜疆、亚美尼亚、尼泊尔和柬埔寨成为对话伙伴国，标志着上合组织扩员迈出实质性步伐，将有效提高其应对"三股势力"和贩毒等威胁的能力，还有助于深化上合组织在经济、能源、科技和文化等领域的务实合作，给上合发展注入新动力。在经济合作方面，峰会决定启动商谈未来5年经贸、能源、高科技、通关便利化等领域项目和合作措施清单；启动贸易投资便利化制度安排；加强投融资平台建设，推动成立上合组织发展基金（专门账户）和开发银行。这给长期低位徘徊的上合组织经济建设带来希望。

乌法峰会期间，金砖国家领导人与上合组织成员国、观察员国，欧亚经济联盟及有关受邀国领导人举行了对话会，推动上述 3 个组织之间加强政治、经贸、人文等领域的交流，相互促进、形成合力，共同提升在国际和地区事务中的影响力。习近平在峰会期间会见普京时，强调了上合组织作为丝绸之路经济带和欧亚经济联盟对接的平台作用，为上合组织的发展注入新的动力和活力，未来丝绸之路经济带、欧亚经济联盟和上海合作组织三者将作为"三位一体"共同发展、相互促进。此外，中国国家主席习近平还同俄罗斯总统普京、蒙古国总统额勒贝格道尔吉举行了中俄蒙元首第二次会晤，批准了《中俄蒙发展三方合作中期路线图》。

12 月 14~15 日，上海合作组织成员国政府首脑（总理）理事会第十四次会议在河南郑州举行。与会成员国领导人共同签署了联合公报，见证了海关合作等文件签署，还发表了关于区域经济合作的声明，重申各方积极支持实施丝绸之路经济带等区域合作倡议，推进丝绸之路经济带建设与各国发展战略以及欧亚经济联盟等本地区一体化机制对接，以贸易便利化、产能合作、基础设施建设、金融等领域合作为优先重点，推进区域合作迈向更深层次，并积极吸引观察员、对话伙伴参与。李克强总理在发言中建议上合组织重点围绕安全、产能、金融、贸易、互联互通、社会民生等六大合作平台推进合作。根据俄新社消息，李克强总理在上合组织扩大会议上说："刚才在小范围会议上我们责成部长们制定建立上合组织自贸区的具体措施，以便为上合框架下的经贸发展创造良好的条件。"李克强总理提出在 2020 年前建成上合组织自贸区。[①] 沉寂多年的上合组织自贸区再次被提出并得到认可，为实现上合组织的区域发展目标带来了希望。

此外，两国还进一步深化在中俄印外长会晤机制和二十国集团框架下的合作。

2 月 2 日，中俄印外长第十三次会晤在北京举行。外长们就扩大三国的

---

① Китай предложил создать зону свободной торговли в странах ШОС, 15. 12. 2015, http：//www. rg. ru/2015/12/15/shos - site - anons. html.

务实合作、增进新兴市场国家间的协调合作、推动构建新型国际关系和解决国际热点问题达成共识，签署《中华人民共和国、俄罗斯联邦和印度共和国外交部部长第十三次会晤联合公报》。外长们还决定建立中俄印亚太事务磋商机制，并尽快举行首轮磋商。三国合作对维护国际和地区和平与稳定、推动全球经济增长与繁荣将发挥积极作用。

习近平和普京在安塔利亚的会见说明，中俄在二十国集团框架内也将保持积极、建设性的合作。《中俄关于深化全面战略协作伙伴关系、倡导合作共赢的联合声明》指出，"双方将在二十国集团（G20）框架下加强协调，共同推动G20在促进世界经济增长、维护国际金融稳定、完善全球经济治理、建设开放型世界经济等方面发挥更重要的作用"，俄元首、总理和外长皆明确表示支持中方作为二十国集团下一任主席国为国际经济金融合作发挥更大作用。

（七）中俄国际协作迈上新台阶

习近平主席2015年5月赴俄，同普京就朝鲜半岛局势、伊朗核问题等国际和地区问题交换了意见，并一致同意继续就有关问题保持密切沟通和协调。7月，习近平主席在乌法又与普京就共同关心的国际和地区问题交换了意见。乌法会晤后不到一周，伊朗核问题六国（美、英、法、俄、中、德）与伊朗达成历史性的全面解决伊朗核问题的协议。伊核协议的达成与中俄的密切配合和共同努力密不可分。2015年中俄两国在叙利亚危机、朝鲜半岛等重大国际问题上相互呼应了对方的政策立场。5月9日，俄罗斯纪念卫国战争胜利70周年阅兵式在莫斯科红场举行，中国国家主席习近平应邀观礼，中国人民解放军三军仪仗队亮相红场。9月3日，中国人民抗日战争胜利70周年阅兵式在北京隆重举行，俄罗斯总统普京应邀出席观摩活动，俄罗斯军队也派员参加阅兵式。两国元首互相以头号贵宾的身份参加对方举办的纪念活动不仅彰显中俄战略协作的高水平和特殊性，而且表明两国坚决捍卫二战胜利成果和国际公平正义，维护世界和平稳定的决心，进一步密切了两国在国际上的协调配合。

二　中俄关系中的风险因素

未来，中俄关系的发展基于稳定的相互战略需求，双方对双边关系恶化的严重后果具有清醒认识，加上边界问题已获得妥善解决，双边关系不存在根本障碍，因而两国关系将继续保持稳定发展，尤其是政治关系将保持高位运行。中俄产业互补性强，合作需求大，双边的务实合作前景广阔。2015 年双边合作在国际压力下推进，并挖掘出更大的合作空间清楚地说明了这一点。与此同时，我们不得不承认，目前双边务实合作尚存在令人担忧的一面。

首先是资金风险。由于欧美制裁和油价走低，俄财政面临很大压力。俄财政 2016 预算是以石油价格每桶 50 美元计算，当前石油价格在 30 美元左右徘徊，俄不得不削减财政预算，其中包括取消部分基础设施建设。这种情况下，中俄的大型合作项目可能因为俄方资金短缺而出现拖延或搁浅。如本应成为中俄友谊象征的黑龙江大桥在中方段钢架落成后，俄方因融资和规划问题而毫无动静。同时，为资金压力影响，俄方的优先项目会发生变化，甚至某些项目出现变卦的可能性。如受能源价格干扰和造价成本的影响，俄推迟中俄东线输气管建设，欲先建设耗资较小的西线项目。至于近期俄是否继续对造价高昂的莫斯科—喀山高铁项目保持兴趣，也令人有所担心。如高等经济学院欧洲和国际研究中心主任，"瓦尔代"俱乐部欧亚计划负责人季莫菲·博尔达乔夫就认为莫斯科—喀山高铁的经济效益低，还导致负债累累，俄罗斯不需要此高铁，应该把它的资金和技术用于西伯利亚和远东，以促进这些地区内部联系，并把市场向南推进。①

另外，受卢布贬值和居民购买力下降的影响，俄罗斯进口贸易公司的效益受到沉重打击，很多公司出现财务危机，有些面临倒闭，中国的对俄出口企业也随之深受其害。后者得到的订单数量将减少，出口价格也受到

---

① Тимофей Бордачёв: Не упустить "момент Евразии", Россия в глобальной политике, № 5, Том 13, 2015, C. 194-205.

影响．更大的问题是货款没有保障。2008 年金融危机期间中国对俄出口企业遭受坏账的例子屡见不鲜，这方面的风险值得警惕。

其次是政治风险。2015 年中俄合作取得重大项目的突破，成绩可喜，但大工程通常也孕育着高风险，跨国投资的最大风险往往是政治风险，与俄罗斯这一对国家资源的战略控制意图很强的国家进行经济合作，政治风险不容低估。斯拉夫石油股权拍卖案和中俄石油管道改线风波都是前车之鉴。当然我们也有正面的例子可供借鉴，如莫斯科至喀山段高铁项目采用俄中财团的形式来进行合作，与俄方形成责任、利益、命运共同体，既避免了中方在俄罗斯的孤军奋战，又纾解了俄罗斯对中国的忌惮，减少了俄方进行政治干预的可能性。此外，俄反对党有可能对中俄合作的敏感问题借题发挥，煽风点火；对中俄走近不满的西方也可能从中作梗，使某些合作项目节外生枝，甚至出现搁置，这些值得引起合作双方的警惕。

最后是"中国威胁论"在俄罗斯仍有一定市场。受发展经济之驱动和西方制裁、油价暴跌之困苦，俄亟须招商引资，为此俄中央政府出台多项政策吸引国外投资，俄地方政府大批来华推介。然而，民众尤其是远东和西伯利亚居民，却迷失于"中国威胁论"，对来自中国的投资甚为担忧，给中俄务实合作蒙上阴影。这一点在俄罗斯就外贝加尔边疆区向中国出租土地展开的讨论和民调中表现得淋漓尽致。2015 年 6 月 8 日，俄罗斯外贝加尔边疆区政府与中国公司签署了关于租赁荒地的意向协议。虽然这仅仅是一个不具法律效力的意向协议，但消息一经公布便在俄罗斯引起广泛而持久的社会反响，其中批判者居多，[①] 甚至出现了针对此事的集会抗议（2015

---

① 俄民众对此事的关注持续发酵，俄多家媒体进行了大量的跟踪报道，这里列举几个供参考：Алексей Тарасов：Китай прирастает Сибирью，22. 06. 2015，http：//www. novayagazeta. ru/politics/68900. html；ЛДПР намерена просить премьер - министра о приостановке передачи земли в Забайкалье китайцам，22. 06. 2015，http：//tass. ru/politika/2060876；СМИ：передача земли в Забайкалье в аренду Китаю не согласована с Минсельхозом，24. 06. 2015，http：//tass. ru/ekonomika/2068624；Депутаты Забайкалья выступили против передачи земель в аренду китайской компании，21. 07. 2015，http：//www. newsru. com/russia/21jul2015/arenda. html.

年 8 月）和联名上书（2015 年 10 月）事件。[①] 依据俄罗斯的民意调查显示，50% 的俄公民相信该协议将使西伯利亚被中国吞并，40% 的人认为该协议"使俄罗斯农用耕地枯竭，并可能带来生态灾难"。[②] 上述情况表明中俄合作的民间基础依然薄弱。尽管外贝加尔边疆区当局对民众的反应有所预计：在公布消息时特别强调，除了中国的一家公司，没有任何其他国家的投资者对那片荒地感兴趣；同时提出引资时对环保要求和中国劳工比例的规定，但是当局还是招到猛烈抨击。俄罗斯国内对此事的热议也引起中国媒体的关注和转引。类似事件不仅会打击当事双方的积极性，也给其他意向合作单位留下心理阴影，不利于中俄双方合作的开展。

以上问题中，资金风险比较现实和急迫，但它持续的时间不会太长，可能对当前的影响较大，将来俄经济好转后则另当别论。政治风险可能长期存在，但其发生的频率不高，不过一旦发生，影响力较大。而"中国威胁论"主要根植于历史因素和俄远东地区的现实条件，一时难以消除。但它对中俄务实合作的影响比较直接、波及面也较为广泛：不仅影响合作者的积极性和合作结果，还可能为政党或者民族主义者所利用，从而影响政府的既定政策。

---

① 详情请参考以下网址：В Чите прошел митинг против аренды земли в Забайкалье китайской компанией，29. 08. 2015，http：//www. novayagazeta. ru/news/1696199. html；Против передачи земли Забайкалья в аренду Китаю выступили более 4200 забайкальцев，13 октября 2015，http：//raznesi. info/blog/post/15097.

② Ксения Мельникова：Беспокойное соседство——Какие сложности существуют в российско - китайских отношениях，https：//lenta. ru/articles/2015/07/16/relations/，16 июля 2015.

东南亚：在大国博弈中探寻平衡之路[*]

王丽娜　翟　崑等[**]

摘　要：在东南亚地区，中、美、日等大国从本国利益出发，在政治、经济、军事以及双多边等领域展开博弈。东南亚国家则在大国之间巧妙维系平衡，努力发挥自身的主动性和影响力，借力大国博弈实现本国和地区经济安全的发展，保障本地区的相对稳定与繁荣。在处理与东南亚关系的过程中，中国外交宜顺势而为，根据亚太形势的新发展，在各国博弈的动态过程中实现与东盟关系的良性发展。

关键词：东南亚　周边外交　大国平衡

"博弈"是指各参与方在一定游戏规则约束下，基于一个可以直接相互作用的环境，选择各自策略（行动）以实现利益最大化和风险最小化的过程。大国博弈是指特定国际环境中相关大国在遵循一定国际行为规范的条件下实现利益最大化和风险最小化的过程或策略。"平衡"，指共同作用于同一物体的两端力量相当，互相抵消，使物体保持相对平稳状态。本文的大国平衡是指小国通过引入一个或一个以上大国进入该地区或该国，与现存大国实现势力均衡，从而维护本国或本地区自主性和独立性的策略。在东南亚地区，中、美、日等大国从本国利益出发，分别在东南亚各国的政治、经济、军事以及双多边等领域展开博弈，力图赢取相对优势，塑造地

---

　* 本文为北京大学国际关系学院翟崑教授负责的"东南亚战略形势分析"课题组的年度成果，课题组成员包括北京大学国际关系学院博士生王丽娜，北京大学国际关系学院博士后李忠林，北京大学国际关系学院博士后刘静烨，广西大学中国东盟研究院谷名飞博士。主笔王丽娜，由中国东盟博览杂志社蓝海智库执行主任褚浩统稿。

** 王丽娜，北京大学国际关系学院博士生；翟崑，北京大学国际关系学院教授。

区格局。东南亚国家则在大国之间巧妙平衡，借美日制衡中国，借中国平衡美日，借力于大国博弈实现本国和地区经济安全的发展，保障本地区的相对稳定与繁荣。

一　政治社会领域：主动塑造，被动改造

随着中国的崛起，在周边地区尤其是东南亚的影响力提升，美欧等大国对东南亚的战略关注和投入力度不断增强，战略博弈趋于激烈。2015 年，美欧等大国试图"解构"与华交好国家政权，借大选"建构"利己政治发展态势，介入东南亚国家政治、社会和民主秩序"重构"进程，对东南亚国家政治和社会工作力度不断加大。

（一）美欧加强对马、柬等与华交好国家政权的"解构"

中共十八大以来，中国明确表示把东南亚作为周边外交的优先方向，提出与东盟携手建设命运共同体，并将东南亚作为"一带一路"倡议的重点地区。中国新的周边外交和东南亚政策引发美欧等国的焦虑和担忧。2015 年，美欧等国有针对性地加强了对与华关系较好的马来西亚和柬埔寨的影响和介入。中马是全面战略伙伴关系，双方在经贸、金融和产业合作方面卓有成效。7 月，《纽约时报》报道称，马来西亚总理纳吉布涉嫌贪腐数亿美元。《华尔街日报》随后披露相关细节，指纳吉布通过其 2009 年亲自设立的"一马发展有限公司"（1 Malaysia Development Bhd.）把近 7 亿美元转入个人账户。此一报道引发轩然大波，部分西方国家、马来西亚政治反对派和民众对此高度关注。马来西亚前总理马哈蒂尔等抓住不放，在国内组织大规模游行示威活动向纳吉布施压。9 月，美国直接插手"一马发展有限公司"事件，媒体称律政部下属的调查国际贪污行为部门对纳吉布和其继子阿齐兹（Riza Aziz）、好友霍华德（Low Taek Jho）涉嫌通过开设空壳公司购买美国房地产及"汇入纳吉布个人银行账户的近 7 亿美元资金"问题开展调查。在此影响下，至少六个国家对"一马发展有限公司"展开调查，

纳吉布面临一系列指控，包括其资金被用于政治用途以及被个人侵吞等。纳吉布虽通过澄清事实、抓捕散布谣言分子等措施来稳定政局，但仍有部分执政党的昔日盟友以及反对党政治人士公开呼吁他下台。

柬埔寨是中国在东南亚的重要全面战略合作伙伴，双方在国际和地区问题上合作密切。2012年柬埔寨担任轮值主席国期间，东盟因南海问题分歧未能在东盟外长会议上发表联合公报。近年来，美国加大对柬埔寨政治反对党的支持。2015年8月，柬埔寨救国党副主席公开声称，该党"有一个民主大国支持，协助该党在2018年大选中获胜并领导国家"，意指该党获取美国帮助。2015年年底，在反对党救国党主席桑兰西因故被驱逐出国后，美国国会16名议员联合致电柬埔寨首相洪森，要求其立即停止对反对党的"骚扰和迫害"，称"十分担忧柬民主问题"。欧洲议会决定，如果执政党人民党不撤销对桑兰西的通缉与指控，并恢复其国会议员的资格，欧洲议会将中断对柬4亿多美元的援助。

（二）美欧等大国借缅甸大选之机"建构"利己政治生态

舆论普遍认为，2015年11月8日的大选是缅甸25年来"最为自由和广泛的选举"，它不仅选出新一届政府，更是该国未来政治走向的风向标。有专家提出，大选是决定美缅关系发展趋势和奥巴马执政遗产的关键因素。奥巴马任内已访缅两次，在白宫接待过缅甸总统吴登盛，并与缅甸反对党全国民主联盟（民盟）领袖昂山素季多次会面。与缅甸重新接触是奥巴马政府"标志性"的外交成果之一，堪与恢复同古巴的外交关系、达成伊朗核协议相提并论。奥巴马政府对大选高度关注，政经并举，软硬兼施，急欲赢得在缅政治博弈先手，增大在未来缅甸政局中的话语权和影响力。选前，据美国战略与国际问题研究中心（the Centre for Strategic and International Studies，CSIS）研究报告披露，美国通过国家民主基金会和国际共和研究院等非政府机构，为缅甸各党派提供选举支持，包括强化政党组织能力，培训当地选举监督员，在制定选举法规方面提供"技术支持"等。负责东亚与太平洋事务的美国助理国务卿拉塞尔称，缅甸军方占有大量国会席位、宪法限制政治参与、歧视少数民族或宗教组织，及持续数十年的民族武装冲突，是缅甸"民主改革进程中的结构性和系统性障碍"。因此，美方提供 1800 万美元用于增强缅甸民主机构的能力，支持公民社会、政党和媒体，并帮助政府开展选举。美国、澳大利亚、丹麦、欧盟、挪威、瑞士、英国七方驻缅大使馆联合发布新闻公报称，愿为大选"提供任何帮助，它不是针对某政党或某个人，而是为了使民主道路进一步向前迈进"。为进一步向缅甸政府及军方施压，10 月 18～20 日，奥巴马派其亲信、负责战略通信事务的国家安全事务副助理本·罗兹访缅，与缅甸总统吴登盛、昂山素季及军方人士会面。罗兹称，如出现不尊重选举结果的情况，将"是明显的倒退"，美国将不得不评估对缅政策；如果缅甸选举顺利进行、结果得到尊重，并能够达成共识组建新一届政府，美国将继续当前与缅甸深化接触的政策，包括重新评估美国对缅甸的制裁及扩大对缅甸的投资等。选后，美国政要密集地对缅甸大选结果发声，在祝贺选举和平举行的同时，亦敦促军方领导人遵守尊重选举结果的承诺。11 月 9 日，国务卿约翰·克里表示，选举将可能会使缅甸进一步迈向和平、繁荣与民主，但"距离完美仍有很长一段距离，美方会持续关注投票进展"，"缅甸在实现完全民主和民选政府的过程中，仍存在结构性和系统性的阻碍，美国会继续支持缅甸民众追求民主、发展与民族和解"。拉塞尔强调，"未来数周将是一个微妙和重要的时期"，呼吁缅甸政治领导人共同合作，确保组建新政府的过程和平有序。他还表示，美国及国际社会其他成员将敦促缅甸军方领导人遵守尊重选举结果的承诺。

（三）美积极介入泰国和越南政治、社会和民主秩序"重构"进程

美认为"东南亚在经历了独裁政权接连倒台带来的民主热潮后，现在整个地区的民主在后退"。为此，加大了对东南亚地区民主进程和秩序的干预。2014 年泰国军政府上台后，美国宣布取消 350 万美元的军事援助和一系列军方高层的双边互访。2015 年 1 月，美国助理国务卿拉塞尔访泰，系军政府上台后访泰的最高级别美国官员。据访前美国国务院发言人

的表态，此访旨在为英拉遭弹劾一案向泰国政府表达对局势的"担忧"。此访期间，拉塞尔不仅与政府官员和民间代表进行了会谈，会见了民主党党魁阿披实，还把前总理英拉请到美国大使馆。拉塞尔公开表示，"访泰之行是想告诉泰国政府，美国不会对问题视而不见"，泰国没有设法尽早解除戒严令，没有尽快举行大选回归民主，"已在国际友人和伙伴中间逐渐失去信誉"。在泰国朱拉隆功大学发表演讲时，拉塞尔称英拉遭弹劾案背后"可能蕴藏着政治动机"，督促泰国尽快回到"美国式的民主路线"上来。

美国还关注并介入越南党和政府换届。2016 年年初越共召开十二大进行换届选举，美国强化对越诱压。一方面，美加大对越高层互访和交流，美国务卿克里、防长卡特等政要访越，同时邀请越共总书记阮富仲等越共高层访美，阮富仲因此成为美越关系正常化以来首位访美的越共总书记。美越还完成 TPP 谈判，进一步深化两国经济利益捆绑。另一方面，美并不掩饰对越"民主""人权"的关切。奥巴马在阮富仲访美期间公开称越南为"一党专制国家"，"人权状况并无明显改善"。美还允许数千名美籍越裔民众在白宫外示威，向阮富仲施压。《纽约时报》称，美应持续对越施压，以军售为筹码迫使越在言论自由、独立工会等方面做出更大让步。

二　经济领域：经贸博弈，积极应对

后金融危机时代，东南亚经济在经历国际市场的强烈冲击之后，于2010 年开始复苏。2015 年东南亚经济保持平稳增长，但整体增速趋缓，发展面临较大内外部风险，与此同时地区经济一体化建设却不断加强。作为东南亚经济发展中最重要的外部力量，中、美、日经济发展状况，以及这些大国在东南亚的博弈，直接影响该地区的经济发展，而东盟亦不断提升自身经济实力，并通过加强双多边经济合作掌握主动权，平衡大国博弈对其经济发展的影响。

（一）中、美、日三国经济发展直接或间接影响东南亚经济发展的外部环境

2015 年，由于大宗商品价格下跌、国内政治不稳、出口贸易受损，东南亚地区经济增速放缓。IMF（International Monetary Fund，国际倾向基金组织）10 月对东盟经济增速的预测比 4 月下调 0.5 个百分点，从 5.1% 下调到 4.6%。[①] 主要原因有以下几点。

一是中国经济发展低于预期给东南亚经济发展带来下行风险。IMF 研究表明，中国经济增速下降 1 个百分点，东南亚地区下降 0.3 个百分点，这种影响未来有加大的趋势。[②] 随着中国与东南亚地区经济联系不断加强，中国经济增速下降通过贸易、投资、金融等渠道影响东南亚地区经济发展。研究表明，中国经济增速放缓导致对东南亚进口需求减弱及对其投资减少。其中，对东南亚国家进口需求影响较大，尤其是马来西亚、新加坡、泰国。

二是美国货币政策调整给东南亚地区经济发展带来一定金融风险。全球发达经济体金融环境仍保持宽松态势，实际利率仍然较低。特别是 2014 年下半年"美元债券利差和长期本币债券收益平均扩大了 50~60 个基点，股票价格下跌，新兴市场经济体的汇率贬值或面临压力"[③]。从长期来看，美国利率上升的预期导致全球金融市场动荡增大，进而加剧东南亚地区资本外流的风险。具体包括，东南亚国家借贷成本增加、货币贬值，尤其在美元升值的条件下，东南亚国家企业面临巨大融资挑战。

三是日本经济复苏仍然乏力，给东南亚经济增长带来下行风险。虽然日本经济第一季度增速稍有回暖，但整体复苏不够强劲，国内消费水平仍然偏低、投资不足、出口贸易乏力。与此同时，日本财政和经济结构改革

---

① "Regional Economic Outlook（Asia and Pacific Department）"（IMF, October 2015），http：//www.imf.org/external/pubs/ft/reo/2015/apd/eng/pdf/areo1015.pdf, p. 12, table1.

② "Regional Economic Outlook（Asia and Pacific Department）"（IMF, October 2015），http：//www.imf.org/external/pubs/ft/reo/2015/apd/eng/pdf/areo1015.pdf, p. 6.

③ 参见 IMF《世界经济展望》，http：//www.imf.org/external/chinese/pubs/ft/weo/2015/02/pdf/textc.pdf, 第 3 页。

进展缓慢、政策存在不确定性，尤其是货币政策及日元长期贬值将对东南亚地区出口导向型经济体带来负面影响。

（二）中美与东南亚国家的经贸关系有新的发展

中美通过自由贸易协定，加强与东南亚国家的经济联系。中国通过中国—东盟自由贸易区升级版，以及参与区域全面经济伙伴关系，深化与东南亚地区经济合作及联系。中国—东盟自由贸易区2002年开始实施"早期收获"，2010年最终建成。为进一步提高地区贸易投资自由化和便利化水平，李克强总理2013年10月在中国—东盟领导人会议上倡议启动中国—东盟自由贸易区升级版的谈判。2014年8月，中国—东盟经贸部长会议正式宣布启动升级谈判。经过四轮谈判，双方于2015年11月22日签署《中华人民共和国与东南亚国家联盟关于修订〈中国—东盟全面经济合作框架协议〉及项下部分协议的议定书》。该议定书是在现有自由贸易区基础上完成的第一个升级协议，涵盖货物贸易、服务贸易、投资、经济技术合作等领域，对原协定进行丰富、完善、补充和提升，体现了双方深化和拓展经贸合作关系的共同愿望和现实需求。

美国在"亚太再平衡"战略下，通过跨太平洋伙伴关系协定参与东亚经济合作，加强在东南亚地区的经济存在。目前东盟有新加坡、马来西亚、越南和文莱四国参与TPP谈判。印度尼西亚、菲律宾和泰国对TPP表现出较大兴趣，美国表示将助其参与到TPP谈判中。10月5日，TPP在美国亚特兰大的谈判中取得实质性突破，12个国家就TPP达成一致。美国通过TPP，从贸易规则上影响亚太地区经济一体化进程。

（三）东盟加强经济一体化建设，加快地区双多边经济合作平衡外部影响

东南亚国家加强地区经济一体化提升应对外部环境变化的能力。2015年年底，东盟经济共同体建成。东盟经济共同体以实现单一市场和生产基地为目的，促进区内货物、服务、投资、人员更加自由地流动。东盟经济

共同体有助于加深地区经济一体化，有利于地区内贸易和投资的增长，并促进地区经济增长和经济体的结构转型。为实现经济共同体的目标，东盟致力于减少地区贸易和非贸易壁垒，加强投资合作。

一是降低关税。2010 年东盟货物贸易协定（ASEAN Trade in Goods Agreement，ATIGA）实施后，所有东盟成员国平均关税 2014 年已降至 0.54%，东盟国家对其最惠国平均关税为 6.9%。2014 年东盟六国零关税产品已达 99.2%，[①] 柬、老、缅、越四国间达 72.6%。按计划，2015 年四国间零关税产品达到 90.8%。[②]

二是削减非关税壁垒。《东盟一体化报告 2015》指出，在 ATIGA 下，成员国努力削减非关税壁垒，如改革 ATIGA 框架下的原产地原则，实施贸易便利化工作项目，发展东盟单一窗口，签署《2012 东盟海关协定》等。

三是完善投资机制建设，促进地区投资一体化。东盟是全球外商直接投资（Foreign Direct Investment，FDI）的主要流入地，2014 年地区内 FDI 已达 17.9%。[③] 面临复杂的外部经济环境，东盟提出 2015 年东盟经济共同体建成后，续推地区经济一体化建设，并在《东盟 2025 愿景：一起奋进》中提出，东盟将加强与全球经济的联系，发挥在全球价值链中的重要作用，优化投资环境，缩小地区内发展差异等措施。

同时，东盟通过"10＋1""10＋3"和"10＋6"等合作渠道，平衡地区大国对其影响。自 2002 年中国—东盟自贸区谈判启动以来，东亚地区形成以东盟为中心，多个"10＋1"自贸区并存的自贸区网络。随着美国推动 TPP 的进程加快，以东盟为中心、面向地区整体的自贸协定 RCEP 也不断推进。截至 2015 年年底，RCEP 已进行九轮谈判，举行三次经贸部长会议，

---

① 东盟六国（ASEAN-6）包括文莱、印度尼西亚、马来西亚、菲律宾、泰国和新加坡。

② 数据来源：ASEAN, "ASEAN Integration Report 2015," http：//www. asean. org/resources/publications/asean－publications/item/asean－integration－report－2015? category_id＝382, p. xvii.

③ 数据来源：ASEAN, "ASEAN Integration Report 2015," http：//www. asean. org/resources/publications/asean－publications/item/asean－integration－report－2015? category_id＝382, p. xx.

在货物贸易、服务贸易、投资、经济技术合作、知识产权等领域取得很大进展。RCEP协定若能达成，将成为以东盟为中心，对TPP形成强大竞争的区域贸易协定。

三 国防建设：多方博弈，借力打力

2015年，中美等大国加强与东南亚国家的防务合作，积极与东南亚国家开展军援、军售、军演等合作。由于东南亚国家综合实力整体较弱，普遍把加强军事能力建设作为维系国家安全的主要手段，因而各国国防预算稳步增长，军购大幅增加。但各国对外来军事势力态度谨慎，力争实现某种程度的大国平衡。

（一）中、美、日、韩等国通过军售扩大地区影响，强化东南亚国家防务能力

中国、美国、俄罗斯、日本、韩国、加拿大等是东盟国家2015年军购的主要对象。俄罗斯在东南亚军售的主要对象是越南。统计显示，越南购买的国防物资90%以上来自俄罗斯。① 越南向俄罗斯订购的6艘基洛级潜艇中的第三和第四艘"海防"号和"岘港"号2015年交货。8月1日，越南海军在金兰湾进行两艘基洛级潜艇的入役仪式，它们年底前已开始在南海巡航。此外，俄罗斯年内还向越南交付10架苏—30MK2战机。菲律宾主要军购伙伴是韩国和美国。8月18日，菲律宾接收8架战斗直升机与2架攻击直升机。11月28日，菲律宾又接收两架韩国造轻型战斗机FA—50。② 这是F—5战机退役十年后，菲空军首次获得超音速战机。菲律宾国防官员表示，因南海局势"紧张"，为加强海上安全能力，总统阿基诺三世已同意

① Aaron Mehta, New US – Vietnam Agreement Shows Growth, Challenges, *Defense News* (June 2, 2015).

② Richard Tomkins, Philippine Air Force receiving South Korean FA – 50 jets, UPI (Nov. 25, 2015).

440 亿比索（约合人民币 59.7 亿元）的军购方案，包括 2 艘护卫舰、8 辆水陆两用装甲车、3 架反潜直升机、2 架远程巡逻机、3 个机载雷达以及军需品和近距离支援机。泰国最大军购项目是潜艇。4 月 23 日，泰国海军司令表示已向政府提交采购潜艇申请，并列入内阁会议日程。7 月初，泰国海军决定采购 3 艘中国潜艇。① 但月中，泰国防长称该计划推迟以进行深入评估。此后，泰国新任海军司令纳·阿里尼特再次确认该计划可能延后或重审。印度尼西亚军购则同时兼顾美俄。7 月 25 日，印度尼西亚空军接收首批 3 架美国洛克希德·马丁公司生产的 F—16C/D 战斗机。2015 年年末，防长批准采购俄制苏—35 战斗机。新加坡则与美国达成协议，由美国洛克希德—马丁公司升级新加坡空军的 F-16 战斗机，合同总额达 9.14 亿美元，预计 2023 年 6 月 30 日前完成。

（二）美日通过提供军援介入地区热点问题

为东南亚国家提供军援是美国日本介入南海问题的主要手段，其中，海上能力建设是重点领域，越、菲是重点对象。日本计划向越南捐赠 3 艘总值 400 万美元的巡逻艇以增强其海上监控能力，一艘已交付，并承诺将向其提供六艘可以改造为海上巡逻船的二手船只，未来将在新造舰船方面加强合作。② 美国对越南军援受武器禁运的限制，越南一再呼吁全面解除对其武器禁运。5 月 31 日，美国承诺向越南提供 1800 万美元帮助其海警购买美制巡逻艇。③ 6 月 1 日，美越签署《国防关系联合愿景声明》，为扩大双边军事合作铺平道路。菲律宾已成为美国在东南亚地区最大的军援受益方，后者也是菲律宾最大的武器装备供应国。8 月 18 日，美国驻菲大使戈德堡表示，美国愿为菲律宾军事现代化提供国防设备，包括在 2016 年第一季度交

---

① "Navy Chooses China's Submarines Worth Bt3.6bn," *The Nation*（July 2, 2015）.
② 《日赠越六船助提升巡逻力量》，《联合早报》2015 年 9 月 17 日。
③ Aaron Mehta, "US Providing Vietnam $18M for Coast Guard Vessels," *Defense News*（June 1, 2015）.

付两架 C-130 运输机,[①] 承诺提供 5000 万美元军援,此后调高至 7900 万美元。[②] 此外,菲律宾以受到中国骚扰为由,多次主动向美寻求军援,包括购买美制装备、要美帮助培训士兵以及提供空中侦察,以便菲向驻南海岛礁军队提供补给和换防。8 月 28 日,菲律宾防长加斯明表示,希望美国为向仁爱礁驻军定期运送补给的菲律宾民用船只提供空中保护。日本计划向菲律宾赠送三架装备侦测雷达的比奇 TC-90 "空中之王" 双发螺旋飞机,助其增强南海巡逻能力。为使日本自卫队的二手飞机等装备能提供给菲律宾,双方 11 月 19 日就签订防卫装备及技术转移协定达成基本协议。[③] 安倍还表示将继续为强化菲律宾海岸警备队提供支持,并表示将积极研究菲方希望日方提供大型巡逻艇的问题。12 月 17 日,日本与印度尼西亚召开首个 "外交防务 2 +2" 会议,印度尼西亚成为第一个与之举行此会的东盟国家。[④] 两国就展开军事合作达成协议,日本将向印度尼西亚提供海洋防卫装备和相关的技术转移。

(三)东南亚国家加强与中、美、日、澳等国军事演习以提升作战能力

东南亚国家与中、美、日、澳之间的联合军演是其增强军事力量的重要手段。其中,菲律宾举行联合军演最多。菲律宾的主要军演伙伴是美、日、澳。4 月 20 ~ 30 日,美菲举行年度 "肩并肩" 联合军演,有 1.1 万人,是两国 15 年来最大规模的联合军演。4 月 6 ~ 30 日,美、澳、菲在菲律宾举行 "肩并肩15" 联合军演。5 月 12 日,日菲在南海争议海域附近举行首次联合海上军事演习。印度尼西亚也较活跃,4 月在距纳土纳群岛 300 海里的巴淡岛与美国海军举行联合军演,这是双方在该海域进行的第二次联合

---

① Rosette Adel, "US Says 2 More C – 130s to Be Delivered in 2016," *The Philippine Star*(August 18, 2015).

② US hikes military aid to PH to $ 79M, *Philippine Daily Inquirer*(November 26th, 2015).

③ 《日菲首脑会谈就防卫装备协定达成基本协议》,观察者网,http://www.guancha.cn/Neighbors/2015_11_20_341940.shtml。

④ 符祝慧:《日本与印尼达成军事合作协议》,《联合早报》2015 年 12 月 18 日。

军演。印度尼西亚海军发言人称，正寻求把印度尼西亚和美国南海联合军演机制化。此次军演动用了侦查和巡逻飞机探测海面舰只和潜艇。8月初，印度尼西亚与美国启动第二十一届海上联合战备和训练演习。作为与地区国家联合军演最为频繁的大国，美国海军和9个南亚、东南亚伙伴国武装力量进行有一系列"战备与训练合作"双边海军演习。"战备与训练合作"新加坡2015年军事演习于7月13～24日举行，并首次动用无人机。8月17～21日，第二十一届美国和马来西亚年度"海上联合战备与训练"在马来西亚举行，参训人员超过1000名。2月9～20日，"金色眼镜蛇"联合军事演习在泰国举行，美、泰、韩等国近两万名官兵参加。

相较于美日澳，中国更多的是开展双边军演。如5月24～25日，中国和新加坡海军联合举行"中新合作—2015"海上演习。9月17～22日，中马举行"和平友谊—2015"联合实兵演习。此次演习是中马首次举行联合实兵演习，也是中国与东南亚国家规模最大的双边联合军演。11月12～30日，中泰空军航空兵在泰国空军基地举行代号"鹰击—2015"的联合训练。"鹰击—2015"是正常年度性训练，中泰两国在军事领域的合作稳步发展。

（四）东南亚国家对域外军事大国态度谨慎，但军事合作关系的深化推动其立场的改变

大国平衡是大部分东南亚国家的对外战略，这一战略在军事安全领域也有鲜明体现。尽管域外大国以各种军事手段对东南亚国家施加影响，但后者尽量避免选边站，坚持长期以来的平衡战略。在重新出租军事基地金兰湾的问题上，美俄均极力拉拢越南，但后者对此讳莫如深，其中包括对中国因素的考量。但随着军事合作关系的深化，部分东南亚国家逐步对外开放本国军事基地。菲律宾正逐步向美日开放军事基地。美国已要求在菲律宾的8个军事基地进行军队、舰船和战机的轮岗驻守，其中有两个基地面向南海。6月5日，菲律宾总统访日期间称，将可能允许日本自卫队的飞机和舰船使用其基地，两国正准备启动谈判，有关协议将允许日本自卫队的飞机和舰船在菲加油、补给等，以便其扩大在南海的活动范围。12

月 7 日，新加坡和美国签署协定加强防务合作，同意让美国 P-8 侦察机短期停驻。[①] 11 月初，马来西亚和中国达成协议，允许中国海军将哥打基纳巴卢港作为"中途停留的地点"。而在此前一个月，美国海军的"拉森"号驱逐舰曾在航行南海期间使用该港。

四 双边外交：维系动态平衡，试图左右逢源

2008 年金融危机后，大国针对中国崛起、东盟一体化、南海问题及缅甸民主化等地区变化调整东南亚战略。美国深化"亚太再平衡"战略，日本展开"价值观外交"，中国力推"一带一路"倡议和"新亚洲安全观"，大国从政治、经济和安全各层面开展东南亚外交，东南亚各国实施大国平衡战略，试图维系动态平衡，左右逢源。2015 年，东南亚国家在响应美日"友好"示意的同时，也欣然接受中国的行善之策，但对于中美两国在南海问题上的直接对抗，除菲律宾、越南外，大多选择模糊态度。

（一）美日强化与菲越双边关系，巩固对华"统一战线"，获积极响应

美国宣布"重返亚太"以来，其东南亚政策成为再平衡战略的重要组成部分。政治安全领域，美国重点加强与传统盟友菲律宾和泰国的双边关系。但鉴于中越关系的特殊性和越南的战略重要性，越南也成为美国在东南亚战略布局中的重要一环。日本的东南亚战略是其"价值观外交"的重要组成部分，积极加强与东盟各国的政治安全联系。日本首相安倍上台后遍访东盟 10 国，宣扬"积极和平主义"。同时，日本积极向印度尼西亚、越南等国提供技术援助，向菲律宾提供军事装备，并且计划与部分东盟国家签订《物品劳务相互提供协定》，实现军事补给相互支持。总体上，美日

---

① 黄顺杰：《允许美军侦察机短期停留我国 新美签协定加强防务合作》，《联合早报》2015 年 12 月 9 日。

通过战略对话、军事演习及军事援助等方式强化与菲越的双边关系，继续突出中国因素，巩固对华"统一战线"，而后者也对此做出积极响应。

一是美菲巩固战略共识、升级军事合作，美越高层频繁互动、政策对话深化。2015 年 1 月 20 日，美菲第五次双边战略对话在马尼拉举行，议题涉及防务安全等内容，美国负责东亚及太平洋事务的助理国务卿拉塞尔称中国"大规模填海造陆引发明显的不安和不稳定"。[①] 两国联合声明重申反对"加剧地区紧张局势的单边措施"。10 月 28 日，美军 1 艘导弹驱逐舰进入中国南海岛礁 12 海里水域，菲律宾军方表示欢迎，并赞扬美国军舰为"稳定因素"。同时，美菲升级军事合作，提升菲律宾作战能力，反制中国。2015 年 4 月 20 日，菲美举行联合军事演习，参加演习人数为 2014 年的两倍，菲方出动 5023 人、15 架飞机，美方出动 6656 人，76 架飞机及 3 艘军舰，参演军种包括陆海空军、海军陆战队以及特种部队。菲律宾还开放 8 个基地供美军使用，其中两个可使美军迅速抵达南沙群岛，其他基地也有利于美国监视并限制中国行动。美越方面，两国领导人互动频繁。2015 年 1 月 25 日美越第七次政治与防务安全磋商在河内举行，讨论两国关系和南海问题。4 月 9 日，越南副防长会见美国海军部长，称海军合作是两国防务合作关系的亮点。6 月 1 日，越南政府总理阮晋勇会见美国防长卡特，卡特表示美越在南海和平及航行安全问题上有相似观点。7 月 6 日，越共总书记阮富仲访美，就共同关心的地区和国际问题交换看法。美越高层交流议题较往年更加多元，合作内容更加广泛。菲越对美国平衡中国影响力的措施和倡议几乎全盘接受，力图借美国弱化中国的地区影响力，在南海争端中争取主动权。

二是日本强化与菲越两国防务合作。2015 年 6 月 4 日，阿基诺三世访日，双方发表联合声明，称日菲战略伙伴关系已进入"新阶段"，两国将加强安保对话，启动日本向菲律宾提供防卫装备和技术转移的协议。日本还打算向菲律宾提供 3 架配有水面和空中监控雷达的 TC－90 飞机，以提高菲

---

① 《菲美举行双边战略对话》，《菲律宾世界日报》2015 年 1 月 21 日。

律宾在南海的空中巡逻能力。日越方面，两国政治安全关系向深层次发展。2015年1月29日，日越在河内举行第三次防务政策对话，双方表示希望继续加强防务合作。5月21日，越南副总理会见安倍，双方一致同意加强高层互访与接触。此外，日本海岸警卫队和越南海军首次在南海举行联合海军演习。安倍政府上台以后，在东南亚地区开展积极的安全防务外交，既是为了扩大其地区影响力，助力日本国家正常化，也是为了抗衡中国的崛起。菲、越两国在平衡中国影响力的问题上与日本存在共识，并试图利用其"慷慨"的军事援助等强化本国国防能力。

三是菲越建立战略伙伴关系。2015年11月亚太经合组织马尼拉峰会期间，越南国家主席张晋创和菲律宾总统阿基诺三世一致同意建立战略伙伴关系。菲律宾外长阿尔韦特·德尔罗萨里奥称，越南是继美日之后，第三个与菲律宾建立战略伙伴关系的国家。在联合声明中，双方同意在政治、经济、国防安全、海洋等七个领域加强合作。尤其在国防安全、司法、执法和海洋合作方面，越菲承诺不允许任何组织或个人利用本国领土进行损害对方国家利益的非法活动，并将海洋合作视为两国关系支柱，通过对话和联合行动来加强双方航行安全管理机构和海上执法机构的务实合作。[1] 越菲历史上分属东、西两大阵营，菲律宾曾作为美国的盟国介入越南战争，两国在南海问题上亦存在争端。但此次菲越搁置历史宿怨以及领土争端建立战略伙伴关系，南海问题是主要驱动因素。

（二）中、美、日积极与东南亚开展经贸合作，影响地区经济秩序走向

近年来，随着东盟经济一体化的发展，中、美、日等大国都希望与东盟经济进行有效对接，推动经贸合作发展，同时参与或主导地区经济格局的塑造。2015年这一趋势有所加快，东南亚国家对于各大国提供的经济福

---

[1] "Viet Nam, Philippines issue joint statement on strategic partnership," *Viet Nam News*（Nov. 19, 2015），http：//vietnamnews. vn/politics – laws/278770/viet – nam – philippines – issue – joint – statement – on – strategic – partnership. html.

利基本上照单全收，双边经济合作进一步深化。此外，安全和经济合作两轨并行，东南亚国家对华经济合作并未受到与美日防务合作的较大影响。该特点具体体现在以下几个方面。

一是中国在东南亚地区加大"行善"力度，深化"行善"层次，地方层级合作亮点突出。2008年金融危机后，中国成为拉动周边增长的重要力量，并在资本和技术等领域为东南亚地区经济发展提供源源不断的动力。2015年，中国前三季度对"一带一路"沿线国家的直接投资总额同比增长66%，主要流向东南亚国家。技术领域的合作升级以中泰铁路及印度尼西亚雅万高铁项目为重要标志。此外，中国与东南亚国家的双边经济合作更加具体务实，自下而上推动的趋势明显增强。表现为广西、云南等省份与东南亚各地区的经济合作及互联互通建设等。如广西北部湾国际港务集团同新加坡PSA国际港务集团、新加坡太平船务有限公司成立合资公司，北部湾银行与柬埔寨加华银行加强银行授信及贷款方面的合作等。尽管东南亚部分国家强化了同美日的防务合作关系，但并未影响对华经济关系。2015年中菲双边贸易额节节攀升，中越推动省际跨境经济合作，中马签署自贸协定，中印签署雅万高铁协定。东南亚国家施展大国平衡的技巧愈加纯熟，在中美之间不是简单地选边站，而是双向依靠，获取利益。

二是美国主导TPP签订，新加坡、文莱、马来西亚、越南加入高规格自贸区俱乐部。TPP虽然是多边协议，但由美国主导，与中国推动的"10 + 3"自贸区谈判以及亚太自贸区谈判相对应，其背后涉及区域经济安排模式方面的竞争。

三是日本持续向东南亚国家提供发展援助，积极参与地区基础设施建设。日本一直是东南亚地区官方开发援助（Official Development Assistance，ODA）的主要来源地之一，安倍政府"价值观外交"政策实施以后，日本在东南亚地区的经济参与度显著增强。2015年，日本国际协力机构（Japan International Cooperation Agency，JICA）向缅甸机场提供价值12亿日元的设备援助，向电力和通信基础设施建设提供351.78亿日元贷款，还向柬埔寨金边市政府提供 1800 万美元的援助等。在所有援助项目中，基础设施建设是重中之重。7 月 4 日，安倍在会晤缅甸总统吴登盛时承诺提供 8 亿美元的无息贷款，用于基础建设建设。JICA 还将投资 2.5 亿美元升级仰光的环城轨道，并提议修建两条地铁及捷运系统以缓解其交通拥挤。日本还将对柬埔寨援助 32.84 亿日元，助其落实清洁水供应等项目。日本通过大量的政府援助和基础设施建设在东南亚地区赢得不错的口碑。

（三）美国公开介入南海问题，东盟国家立场大多模糊

一直以来，美国在南海问题上采取表面中立、暗中介入政策。2015 年，美国从幕后走向台前，公开介入南海问题，中美对抗之势变得突出。除越菲外，马来西亚、印度尼西亚等对美国军舰进入中国南海岛礁 12 海里事件并没有明确表态。

美国关于南海航行自由的主张由来已久。2015 年 5 月美国防长卡特表示会考虑派遣军机进入中国南沙岛礁 12 海里海域，他本人曾搭乘美国海军 P8 巡逻机巡视南海。此后美国多次表示将继续在南海自由航行和飞越。10 月 7 日，媒体称美国军舰将进入南沙岛礁 12 海里海域，13 日卡特再提南海巡航，17 日美国总统奥巴马授权此举，27 日美国军舰"拉森号"进入南海。

但对美国军舰进入中国南沙岛礁 12 海里，与中国存在领土和海洋划界争议的马来西亚和印度尼西亚并没有明确表示支持。10 月 26 日，奥巴马与访美的印度尼西亚总统佐科举行会谈，会后发表共同声明称"两国对南海最近事态发展深表担忧"，同时指出"所有当事方应避免采取加剧南海紧张局势的行动"。双方在保护航行自由的重要性上达成共识。马来西亚方面并未明确表态，但是在中国—东盟防长扩大会议上，鉴于中美日就联合宣言中是否提及南海争端存在分歧，会议主办国马来西亚最终放弃发表联合宣言。这表明马来西亚在中美之间采取了谨慎立场，一方面寻求美国加强在该地区的军事存在以抗衡中国在南海的"强势"，另一方面也不愿意疏远中国。

五 多边关系：行动多样，策略多元

2015 年东南亚地区多边合作受大国博弈的影响较大。尤其是随着南海争端的"升级"，东南亚国家在该问题上的立场差异进一步显现，东盟国家的外交策略也变得更加多元化和复杂化。

（一）大国与东南亚国家外交多样化

2015 年东南亚国家的多边外交对象和方式变得更加多样。一些国家如印度、欧盟和澳大利亚等开始发挥更大作用。3 月 12 日在印度新德里举行的第七届东盟—印度对话会议上，双方确立 2015 年贸易额达到 1000 亿美元 2022 年达到 2000 亿美元的目标。14 日举行的第十七届东盟—印度高级官员会议上，东盟和印度重申加快建设战略伙伴关系的意愿。欧盟委员会 5 月 19 日发表题为《欧盟与东盟：战略意义的伙伴关系》的公报，提出要将欧盟—东盟关系提升到新层次，使双方部门间合作更加紧密。6 月 22 日举行的卢森堡会议上，欧盟成员国外长一致同意，将双方关系提升为战略伙伴关系。8 月 19 日澳大利亚与东盟在雅加达举行联合合作委员会第五次会议，强调东盟是其加强在亚太地区合作关系政策中的核心，并希望在政治安全、经济与文化社会等领域展开更深入的合作。此外，巴基斯坦也表示希望能成为东盟的全面对话伙伴国，进一步推进双方在贸易、文化、社会等领域的交流合作。

美国仍是东南亚国家最强大的合作对象，中国仍是其重要合作伙伴。菲律宾、泰国、新加坡和马来西亚被美国视为实现"重返亚太"的重要支点。奥巴马 11 月 22 日表示建立与东南亚国家的良好关系对美国极为重要，并承诺将在 2016 年邀请东盟十国领导人访美，巩固双方关系。与此同时，随着"一带一路"倡议的实施，中国拓展了在东南亚地区的影响力，提出打造更为紧密的中国—东盟命运共同体及推进中国—东盟"2 + 7"合作框架的倡议。8 月 7 日，中国外长王毅在中国—东盟外长会议上明确提出包括完成制订《落实中国—东盟面向和平与繁荣的战略伙伴关系联合宣言行动计划（2016－2020）》、设立工作组探讨签定"中国—东盟国家睦邻友好合作条约"、深入推进互联互通、探讨制订《中国—东盟互联互通总体规划》等10项具体的合作建议。

（二）美日重点推动东南亚多边安全合作

随着南海问题的"升级"，以及近年来在东南亚地区新出现的一些"非传统安全问题"，如恐怖主义、跨国犯罪和人口买卖等变得更加尖锐，美日找到更多介入亚洲事务的借口和途径，并以此大力推动地区安全合作，扩大其军事存在。5月31日美国防长卡特出席香格里拉对话时明确表示将在东南亚地区投入更多的时间和资源，并承诺增派防务顾问，改善人道救援、赈灾反应和海事安全方面的协调与信息分享工作。同时，美国提出重点协助东南亚国家建设海事安全方面的地区安全合作框架，并抛出"东南亚海事安全倡议"（Southeast Asia Maritime Security Initiative）。8月5日，美国国务卿克里在美国—东盟部长会议上表示，愿维护东盟在发展地区经济、应对气候变化、打击人口贩卖等领域的核心地位，反映了其参与相关行动的强烈意愿。

（三）中国倡导双多边形式解决"南海争端"

同美国派军舰进入中国南沙岛礁12海里以内以及派B－52轰炸机飞越中国岛礁上空的单边行为形成对比，中国一直试图通过对话等和平方式来解决分歧，呼吁尽早就"南海行为准则"展开谈判。2014年8月东亚峰会外长会议上，王毅外长提出解决南海问题的"双轨思路"，即有关争议由直接当事国通过友好协商谈判寻求和平解决，而南海的和平稳定则由中国与东盟国家共同维护。2015年4月在新加坡举行记者会时，王毅外长再次强调，中国和东盟已经确定处理南海问题的"双轨思路"，建立了商讨南海问题的机制。同时，中国与东盟国家决定架设首条热线电话，以便南海发生事端时进行紧急沟通，降低发生武装冲突的可能性。

（四）东南亚与其他地区和国家的社会、经济和文化交流频繁

随着东南亚地区作为一个整体在国际社会中的重要性不断提高，区域内外的各种交流活动日益频繁。一方面，传统的合作继续深化。2015年3月13日，日本在2014年版《政府开发援助白皮书》中呼吁进一步加强与东盟的关系，并将其视为确保国家安全的头等重要举措。东盟—日本中心（AJC）2月27日表示，将继续邀请东盟官员和专家到东京等城市向日本投资者介绍各自国家的投资政策和激励措施。与此同时，中国利用自身优势，通过扶贫、旅游、提供奖学金和开展文化、体育交流活动等促进中国和东南亚国家的"民心相通"。7月28日在老挝万象举行的第九届东盟—中国社会发展与减贫论坛以"金融创新与减贫"为主题，讨论了双方的金融政策，以及利用金融创新进行减贫等议题。另一方面，新的交流对象和交流方式开始出现。4月26日，东盟与欧盟发表联合声明宣布将重启自由贸易协定谈判。这项谈判曾在2009年因欧盟对缅甸的人权记录有疑虑而终止。双方5月共同制定有效期至2019年1月的"欧盟对东盟地区高等教育的支持计划"，旨在与东盟分享提升高等教育机构质量的经验。俄罗斯也表示希望在东盟设立工业园区，以促进其与东盟双边贸易增长。9月5日，俄罗斯经济发展部长表示，欧亚经济联盟认同东南亚地区的经济潜力，寻求扩大与东盟国家的自由贸易协定，认为东盟经济共同体的建成会给双方带来巨大的贸易增长，展现了其强化在东南亚地区影响力的意愿。

六　大国博弈还是大国均衡：努力维持平衡，确保安全运转

2015年，东南亚地区是大国博弈的主要地区之一。金融危机后，亚太地区逐渐形成双轨结构，即经济上美国主导的世界经济体系和以中国为引擎的东亚经济增长与区域合作，安全上美国主导的双边军事同盟体系以及非美国主导的次级安全结构。作为地区一体化的主要推动力、各大国竞相

争取的对象以及施加地区影响力的载体，东南亚国家是经济两轨和安全两轨的主要交汇点，是各大国进行地区博弈的主要对象。政治上，美欧等大国力图"解构"与中国交好国家政权，"建构"利己政治生态，"重构"地区民主秩序。经济上，中美日大国通过贸易投资合作等渠道强化在该地区的影响力。安全上，美日等国通过对东南亚国家军售、提供军事援助等方式介入地区热点问题，平衡中国影响力。此外，美日亦通过双边和多边手段强化与菲越关系，巩固对华"统一战线"，推动东南亚多边安全合作，中国则在双边关系上发挥经济手段的积极作用，倡议通过双边、多边形式解决"南海争端"。针对大国博弈态势，东南亚国家一方面享用各大国在经济领域抛出的"橄榄枝"，搭载多辆顺风车以提升经济水平、改善经济结构；另一方面，借助大国博弈的契机动态调整国家战略，力图维护大国力量平衡，避免任何一方独大。通过巧用大国平衡之术，东南亚已成为亚太格局中举足轻重的力量。

总体上，大国在东南亚国家的博弈对推进民主和社会公平正义、促进经济发展、强化国防能力及推动区域一体化均发挥一定作用，东南亚国家通过谨慎操作，基本上维护了各方势力的总体平衡。但大国在东南亚的竞争，也给这一地区带来一些问题，对地区安全形成一定冲击。

就中国而言，在大国博弈与大国平衡两种战略的相互嵌套中，中国的资源投入和外交投入受到部分抵消和对冲。如中国倡导"10＋1"，东盟力推"东盟＋"；中国"积德"又"行善"，东南亚各国经济上靠中国安全上靠美国；中国主推亚太自由贸易区，美国促成TPP；中国提出亚洲安全观，美国巩固强化传统盟友关系介入南海争端。尽管近年中国在东南亚地区开展了声势浩大的"魅力攻势"，但是成效与投入并不成比例。随着2015年东盟共同体建成，东盟地位进一步提升，东盟应对大国战略压力的能力有所增强。

针对中国投入受到对冲的现实及东盟共同体建成所产生的契机，中国一方面可借助"一带一路"倡议和亚投行建设等向东盟国家提供更多公共产品，成为东盟共同体建设中的关键助力，实现"共同发展"，同时借此塑造道义形象；另一方面，中国在地区热点以及亚太博弈中也需注重塑造南海规则，改良政策手段，在树立自己在该地区行为规则的同时，也主动谋求与本地区各战略力量的和局共赢，让各方都感到舒适。尤其是东亚峰会相对其他机制具有各方认可东盟主导、成员具有代表性、领导人引领、各方都重视其作用等优势，中国可以顺应均衡化趋势，对参与东亚峰会的策略进行综合性的再设计，推进亚太秩序的良性构建，上述方面可概括为"积德行善、树威立规、和局共赢"。

积德，中国要坚决防止以势力范围思维模式经营东南亚。以势力范围的观念和指导原则来经营东南亚，在道义上，实力上都不具备可行性。从道义上看，东盟国家既忌惮朝贡体系，更害怕殖民体系，当前最恐惧的是大国霸权，他们会坚决反对任何大国主导和独霸，会借助东亚峰会的各方力量实施平衡战略。从实力上看，很难有哪个国家能够真正主导东南亚地区，该地区不可能成为某个国家的势力范围。美国不可能让东盟10个国家都顺从其政策，中国也有没有这个能力。因此，中国在东亚峰会内要高举"和平、发展、合作、共赢"旗帜，反霸不称霸，继续支持东盟共同体建设，支持将东亚峰会作为地区架构塑造的主要平台之一，塑造道义形象。

行善，中国可以倡导"发展+"模式助力本地区的可持续发展和包容性发展。中国在东亚峰会内推进"发展+"模式有三层含义：第一个是"你+我"，在战略层面进行各种地区性发展战略的协调与对接。如美国的TPP、东盟的RCEP、中国的"一带一路"、印度的"季风计划"等，都可以在东亚峰会的平台上进行磋商、协调和对接，推进本地区的包容性发展。第二个是"此+彼"，"此"是以发展为导向，"彼"是以其他领域为配合，如"发展+环保""发展+教育""发展+安全""发展+文化"等，旨在推动发展的同时，使得其他问题得以推进和解决，有助于本地区的可持续发展。比如中国和美国、日本可以在本地区进行三方合作，如联合在老挝、柬埔寨、缅甸、越南等欠发达国家开展合作性的发展项目、扶贫项目、环保项目、教育项目等。第三个是"主导+众筹"，东亚峰会由东盟主导议题和进程，但东盟的多数发展倡议都需要向大国筹措资金和技术。东盟早在

2010 年就推出东盟互联互通总体规划，声明要借助大国力量推动。中国可以在东亚峰会框架内，推动美国、日本等国，共同推进东盟、东亚和亚太的互联互通建设。

树威，中国应该以"修己安人"的理念发展自己，安定别人。中国在本地区的威信来自真正做到"修己安人"，在保持自身发展的同时，还要能够安定别人。这需要在逻辑和现实层面解决三个难度递增的问题。第一个是本地区的非传统安全问题。在东亚峰会框架下，较易开展的是海上救灾、跨国犯罪、气候变化、生态环境等问题的跨国合作，这是树立威信的较好途径。第二个是共有的安全观念和实践的问题。中国在 2014 年提出的"亚洲新安全观"所提倡的合作安全、综合安全、全面安全及可持续安全，内容很好，但能否为东亚峰会所接受并且成为实践指南，还需要做出长期的努力。在此过程中，中国要避免被外界扣上"亚洲版门罗主义"的帽子，需要在东亚峰会框架内保持安全合作的开放姿态。第三个是如何处理南海争端战略博弈升级的问题。近年来，南海问题已经从双边层面的争端问题扩展到地区层面的安全问题，上升到中美层面的大国战略博弈问题，这个问题解决不好，将会大大消耗中国在前两个问题上所积累的威信。

立规，中国可以与东亚峰会成员共同塑造亚太规则。中国可以借助东亚峰会这个领导人引领的战略论坛，探讨决定本地区未来的两大战略问题，磨合形成适应未来的地区规则。第一，是亚太权力转移的问题。本地区国家多关注权力由美国向中国转移的问题，并担忧权力是否能够和平转移。但很少注意到亚太地区的权力向东盟这种地区合作组织，以及向东亚峰会这种地区合作机制转移的问题。东亚峰会成员应更多探讨如何借助东亚峰会框架促进亚太地区的权力和平转移问题。第二，是随之而来的亚太秩序构建中的管理问题。如何构建适应亚太特色和形势发展的危机管理、冲突管理、战略管理等机制、制度和规则。中国确实应该以舍我其谁的担当，率先推进在东亚峰会框架内讨论这些问题，并拿出能被大家共同接受的方案。

和局，中国可以在东亚峰会框架内外推进各战略力量的良性互动。东亚峰会本身是各亚太主要力量按照一定规则互动的平台。中国依托东亚峰会推进更长久、广泛、深入的良性互动，可以从两方面入手。第一个方面是空间的转换，向大扩展，向小深入。往大的方向发展，指中国可以推动东亚峰会与上海合作组织、亚信等地区合作机制的沟通协调，形成亚太安全合作机制的网络化、联动化。往小的方向发展，指中国在东亚峰会框架内推动多个三边或四边的战略磋商，比如中国—美国—东盟的三边战略磋商、中国—日本—东盟的三边战略磋商等。第二个方面是性质的转换，以经济合作淡化安全紧张。如环南海地区是世界上经济发展最好的地区之一，各方在发展中都有切身利益。中国、美国、日本及东南亚国家的有识之士，应联合设计环南海的经济合作，推动各方利益均在其中的南海经济圈，进行经济合作。这些想法虽然有些理想色彩，但应该是努力方向。

2016 年，中国特色的大国外交进入新阶段，根据亚太形势的新发展，重新设计东亚峰会参与策略，积极参与东亚峰会进程，或可对亚太良性互动起到积极推动作用。

中亚形势与中国的中亚外交[*]

曾向红[**]

摘　要： 近年来中亚地区的形势不容乐观。在经济方面，哈萨克斯坦、吉尔吉斯斯坦和塔吉克斯坦的经济增长速度明显放缓，中国与中亚各国的贸易额也普遍下降，中亚地区经济发展受挫；在政治方面，中亚地区政局大体稳定，但哈萨克斯坦和乌兹别克斯坦两国总统权力交接问题、中亚国家政治转型困难及各国反对势力的存在都对中亚政局稳定构成潜在威胁；在安全方面，大国博弈日趋激烈、中亚各国间的矛盾冲突加深了中亚地区安全形势的复杂性，塔利班及"伊斯兰国"等恐怖势力的渗透也严重威胁着该地区的安全。中亚地区的严峻形势给中国中亚外交的开展带来了诸多挑战。在中国中亚外交面临外部环境威胁的同时，其自身仍然有一些亟待解决的问题。此外，丝绸之路经济带在中亚地区的实施面临多方掣肘，如何抓住契机应对挑战是中国中亚外交面临的重要课题。

关键词： 中亚形势　中国中亚外交　丝绸之路经济带

中亚国家拥有丰富的油气资源，处于重要的地缘战略位置。从中亚国家独立开始中国就十分重视与各国发展友好合作关系。自 1992 年与中亚国家建交到 2013 年 9 月习近平主席出访中亚期间，中国与中亚国家的外交关系有了突飞猛进的发展。在政治方面，双方领导人会晤频繁，关系良好，

---

　*　本文系兰州大学2015年中央高校基本科研业务费重点项目"美国中亚政策面临的困境及其理论解释"（项目编号为15LZUJBWZD020）与重点研究基地团队建设项目"'一带一路'倡议构想中的若干问题研究"（项目编号：15LZUJBWTD003）的阶段性成果，且得到教育部"国别与地区培育基地"建设资金和"上海政法学院创新性学科团队"的资助。

　**　曾向红，兰州大学中亚研究所教授。

政治互信程度较高。以哈萨克斯坦为例，2011 年 6 月，中国国家主席胡锦涛访问哈萨克斯坦期间，两国元首签署了《中哈关于发展全面战略伙伴关系的联合声明》，两国关系上升到了一个新的高度。2013 年 9 月 11 日，习近平主席在比什凯克同吉尔吉斯斯坦总统阿坦巴耶夫举行会谈，宣布将中吉关系提升为战略伙伴关系，至此，中国与中亚五国都建立了战略伙伴关系。

在经贸方面，近 20 年，中国与中亚五国贸易总值增长近 100 倍。1992年，中国与中亚五国双边贸易总值仅为 4.6 亿美元，而 2012 年则达 460 亿美元。[①] 2012 年中国业已成为哈萨克斯坦第一大贸易伙伴国，两国进出口贸易总额达 239.8 亿美元，与 2011 年相比增长 12.5%。[②] 中国与土库曼斯坦之间的贸易额仅在 2007～2013 年就增长了 20 倍，2013 年达到 100 亿美元。中国成为土库曼斯坦第一大贸易伙伴国。[③] 此外，自 2012 年后，中国也是乌兹别克斯坦、吉尔吉斯斯坦和塔吉克斯坦的第二大贸易伙伴国。在建交后的 20 多年间，中国与中亚国家在经贸方面取得了长足的发展。

在安全方面，中国与中亚国家的合作始于中国与哈、吉、塔三国间的边界问题谈判，到 1995 年，大部分边界问题通过协商的方式得到解决。随着 1996 年 4 月 26 日 "上海五国" 会晤机制的建立，边界问题成为中国与哈、吉、塔三国会晤的主要议题。2001 年 6 月 15 日，"上海五国" 与乌兹别克斯坦在上海举行峰会，各国共同签署了《上海合作组织成立宣言》，宣告上海合作组织正式成立，会议还通过了《打击恐怖主义、分裂主义和极端主义上海公约》，打击 "三股势力" 成为上合组织的核心议题之一。随后，在上合组织的框架内，中国与中亚国家在非传统安全领域的合作逐步扩展，除打击 "三股势力" 外，还涉及毒品、武器走私及跨国犯罪等领域。通过上合组织发展与中亚国家在安全方面，尤其是非传统安全方面的合作，

---

① 商务部：《中国与中亚国家近 20 年贸易总值增长近 100 倍》，http：//www.mofcom.gov.cn/article/i/jyjl/m/201305/20130500146769.shtml。

② 中国驻哈萨克斯坦大使馆经济商务参赞处：《2012 年中国是哈萨克斯坦第一大贸易伙伴国》，http：//kz.mofcom.gov.cn/article/zxhz/hzjj/201303/20130300067568.shtml。

③ 中国驻土库曼斯坦大使馆经济商务参赞处：《土库曼斯坦高度评价别尔德穆哈梅多夫总统访华成果》，http：//tm.mofcom.gov.cn/article/ztdy/201405/20140500593888.shtml。

中国也取得了巨大成就。

概而言之，从1992年中国与中亚国家建交至2013年9月习近平主席出访中亚期间，中国中亚外交取得了丰硕成果，这也为丝绸之路经济带（下文简称"一带"）在中亚地区的实施奠定了坚实基础。由于中国在中亚地区取得了丰硕的外交成果及中国国力的不断提升，国内众多人士对"一带"在中亚地区的实施持乐观态度。本文认为，在中国中亚外交取得成就的同时，中亚地区形势的恶化、中国中亚外交自身存在的不足及"一带"在中亚地区具体实施的面临的客观环境对未来中国中亚外交构成了诸多挑战。能否有效应对这些挑战，在一定程度上会影响中亚国家参与"一带"建设的效果，并对中国的中亚外交产生影响。

一　近年来的中亚地区形势

中亚地区的形势是中国开展中亚外交的主要外部环境，该地区形势乐观与否直接关系到中国中亚外交能否顺利开展。总体而言，当前中亚地区的形势不容乐观，甚至有恶化的趋势，这主要涉及经贸、政治和安全三个领域。

（一）近年来的中亚经济发展形势

在经贸领域，近两年来中亚各国经济发展稳定，呈中高速增长。如吉尔吉斯斯坦2013年国内生产总值约合71.4亿美元，同比增长10.5%，创其独立21年以来历史最高。[①] 乌兹别克斯坦近年来国内生产总值增速一直保持在7%以上，据乌官方统计，2014年乌国内生产总值为597亿美元，同比增长8.1%。[②] 然而，受全球市场动荡——尤其是俄罗斯国内经济危机的影

---

① 中国驻吉尔吉斯斯坦大使馆经济商务参赞处：《2013年吉尔吉斯经济增长10.5%，创历史新高》，http：//kg. mofcom. gov. cn/article/jgjjqk/hgjj/201401/20140100462501. shtml

② 中国驻乌兹别克斯坦大使馆经济商务参赞处：《乌兹别克斯坦经济情况》，http：//uz. mofcom. gov. cn/article/ddgk/201508/20150801094694. shtml。

响，当前中亚国家的经贸发展普遍受挫。

就国内生产总值而言，2015 年乌兹别克斯坦仍保持 8% 的高速增长、土库曼斯坦增长 6.5%，其余三国增速均有明显下降。根据吉尔吉斯斯坦国家统计委员会数据，2015 年，吉尔吉斯斯坦国内生产总值同比增长 3.5%；① 2015 年是塔吉克斯坦宏观经济发展艰难的一年。受俄罗斯经济下滑和塔吉克斯坦主要出口商品国际市场价格疲软、外劳侨汇收入大幅减少等因素影响，塔吉克斯坦经济下行趋势明显，国家财政资金十分紧张，外汇储备不断减少，国内消费需求明显减弱。据塔吉克斯坦官方统计，2015 年塔吉克斯坦国内生产总值总额为 78.52 亿美元，同比增长 6%，经济增速同比下降 0.7 个百分点，经济下行速度有所加大。② 哈萨克斯坦 2015 年国内生产总值增长 1.2%，哈萨克斯坦政府将 2016 年经济增长率预测值调低为 0.5%。③

由于国际油价下跌引发俄罗斯国内经济危机，中亚各国不同程度地受到影响。其中，以哈萨克斯坦和吉尔吉斯斯坦最为突出。哈萨克斯坦财政部部长苏尔坦诺夫表示，哈萨克斯坦进口额下降 38%，因此关税收入约减少一半，石油价格大幅下降，因此石油出口关税下降约三分之一，预算收入减少 22%。④ 由于与俄罗斯的经济联系极为密切，加上哈萨克斯坦经济同样严重依赖能源，因此俄罗斯陷入经济危机与油价下跌对哈萨克斯坦造成了双重打击。面对全球油价下跌的压力，哈萨克斯坦拟将大型国有企业的股份出售给国际投资者，私有化项目初步名单将包含约 60 家哈萨克斯坦公司，包括石油和天然气公司、电信公司、铁路公司和核能控股公司等。⑤ 同

---

① 中国驻吉尔吉斯斯坦大使馆经济商务参赞处：《2015 年吉尔吉斯斯坦社会经济发展概况》，http：//kg. mofcom. gov. cn/article/ztdy/201602/20160201252969. shtml。

② 中国驻塔吉克斯坦大使馆经济商务参赞处：《2015 年塔吉克斯坦经济形势总体评价》，http：//tj. mofcom. gov. cn/article/ztdy/201603/20160301278132. shtml。

③ 中国驻哈萨克斯坦大使馆经济商务参赞处：《哈萨克斯坦政府将 2016 年哈 GDP 增长预测降至 0.5%》，http：//kz. mofcom. gov. cn/article/jmxw/201602/20160201263814. shtml。

④ 中国驻哈萨克斯坦大使馆经济商务参赞处：《由于油价下跌哈萨克斯坦预算收入下降 22%》，http：//kz. mofcom. gov. cn/article/ddgk/zwminzu/201508/20150801088174. shtml。

⑤ 《哈萨克斯坦酝酿大规模私有化 中企参与存风险》，环球网，finance. huanqiu. com/cjrd/2015 - 11/7921364. html。

样受到经济危机影响的吉尔吉斯斯坦国内货币大幅贬值，面临着严重的预算赤字。吉尔吉斯斯坦财政部副部长巴根乔科夫称，吉尔吉斯斯坦靠俄罗斯提供的 3000 万美元的援助和 2015 年年底前欧盟提供的 3.97 亿美元的优惠贷款冲抵预算赤字。①

从整体来看，中亚各国经济增长普遍放缓（土库曼斯坦除外）的同时，中国与中亚各国的双边经贸关系也出现波动，双边贸易额均有所下降。据哈萨克斯坦统计委员会数据，2014 年中哈双边货物进出口额为 172.5 亿美元，下降 22.8%。② 2015 年中哈双边贸易额 105.67 亿美元，同比下降38.4%，其中，哈萨克斯坦对中国出口额 54.84 亿美元，同比下降44.0%；③ 据中国海关统计，2015 年 1~11 月，中乌双边贸易额约 31.75 亿美元，同比下降 17.1%。其中，中方出口 20.56 亿美元，同比下降 14.4%；中方进口约 11.19 亿美元，同比下降 21.6%；④ 据中国海关统计，2015 年中国与塔吉克斯坦双边贸易总额为 18.47 亿美元，同比下降 26.62%，其中中国对塔出口 17.97 亿美元，同比下降 27.23%；⑤ 根据吉尔吉斯斯坦国家统计委员会数据，2015 年，吉尔吉斯斯坦与中国贸易额为 10.65 亿美元，同比下降 13.7%，中吉贸易额 8 年来首次下落。⑥

中亚国家作为"一带"具体实施的桥头堡，为中国中亚外交提供了新的契机。然而，在经济危机与"一带"提出的双重背景下，中国中亚外交面临的挑战似乎胜于机遇。"一带"提出并在中亚地区付诸实施以来，尽管

---

① 中国驻吉尔吉斯斯坦大使馆经济商务参赞处：《吉国家财政依靠俄罗斯援款冲抵预算赤字》，http：//kg. mofcom. gov. cn/article/jgjjqk/hgjj/201510/20151001145473. shtml。

② 国别报告：《2014 年哈萨克斯坦货物贸易及中哈双边贸易概况》，http：//countryreport. mofcom. gov. cn/record/view110209. asp？ news_id = 43486。

③ 中国驻哈萨克斯坦大使馆经济商务参赞处：《2015 年中国与哈萨克斯坦贸易额 105.67 亿美元》，http：//kz. mofcom. gov. cn/article/zxhz/hzjj/201602/20160201258632. shtml

④ 中国驻乌兹别克斯坦大使馆经济商务参赞处：《2015 年 1~11 月中乌贸易情况》，http：//uz. mofcom. gov. cn/article/zxhz/201603/20160301265646. shtml。

⑤ 中国驻塔吉克斯坦大使馆经济商务参赞处：《2015 年中塔双边贸易额为 18.47 亿美元》，http：//tj. mofcom. gov. cn/article/catalog/slfw/201603/20160301266899. shtml。

⑥ 中国驻吉尔吉斯斯坦大使馆经济商务参赞处：《2015 年吉尔吉斯与中国双边贸易额同比下降 13.7%》，http：//kg. mofcom. gov. cn/article/zxhz/201602/20160201264501. shtml。

在经贸方面取得了众多新成就，然而中国与中亚国家的双边贸易额却呈下降趋势，这说明经济危机对中国中亚经济外交构成了挑战。同时，中国与中亚国家的经贸合作如何在获得收益的同时有效缓解经济危机对中亚国家产生的负面影响是推动中国中亚经济外交的重要问题，仍困难重重。中亚各国不仅在政治上受到俄罗斯的影响，其经济形势恶化也在很大程度上受到俄国内经济形势的影响。在这种情况下，中国中亚经济外交的开展不仅受制于客观经济形势的恶化，还受到俄罗斯的重大影响。

（二）近年来的中亚政治发展形势

近年来中亚各国政局总体平稳。除吉尔吉斯斯坦外，其他四国都继续实行总统制。吉尔吉斯斯坦的情况较为特殊。2010 年吉尔吉斯斯坦发生动荡后，吉通过全民公决由总统制改行议会制，并于 2011 年举行总统选举，实现平稳过渡。自阿塔姆巴耶夫 2011 年上台后，吉政局逐渐平稳，并于 2015 年 11 月成功举行了议会选举，或许吉将走上较为稳定的政治发展道路。但其他四个中亚国家与吉有所不同。这几个国家主要靠各国总统的个人权威与魅力维持其政局稳定，而在政治制度方面的改革进展不大。

中亚各国政局稳定仍然存在隐忧，未来不排除出现政局剧烈动荡的可能。首先，哈萨克斯坦与乌兹别克斯坦总统自两国独立以来一直执政至今，其个人威望与执政能力在国内无人能够替代，而两人均年逾七旬，未来政权交接的前景难以预料。以哈萨克斯坦为例，哈总统纳扎尔巴耶夫自哈独立以来连续执政 20 多年，以其出众的能力带领哈迅速发展，使哈成为中亚地区第一大国，其声望在国内无人能及。尽管纳扎尔巴耶夫于 2010 年拒绝了"民族领袖"的称号，在 2011 年举行的总统选举中，其支持率仍居高不下，得票率为 95.5%。纳扎尔巴耶夫在国内强有力的影响力对哈未来的权力交接将会产生重要影响。乌的情况与哈相似。哈、乌作为中亚地区的大国，一旦由于权力交接出现变故，可能对中亚各国乃至整个地区产生负面影响。

其次，中亚国家政治制度转型困难，在政治转型过程中存在很大风险，可能引发一定程度的政治动荡。除吉尔吉斯斯坦外的中亚四国均维持了传统的高度集权的总统制，尽管各国都在一定程度上进行了改革，如哈萨克斯坦在 2011 年的总统选举中将总统任期由 7 年改为 5 年，在同年的议会选举中实现了多党制议会，乌兹别克斯坦同样将 7 年总统任期改为 5 年并加强议会作用，但短时间内各国政治制度不会有大的根本性变动。而且这种体制历来遭到西方国家的批评，不排除西方国家在特定条件下支持中亚国家反政府力量追求实现政权更迭的诉求。

最后，中亚各国反对派势力的存在与发展威胁其政治稳定。如吉尔吉斯斯坦南、北两大部族集团之间的矛盾与冲突，仍有可能对吉的稳定造成冲击。来自吉北部的阿坦巴耶夫当选总统后，南方势力仍有企图推翻阿坦巴耶夫政权的行为和迹象。在乌兹别克斯坦，2011 年 5 月，"艾尔克"（意志）党、"安集延公正与复兴"运动和"支柱"运动等达成协议，宣布组成统一的"乌兹别克斯坦人民运动"，并推选穆罕默德·萨利赫为领导人，其目的旨在推翻卡里莫夫政权。[①] 在塔吉克斯坦，2011 年塔下院批准了中塔勘界协定，塔归还中国 1100 平方公里的争议领土，塔反对派伊斯兰复兴党竟指责政府此举为"卖国行径"。除此之外，塔反对派屡次与政府唱反调，影响其政治稳定。

中亚各国政局稳定存在的隐忧对中国中亚外交的顺利开展同样构成挑战。哈萨克斯坦和乌兹别克斯坦存在权力交接困难的问题，给未来中国中亚外交的开展带来不确定性。尽管现阶段中国与中亚国家的关系发展良好，双方领导人在会晤时均能达成一定共识，但一旦中亚国家尤其是哈乌两国领导人换届，其对中国的态度及外交战略、策略是否会发生改变很难预测。西方国家对中亚国家政治制度的批评及中亚各国反政府力量对政府决策的干扰也影响了中国与中亚国家合作的开展。

（三）近年来的中亚安全形势

近年来的中亚安全形势不容乐观，且有进一步恶化的趋势。由于其特

---

① 冯玉军、王聪、尚月：《2011 年中亚战略形势评估》，《俄罗斯中亚东欧研究》2012 年第 2 期，第 2 页。

殊的地理位置和丰富的油气资源，中亚地区的安全形势一直十分复杂。中亚国家邻近伊拉克等中东国家，中东的动荡容易外溢至中亚地区，相近的伊斯兰文化更推动了恐怖主义及各种跨国犯罪向中亚地区的流动。特殊的地理位置和丰富的油气资源又在很大程度上决定了中亚地区成为大国角逐的竞技场，俄罗斯、美国、中国乃至日本和印度等国都是中亚地区具有影响的力量。当前中亚国家面临诸多安全威胁，主要表现在以下三个方面。

第一，中亚国家间矛盾冲突不断。中亚国家间的边界问题、水资源争端及民族问题自其独立以来就长期存在，苏联政策导致的划界不当使得水资源争端和民族问题也成为影响中亚国家间关系的负面因素。中亚国家间的边界问题主要集中在乌兹别克斯坦、吉尔吉斯斯坦和塔吉克斯坦三国之间，2015年以来三国的边界问题再次趋于恶化。乌、吉两国由于缺少善意的磋商，边界问题一直没有得到解决，而吉、塔两国的边界争端开始趋于激烈，这是一种新的动态。2015年8月3日，位于吉、塔两国边界小镇的居民发生冲突，随后，塔方封锁了若干道路，而吉方则进行报复，切断了水源供给，给两国边界居民的生活带来了不便，吉、塔两国关系也因此蒙上阴影。[①] 而由于划界不当引发的水资源争端及其引发的其他问题，使得乌、吉、塔三国的关系存在越来越大的不确定性。近年来，塔、乌两国关于边界问题的谈判陷入僵局，而塔吉克斯坦在河流上游建水坝的行为使得两国关系趋于恶化。同时，在乌、吉两国就边界问题未能达成一致的背景下，2014年冬季乌停止向吉尔吉斯斯坦南部提供天然气。而吉尔吉斯斯坦北部则面临由于河流水位偏低引发的电力匮乏困境，这意味着平均每天没有电力供应的时间长达15小时。[②] 苏联遗留的边界问题，在冷战结束后引发了中亚国家间长期的、难以调和的民族矛盾与冲突。以塔吉克斯坦为例，"作为塔吉克千年文化的历史中心，成千上万的塔吉克人生活的地方，本可

---

① 关于吉、塔8月3日的边界冲突，详见 Paul Goble, "Central Asia's Border Problems Materialize Again," *Eurasia Daily Monitor*, Vol. 12, No. 151（August 11, 2015）.

② 参见 Umida Hashimova, "Growing Uncertainty in Relations Between Kyrgyzstan and Uzbekistan," *Eurasia Daily Monitor*, Vol. 11, No. 174（October 2, 2014）。

以成为全塔吉克一体化中心的撒马尔罕和布哈拉成为了乌兹别克斯坦的一部分",这在塔乌两国关系中投下了浓厚的阴影,恶化了两国民众对对方的认知。①

第二,大国在中亚地区的竞争越发激烈。中亚地区特殊的地理位置及丰富的油气资源使得大国竞相参与该地区事务,在一定程度上加深了中亚地区安全形势的复杂性。2013年9月习近平主席在纳扎尔巴耶夫大学提出"一带"倡议后,中国中亚外交步入新阶段。出于对中国在中亚地区影响力扩大的担忧,俄罗斯、美国、日本、印度都致力于加强在该地区的影响力。俄罗斯近两年加强了与中亚国家的联系,如积极推动建立欧亚经济联盟、入驻塔艾尼军事基地等以加强中亚国家对其的认同,事实表明俄的行为确实富有成效。如2015年议会选举后吉尔吉斯斯坦的外交明显倒向俄罗斯,② 同时,据2015年最新统计,80%的哈萨克斯坦民众支持国家加入欧亚经济联盟,吉尔吉斯斯坦民众对此的支持率高达86%。③ 美国在应对叙利亚内战及伊斯兰国的同时也不忘出访中亚,2015年美国国务卿克里出访中亚五国,表示"它们没有被忘记",克里此行的目的是让对美国从阿富汗撤军的后果以及"伊斯兰国"组织的强势崛起感到担忧的中亚国家放心。在克里出访中亚之前,日本首相安倍晋三对中亚国家进行了"旋风式"访问,将基础设施作为其经济战略的中心,意在制约俄罗斯与中国的影响力。印度20世纪90年代在中亚地区缺位,自莫迪上台后印度的外交战略迅速转向中亚,积极开展与中亚国家的政治、经济与安全的合作。2015年7月6日,莫迪出访中亚五国,首站在乌兹别克斯坦,印度当地媒体称首站在乌兹别克斯坦意在强调乌兹别克斯坦的重要性。四年来印乌双边贸易额增加了两倍,2014年达到3.16亿美元。莫迪随后出

① Paul Goble, "Today's Ethno – Regional Clans in Tajikistan Are Products of Soviet Nationality Policy," *Eurasia Daily Monitor*, Vol. 12, No. 136 (July 21, 2015).

② 参见 George Voloshin, "Parliamentary Elections Confirm Kyrgyzstan's Pro – Russian Orientation," *Eurasia Daily Monitor*, Vol. 12, No. 187 (October 16, 2015)。

③ 中国驻哈萨克斯坦经济商务参赞处:《80% 哈民众支持国家加入欧亚经济联盟》,http: // kz. mofcom. gov. cn/article/jmxw/201510/20151001144481. shtml。

访哈萨克斯坦，哈总统纳扎尔巴耶夫称"发展与印度的战略合作是我们亚洲导向外交政策的关键地区之一"[1]。此外，印度与其他中亚三国的接触与合作也在进行中。

第三，塔利班与伊斯兰国对中亚国家的渗透威胁着中亚地区的稳定。近年来恐怖主义势力抬头，尤其是伊斯兰国的迅速崛起使得世界各国普遍对恐怖主义忧心忡忡。当前中亚国家主要面临着塔利班和伊斯兰国的威胁，众多国民均前往叙利亚等地参战，各国面临被伊斯兰国等恐怖势力渗透的威胁。2015年，除哈萨克斯坦和乌兹别克斯坦没有发生重大安全事件外，其他三国均面临恐怖势力的真实威胁。以塔吉克斯坦为例，2014年12月，塔利班分子绑架了四名塔边界守卫，2015年以来，塔利班和伊斯兰国势力在塔吉克斯坦边界游荡，对塔吉克斯坦造成了威胁。如塔利班在阿富汗北部的实力增强，塔阿边界的巴达赫尚地区80%已经在塔利班的控制之下，俄罗斯防长阿纳托利称"伊斯兰国激进分子已经出现在塔国边界附近"[2]。随后，塔吉克斯坦在塔阿边界开辟了"第二防线"并寻求俄罗斯的军事与经济援助，然而恐怖活动并未消失。2015年9月4日，塔吉克斯坦前国防部部长纳扎洛佐达与100多名武装分子袭击了杜尚别的一个警察局和武器仓库，引起国内与国际社会的关注。吉、土同样面临相似的挑战。有报道称"伊斯兰国"在中亚地区"招兵买马"，企图从吉尔吉斯斯坦西南部向乌兹别克斯坦渗透，期望在乌兹别克斯坦境内扎根壮大。据中亚国家情报部门透露，目前有300名哈萨克斯坦人、600名吉尔吉斯斯坦人、300多名塔吉克斯坦人和至少200名土库曼斯坦人在叙利亚和伊拉克为"伊斯兰国"卖命。[3] 同时，据报道，应土库曼斯坦的要求，俄、乌两国士兵已在土库曼斯坦境内对抗

---

① 参见 George Voloshin, "India Covets Comprehensive Reengagement With Central Asia," *Eurasia Daily Monitor*, Vol. 12, No. 141 (July 28, 2015)。

② 参见 Edward Lemon, "The Taliban and Islamic State Haunt Tajikistan," *Eurasia Daily Monitor*, Vol. 12, No. 99 (May 28, 2015)。

③ 《IS 渗透中亚"招兵买马"》，南方日报网，http://news.163.com/15/0914/04/B3ERPUQB0 0014AED.html

来自阿富汗的威胁。① 中亚国家不仅面临着来自塔利班和"伊斯兰国"激进分子进攻的直接威胁，同时面临着被恐怖势力渗透并从事颠覆各国政权活动的潜在危险。至少就目前而言，恐怖势力对中亚国家造成的意识形态威胁，要超过其军事威胁带来的风险。②

当前中亚地区复杂、严峻的安全形势也对未来中国中亚外交构成了挑战。中亚国家发生并将持续发生的恐怖事件的恶劣影响可能外溢至新疆地区，进而影响该地区的稳定，从而冲击到中国中亚外交致力于实现的战略目标。中国中亚外交的首要目标是维护西部边疆的稳定，从中亚国家独立之初的边界谈判到以打击"三股势力"为核心，维护边界地区稳定的目标一以贯之。而中亚地区复杂的安全形势给未来中国中亚外交带来了不确定性。中亚国家间的矛盾与冲突、日益激烈的大国竞争以及恐怖势力的威胁大体构成了当前中亚地区复杂的安全形势，并随时可能引发突发事件。这就要求中国能够及时、高效地应对一系列可能到来的挑战。

二 中国中亚外交存在的问题

中国中亚外交有三个主要目标：维护以新疆为代表的西部边疆地区的安全与稳定、促进西部地区的经济发展以及获得进口中亚地区油气资源的渠道。维护边疆安全与稳定是中国中亚外交的首要目标，具体表现为与中亚国家共同打击"三股势力"及贩卖毒品、走私武器等跨国犯罪行为，这也是上合组织的核心议题。而开展经济合作对中亚国家而言最具吸引力，这也是中国与俄、美等大国竞争的优势所在。开辟中亚能源进口渠道则是中国中亚外交的重要诉求，有利于减少中国能源需求方面存在的脆弱性。

---

① 详情参见 Paul Goble，"Russian and Uzbek Soldiers Reportedly Now in Turkmenistan to Counter Afghan Threat，"*Eurasia Daily Monitor*，Vol. 12，No. 59（March 31）2015.

② Paul Goble，"Threatened From Afghanistan，Central Asia May Win the Battle Only to Lose the War，"*Eurasia Daily Monitor*，Vol. 12，No. 161（September 9，2015）.

中国与中亚国家建交 20 多年来双方的合作已然取得了丰硕成果，然而，中国中亚外交仍然存在一些问题。

第一，中国国内对中国外交理念解读不到位，容易导致中亚国家的误解，从而引起对中国的猜疑甚至是恐惧。这种猜疑和恐惧主要源于中国实力的增长，这种结构性不信任及恐惧又会错误地引导中亚国家对中国外交理念的解读，形成一个恶性循环。如何缓解或消除中亚国家对中国的不信任及疑虑是一个长期的、困难的问题，而对中国外交理念进行明确、清晰的解读是一个迫在眉睫的问题。中国中亚外交作为中国周边外交的一部分，秉持的核心理念是"睦邻友好"，即"与邻为善，以邻为伴"及"友邻、安邻、富邻"。该理念提出后学术界就出现了对这些概念的质疑，尽管有学者对此进行辩护并做出了自己的解读，① 但也反映了一个现象，即中国国内并未对这些理念做出明确、清晰的界定。党的十八大以来，中国外交理念进一步深化，提出了"亲、诚、惠、容"的理念，从强调"互惠互利"到更强调"惠及"，在中亚提出了"利益共同体"的构想。近年来，中国外交理念不断深化，内涵不断丰富，国内学术界对中国外交新理念进行了大量解读，如有学者认为，"'惠及'理念的提出，表明中国已具有承认自身是地区经济发展相对较好的强国这一基本现实的自信"② 。但国外有观点认为这是一种大国心态的表现，中国扩大在中亚地区影响力的行为被视为一种"新殖民主义"，中亚国家也有类似的担忧。就目前而言，中亚国家误解中国外交理念的现象仍然存在，并对中国中亚外交构成了挑战。

第二，中国外交长期坚持和平共处五项原则，坚持以"不干涉"原则处理诸多外交事务。然而，遵循中国外交原则却使得中国中亚外交陷入两难。如前文所述，除双边关系外，中国与中亚国家间的合作是在上合组织的框架内进行的，"互信、互利、平等、协商、尊重多样文明、谋求共同发展"的"上海精神"被视为上合组织的灵魂和合作原则。然而，来自以美

---

① 参见赵华胜《中国中亚外交的理论与实践》，《国际问题研究》2007 年第 4 期，第 21～23 页。

② 陈琪、管传靖：《中国周边外交的政策调整与新理念》，《当代亚太》2014 年第 3 期，第 12 页。

国为首的西方的批评始终存在，如有学者认为，以"上海精神"为合作原则的上合组织破坏了中亚地区的民主化进程，维护了中亚国家的"独裁"制度。① 这种批评暗示中国奉行"不干涉"原则开展与中亚国家的合作是"反民主"的，不符合西方的标准。同时，奉行"不干涉"原则使得中国只能有限介入中亚地区事务，导致中国与中亚国家的合作很多只是浮于表面，难以取得十分实质性的成果。矛盾的是，一方面，中国不干涉中亚国家的内部事务有利于维持后者的政权稳定，赢得了中亚国家的支持；另一方面，中国对中亚事务尤其是安全事务的有限介入又引起中亚国家的抱怨，认为中国在安全方面提供的支持有限，而在上合组织框架内举行的一系列军事演习并不能消除其不安全感。相比之下，中亚国家认为，比起中国，俄罗斯更加安全和可靠。从这个角度，中国中亚外交似乎陷入了两难，即同时承受来自美国的批评和来自中亚国家的抱怨。因此，如何在坚持中国外交原则的同时在中亚地区事务中有所作为，以消除或减缓中亚国家的不安全感也是一个需要解决的问题，解决该问题也有助于中国中亚外交目标的实现。

第三，在与中国的经济交往中，中亚国家心存忧虑。在双方的经济合作中，尤其是在上合组织的框架内，经济一直被视为中国的优势所在。如有学者指出，在上合组织中出现了"分工"的现象，中国主导经济领域而俄罗斯主导安全领域。② 中亚国家既希望参考中国的经济发展模式，又希望获得来自中国的投资，对前者而言，开展与中国的经济合作显然最具吸引力。然而，随着双方经济合作进程的推进，中亚国家开始对中国持续扩大的影响力表示担忧，认为中国从中亚地区进口原材料而大量出售廉价商品的行为不利于其本土经济的发展。中亚国家不仅视中国为制约俄罗斯影响力的工具，也借助俄罗斯削弱中国的影响力。要消除中亚国家在这方面的忧虑，中国需

① Thomas Ambrosio, "Catching the 'Shanghai Spirit': How the Shanghai Cooperation Organization Promotes Authoritarian Norms in Central Asia," *Europe – Asia Studies*, Vol. 60, No. 8 (2008), p. 1322.

② Nicola P. Contessi, "China, Russia and the Leadership of the SCO: a Tacit Deal Scenario," *China and Eurasia Forum Quarterly*, Vol. 8, No. 4 (2010), pp. 101 – 123.

改变传统的经济合作模式，更加注重发挥中国经济发展模式的示范作用。

第四，中国与中亚国家的人文交流合作有待加强，应更加注重民间交往。近年来，中国越发重视与中亚国家开展人文交流合作，如建立多所孔子学院，探讨建立上海合作组织大学等。以孔子学院为例，目前哈、乌、吉、塔四国均建有孔子学院，土国内也兴起了汉语热，至少有三所大学开设了汉语课程。然而，当前人文交流合作仍存在机制建设不完备、发展规划不明晰、经费来源不充足及互信基础不牢靠等问题。[①] 同时，人文交流合作大都是由政府主导，由于语言、文化等方面的差异，中国与中亚国家间的民间交往较少。对中国民众而言中亚国家仍然陌生、神秘，中亚国家民众则更多关心经济发展，对人文交流合作的兴趣有限。欲持续深化中国与中亚国家的关系，要做到官方与民间关系兼顾，只有真正实现了民心相通，中国中亚外交才有持续发展的动力。

三 "一带"建设与中国中亚外交

"一带"是中国近年来提出的一个新的、具有深远影响的战略构想，它从属于中国外交总布局。在中亚地区，"一带"建设与中国中亚外交之间的关系更多的是前者从属于后者。中亚地区作为"一带"建设的重要区域，具有十分重要的地位，国内许多学者对此有过相关论述。如有学者指出，中亚地区是"一带"建设的首要目标区，是更宏大规模合作的基石和关键节点。[②] 胡鞍钢等学者将"一带"进行区段划分，分为中亚经济带、环中亚经济带及亚欧经济带三大层段，并指出中亚经济带是核心区。[③] 因此，"一带"的提出被视为中国中亚外交的新阶段、新契机。但"一带"并不是对

---

① 张全生、郭卫东：《中国与中亚的人文交流合作——以孔子学院为例》，《新疆师范大学学报》（哲学社会科学版）2014 年第 4 期，第 69 页。

② 袁胜育、汪伟民：《丝绸之路经济带与中国的中亚政策》，《世界经济与政治》2015 年第 5 期，第 22～23 页。

③ 胡鞍钢、马伟、鄢一龙：《"丝绸之路经济带"：战略内涵、定位和实现路径》，《新疆师范大学学报》（哲学社会科学版）2014 年第 2 期，第 2 页。

中亚地区另眼相看，它也并非中国对中亚的特殊政策。① 整体而言，"一带"在中亚地区的实施至少面临着以下三个挑战。

首先，中亚国家对"一带"总体持一种矛盾的心态，表示支持的同时又心存疑虑。一方面，中亚国家对"一带"态度积极，尤其在官方层面，对该战略的建设表示支持和参与。在中亚国家经济普遍低迷的情况下，开展与中国的经济合作以发展本国经济的需求愈发迫切，它们希望获得更多来自中国的投资、援助、技术等。由于中国经济发展取得了令世界瞩目的成果，中亚国内也有希望研究中国经济发展模式或借鉴其有意义内容的声音，尝试为其经济发展注入新的活力。目前中亚国家主要对以交通运输为代表的基础设施建设和以石油、天然气为代表的能源合作有很大热情，并取得了一定成果。另一方面，中亚国家又心存疑虑，主要体现在对"一带"的最终目标、建设方式及实施后果三方面存在疑虑。②

导致中亚国家对"一带"心存忧虑的原因主要有两个。第一，中亚国家对中国在中亚地区持续扩大的影响力表示担忧。中国与中亚国家交往20多年来，中国在中亚地区的影响力迅速扩大，目前已经成为该地区最具影响力的力量之一。而中亚国家均执行多边平衡的外交战略，并不希望看到任何一个大国在该地区的影响力过大。"一带"不仅仅是一个经济战略，它具有综合性的功能，可以将其理解为一个具有综合性功能的构想。③ "一带"中的"五通"就涉及政治、经济、人文等多个领域，该战略构想在中亚地区的成功实施，有可能全面扩大中国的影响力和提高中亚国家对中国的依赖程度，这显然不是中亚国家愿意看到的。因此，出于这种考虑，中亚国家对"一带"表现出一定程度的疑虑。第二，由于"一带"的诸多细节有待明确，加之以美国为首的西方及俄罗斯对中亚国家认知的干扰，使得中

---

① 赵华胜：《"丝绸之路经济带"的关注点及切入点》，《新疆师范大学学报》（哲学社会科学版）2014年第3期，第27页。

② 强晓云：《人文合作与"丝绸之路经济带"建设——以俄罗斯、中亚为案例的研究》，《俄罗斯东欧中亚研究》2014年第5期，第28页。

③ 赵华胜：《"丝绸之路经济带"的关注点及切入点》，《新疆师范大学学报》（哲学社会科学版）2104年第3期，第28页。

亚国家对"一带"存在误解。"一带"是一个宏观的战略构想，其基本内涵和具体实施等诸多细节还有待明确，这使得中亚国家对该战略构想的了解有限，容易导致理解出现偏差。与以往提出的外交理念类似，"一带"提出后官方并未给出详尽、明确的解读，尽管国内学者纷纷提出自己的见解，但并未达成广泛共识，对中亚国家的影响也十分有限，因而导致中亚国家很难做出全面、准确的理解。同时，在此基础上，美国和俄罗斯国内存在的对"一带"的错误认识和对"中国威胁论"的渲染也干扰着中亚国家的认知。如有西方学者称中国在中亚地区的巨额投资是一种"中国式的马歇尔计划"，美国媒体对"一带"也颇有微词，认为该战略意在抗衡美国。俄罗斯视中亚地区为自身的传统势力范围，对任何国家扩大在该地区影响力的行为都持抗拒和怀疑态度。随着中国的迅速崛起，由以美国为首的西方大力渲染的"中国威胁论"似乎颇有市场，中亚国家也对中国表示出不同程度的警惕。因此，受到这些态度和言论的影响，中亚国家对"一带"表示支持的同时也存在负面认知。

其次，美国、俄罗斯等大国以一种竞争性的视角看待中国，使得"一带"建设面临多方掣肘。和平与发展是当今时代的主题，但美国、俄罗斯等大国始终以一种竞争性的视角看待中国崛起，中国提出的战略和理念大都被打上抗衡前者影响力的标签，"一带"也不例外。如西蒙·丹佛认为，中国的"一带"使得美国版"新丝绸之路"黯然失色，凸显出北京在亚洲日益增长的势力如何挑战美国的影响力；这在中亚地区比较明显，北京已在利用俄罗斯的相对衰落和美国计划从阿富汗撤军这一时机来扩大自身的影响力。美国华盛顿战略与国际研究中心的克里斯·约翰逊表示，中国正做出一个相当大胆的举动。习近平主席看到一个巨大的贸易和经济缺口并将其视为机会，而这是美国迄今为止未能很好利用的。[①] 俄罗斯则主要对

---

① Simon Denyer, "China bypasses American: 'New Silk Road' with Two if Its Own" (October 14, 2013), https://www.washingtonpost.com/world/asia_pacific/china - bypasses - american - new - silk - road - with - two - if - its - own/2013/10/14/49f9f60c - 3284 - 11e3 - ad00 - ec4c6b31cbed_story.html.

"一带"的目的有所怀疑，认为这是中国在中亚地区推行一体化进程的工具，开始积极推动欧亚经济联盟的建设以加强与中亚国家的联系。尽管中俄宣布要实现"一带"与欧亚经济联盟的对接，但在学术界，对"一带"建设的怀疑与忌惮并不鲜见。① 此外，欧盟的"新中亚战略"、日本的"新丝绸之路外交"、土耳其的"突厥语国家联盟"在这种竞争性视角的影响下也将对"一带"的实施构成挑战。

最后，"一带"的具体实施存在一些困难。结合当前中亚地区形势，加强"五通"任重道远。在政策沟通方面，中国与中亚国家在安全事务和宏观经济方面的对话合作已经取得了显著的成果，但双方仍需促进多领域、多层次的交流与合作。同时，鉴于当前中亚国家的政治形势，中国还需关注中亚各国的权力交接及政局稳定。在道路连通方面，道路建设尤其是高铁建设是中国的优势所在，也是中亚国家的迫切需求。但道路建设具有成本高、收益低、周期长的特点，建设过程中也应考虑到中亚国家的实际需求，避免再次出现类似吉尔吉斯斯坦退出中—吉—乌铁路项目的情况。在贸易畅通方面，中国需改变以往结构单一的贸易方式，加强科学技术与新型工业合作，形成示范效应，推动中国与中亚国家贸易合作的升级。在货币流通方面，推动亚投行在中亚地区促进基础设施建设，积极发挥人民币作为国际及地区性货币的职能需要一个较长的过程。在民心相通方面，受到美国、俄罗斯等大国的影响，中亚民众对中国的认知短时间内不会有明显变化。同时，当前中国与中亚国家的人文交流合作主要由政府主导，双方民众缺少交往，公共外交基础薄弱，加之语言、文化等方面的差异，实现民心相通是"五通"中最困难的一环。

"一带"最重要的问题在于如何实施，最迫切的问题则是战略定位的明确。"一带"倡议提出后，国内很多学者针对其内涵和性质提出了自己的见解。如赵华胜指出，"一带"只是对原有政策的加强，并非对中国中亚政策

---

① 可参考赵会荣《俄罗斯如何看待丝绸之路经济带》，载李永全主编《俄罗斯发展报告（2015）》，社会科学文献出版社，2015，第146～159页。

方向的改变，它是中国外交的新概念，而不是新实践。① 冯维江认为，"从国际来看，丝绸之路经济带完全符合中国开展离岸一体化（off - shore integration）合作的战略逻辑"②。但他们并未明确提出"一带"的战略定位问题，即"一带"在中亚地区的实施是否应当服从于中国中亚外交的问题。许多学者指出"一带"是一个包容、开放的宏大战略构想，涉及政策、交通、贸易、金融及人文等多个领域，它是一个综合性的国家战略，中国中亚外交则处于从属地位。然而，依笔者浅见，"一带"是一个实施中的战略构想，它应从属于中国外交总布局，在中亚地区的实施则应从属于中国中亚外交布局。

"一带"中亚段战略定位的模糊甚至不当可能会给中国中亚外交带来混乱。"一带"提出后受到了广泛的关注，国内外学者的解读、国内各省份的积极参与、各国的支持或质疑无形中将该战略构想的地位抬高，出现了以"一带"实施为主、中国中亚外交为辅的趋势。这可能给当前中国中亚外交的实践带来困惑。本文认为，本着立足长远的观点，"一带"应对中国中亚外交起到指导作用，它在中亚地区的实施则应从属于中国中亚外交。同时，二者也可以相互促进。一方面，"一带"作为一个开放、包容的战略构想，它在中亚地区可以很好地与中国中亚外交相结合，推动后者的深化发展。另一方面，"一带"涉及的范围远远超过中亚地区，它是覆盖亚欧大陆的综合性的宏大战略，而中亚地区作为核心区，"一带"在该地区的实施也助推其整体战略目标的实现。此外，对"一带"战略定位的模糊可能会影响上合组织的重要性及其功能的发挥。正如赵华胜所担心的那样，对"一带"投入更多热情可能导致对上合组织定位的降低，即使二者可以相互支持，以"一带"服务于上合组织的机会较少。③ 上合组织作为中国在中亚地区最

---

① 赵华胜：《"丝绸之路经济带"的关注点及切入点》，《新疆师范大学学报》（哲学社会科学版）2104 年第 3 期，第 28 页。

② 冯维江：《丝绸之路经济带战略的国际政治经济学分析》，《当代亚太》2014 年第 6 期，第 79 页。

③ 赵华胜：《"丝绸之路经济带"的关注点及切入点》，《新疆师范大学学报》（哲学社会科学版）2104 年第 3 期，第 33 页。

为重要的合作机制，是中国中亚外交不可或缺的多边平台。"一带"在中亚地区的实施需借助该地区的众多多边机制，而上合组织无疑是最具价值的。同时，"一带"是一个"新生儿"，其诸多细节有待明确，而上合组织在中亚地区的发展相对成熟，具有前者难以替代的重要功能。"一带"与上合组织都是服务于中国外交的重要工具，在积极推动"一带"建设的同时也应继续给予上合组织应有的重视。

四　小结与展望

近两年来中亚地区的形势不容乐观，且有恶化的趋势。在经济方面，中亚各国受到经济危机的影响较大，各国经济普遍低迷；在政治方面，中亚各国政局基本稳定，但仍存在发生动荡的可能；在安全方面，来自塔利班和伊斯兰国等恐怖势力的威胁日益加深，严重影响着中亚国家的安全与稳定。中国中亚外交也存在一些尚未解决的问题，主要涉及对中国外交理念的解读不到位、如何在"不干涉内政"的前提下深化合作、与中国国家的经济合作结构单一及人文交流合作有待加强这四个方面。

中亚形势的变化对中国中亚外交构成了挑战。事实上，"一带"的提出以及在中亚地区的实施也产生了随之而来的某些问题，如中亚国家的矛盾心理、美国和俄罗斯等大国的竞争性态度以及该战略构想具体实施存在的客观困难。至于"一带"能否成为推动中国中亚外交进一步深化的新契机，则首先取决于前者的战略定位是否准确。同时，在正确的战略定位的基础上如何应对一系列来自外部和内部的挑战也是亟须考虑的问题。

在"一带"背景下的中国中亚外交尽管面临诸多挑战，其前景依旧值得期待。中国与中亚国家交往20多年来取得的积极成果为未来中国中亚外交的发展提供了坚实的基础，中国日益强大的国力和对"一带"越发准确的认知则提供了良好的契机。以强大的国力和已取得的外交成果为基础，坚持中国外交的正确理念，把握中国中亚外交的基本目标，积极与"一带"建设相结合，是推动未来中国中亚外交取得新突破的重要因素。

印度对"一带一路"的态度及原因

毛 悦[*]

摘 要：印度对"一带一路"的态度主要表现为：在中美博弈的全球背景下审视中方的这一倡议，将自身的战略利益作为筹码与加入"一带一路"作为交换，认为这一倡议隐藏着中国的战略野心，提出自身的地区设想，等等。印度的这些态度与印度对当前世界格局的认知、印度在世界的地位的判断与预期、印方对华外交思维模式以及印度对中国大国诉求的态度等有密切关系。印度的态度是由其国家理想、外交传统和中美印三国的绝对地位和相对地位决定的，难以通过中国的外交行为改变。因此不应纠结于印方的态度，而宜深刻理解印度的外交思路与模式，切实改善中印关系。

关键词：印度 "一带一路" 大国诉求 摇摆国家

中国的"一带一路"倡议提出后，沿线国家大多给予了积极的回应，尽管其中有些国家对这一倡议的前景和具体内容多少有些疑问。但作为沿线重要大国的印度对此有所保留且并未给予明确回应的态度耐人寻味。本文在归纳印度对此项倡议的态度的基础上，试图结合莫迪总理执政以来印度外交的近况分析印度此种态度所反映出来的印度的世界观、对自身位置的认知、印度外交思维中的一些定式以及对华思维模式的特点，相信这将有助于更好地理解印度的外交行为、进一步改善中印关系。

---

[*] 毛悦，中国社会科学院亚太与全球战略研究院《南亚研究》编辑部副主任、中国社会科学院南亚研究中心副主任。

一 印度对 "一带一路" 的态度

总体来看,印度认为"一带一路"是中国采取的重要举措,不单纯是惠及周边、双赢共赢的地区合作计划,而是隐藏着中国的战略野心。具体来看有以下几方面。

(一)印度认为"一带一路"是中国与美国争夺世界霸权的重要举措

印度认为,中国提出"一带一路"有深刻的国际背景,特别是与正在形成的世界秩序有关。目前美国的全球统治地位受到挑战,而中国在经济领域发展迅速,被美国认为是够格的挑战者。中美各自在全球范围内提出各种倡议和安排,具体做法不同,反制对方的意味明显。中国争取霸权的雄心使中国自称的"双赢""多赢"之类的说法难以让其他国家信服。"一带一路"是中国找到的通过经济手段获得外交影响同时塑造更为温和的国家形象的一种途径,同时从长期来看这也是中国对地区秩序提出的一种不同于美国的设想和模式。

(二)印度将自身利益作为筹码与加入"一带一路"做交换

印方认为印度不可能将"一带一路"的建设与其最基本的战略考虑分开来谈,如果中国一边侵害印度的利益,一边要求印度积极支持中国的"一带一路"倡议,这是令其难以接受的。中国对印度战略利益的忽视和伤害会直接影响印度对中国的"一带一路"构想的态度。印度对于自己在"一带一路"中的重要性非常有信心,认为如果中印不一起行动,至少中国的 21 世纪海上丝绸之路倡议不会成功。印方从此角度强调的利益包括以下几方面。

第一,南中国海问题的解决。印度作为一个南亚国家在南海的利益主要表现为经济利益,即油气开发和货运。印度需要中国支持其在南海的经济利益,并不满足于表态等形式上的支持。如果中国给予实际的支持或承诺维护印度在南海合理的商业利益，印度不会在中越的纷争中支持越南，但如果印度的商业利益得不到保障，将有可能在中越之间倒向越南。

第二，边界问题。在边界问题上印度理解两国都会受到国内各种复杂因素的影响，边界问题不可能很快解决，但强调双方最起码可以做到不在这个问题上刺激对方，并建议为妥善解决这一问题进行全方位多层次的对话，不能仅限于智库纸上谈兵，或单一的外交部门对话。

第三，巴基斯坦问题。印方认为中国必须理解巴基斯坦军事力量的壮大对于印度的意义。印度学者指责中国向巴基斯坦提供军事援助，认为这严重伤害了印度的战略利益。

（三）印度认为"一带一路"隐藏着中国企图控制周边地区的野心

印度长期以来视南亚地区为自己的势力范围，视印度洋地区为自己的后院。中国提出"一带一路"，在印度看来是要加强在南亚的影响，同时保持在印度洋的存在。印度指责中国使印度利益受损，这种受害者心态也使其更担心"一带一路"特别是21世纪海上丝绸之路的建设会使其战略利益进一步受损。

在这种认识的基础上，印度对中国的周边国家战略提出批评。印度认为中国的周边战略失当的部分原因是试图用钱来解决所有问题，而并不是真正关心地区国家的发展，深入地与地区国家发展民间往来，增进国家间、人民间的了解。比如，中国对巴基斯坦面临的人口快速增长与水资源紧缺等问题视而不见，重在扶持巴基斯坦的军事力量。印度不少人认为，中国对斯里兰卡的资金援助也附带有条件，而且两国的民间交流乏善可陈，斯里兰卡民间对中国的印象不佳。

（四）印方提出自己的计划

印度目前提出的与"一带一路"有关的计划主要有"季节计划""向北看计划"以及"香料之路计划"。对于"季节计划"（Project Mausam）的内涵，印度国内也有不同的声音，有学者认为主要是提升印度在印度洋国家中的软实力，开发印度的海上文化遗产，重续与当地国家的友好交往等；也有学者认为这是对中国"一带一路"计划的回应，有深层的战略内涵。

另有印度学者提出印度自身的丝路战略应集中在阿富汗、巴基斯坦地区，并将此称为"向北看计划"（Look North Approach）。要通过这一计划到达欧亚大陆，实现与当地的一体化，并使伊朗成为印度的丝路计划的中心。其中恰哈巴港口可以作为一个重要的入口进入欧亚大陆。实际上印度对于恰哈巴港口已经营多年，但效果尚不明显。

（五）印度内部对是否加入"一带一路"的争议

对于印度是否应加入"一带一路"，印度国内也有争议。支持加入的观点有以下几类。第一，强调不应笼统表态，而应从具体项目入手，分析具体在哪些领域可以与中国合作，而不要笼统地将"一带一路"定义为是对印度的挑战还是机遇。但共同的项目不要在任何一方的后院或者战略敏感地区进行。还有观点认为实际上印度已经加入了亚投行和孟中印缅经济走廊的建设，已经参与了"一带一路"建设。第二，印度加入"一带一路"后其实议价空间更大，所以应该加入。印度作为旁观者很难切身体会到"一带一路"到底能为自己带来什么，即使不断谈判也很难达到自己满意的结果。而进入"一带一路"之后其实更容易与中国议价，有更大的回旋空间。但是如何能够在面对中国谈判时有更好的影响力，这对印度来说还是一个挑战。第三，美国的TPP、TTIP等经济安排使印度在经济上被边缘化，而"一带一路"正可以作为一个突破口使印度融入全球经济。印度作为地区大国，其实很难在现实中完全游离于"一带一路"之外。印度想要谋得自身发展，也需要加入这样大型的经济合作倡议。

而反对加入的观点有以下几类：第一，印度战略界，尤其是有军方背景的机构和个人认为在中印之间敏感战略问题未得到中方的承诺之前不应涉入"一带一路"这个非常宏大又没有实际内容还有可能隐藏着中国争夺霸权野心的计划。第二，质疑"一带一路"能否成功。这种质疑主要出于以下几个原因：项目涉及的资金、人口数额巨大；沿线国家政治局势复杂，如何处理是对中国一贯坚持的不干涉内政等外交传统的挑战；也有部分印度人认为，"一带一路"缺乏精神内涵和道德内核，质疑中国"用钱买友谊"。

二 印度对"一带一路"倡议态度的解读

印度对"一带一路"的态度涉及多个方面，通过对这些层面的分析，结合近年来印度外交的动向特别是 2015 年以来的一些情况，一方面可以看出印度对近年来世界格局变换的观察、对当前世界权力结构的认知以及对印度自身在国际上当前的定位和对未来的预期，另一方面可以看出印度面对中国时的心态以及外交思路。

（一）印度的外交视野与自我认知

印度的大国情结由来已久，甚至可以说印度外交的重要目标之一即是获得为国际社会所认可的大国地位。在心怀大国理想却并未获得世界大国认可的背景下，印度坚持独立自主的外交原则，在外交实务中在各大国之间保持距离，不会放下"准大国"的尊严与既有大国结盟，也避免在大国的博弈中使自身利益受损。

面对中国提出的"一带一路"倡议，在认知的层面上，大国理想使印度倾向于从全球背景下考虑中国提出这一倡议的原因，因此更多地看到的是守成大国与崛起大国之间的博弈、认为"一带一路"是中国提出的新的世界秩序或至少是其中的一部分，并以此与现行的以美国为领导者的旧秩序对峙。

在实践的层面上，面对一个难以做出选择的抉择，作为一个没有大国地位又怀有大国期待的国家，印度的反应首先是与大国保持距离，谨慎回应中国的提议，避免直接、正面、明确地表态，不做出任何选择。其次是印度要做出符合自己期待的大国身份的行为，提出自己在这一问题上的见解。印度的"季节计划""香料之路计划""向北看计划"等都不够成熟，但毫不妨碍印方在政策和学术层面对它们加以广泛宣传。

印度对"一带一路"的这些回应与印度对当前世界格局的认知、对其自身在世界格局中的认知与预期有密切关系,与各大国密切接触并从中获益,"多重结盟"的同时不与任何一方结盟则是印度针对自己的特殊定位在当前形势下提出的外交行为主张。

1. 印度对自身在世界格局中的地位认知与预期

对于当前世界格局正在发生的变化,印度学者有着敏锐的观察,他们认为:当代全球正在发生权力转移,美国地位虽然相对衰落、但仍然是具有全球经济和军事影响力的、唯一的超级大国,中国力量的上升使"美国的战略界正将中国经济影响力在全球各地……的扩展作为最主要的担忧","两国对彼此的认知在广义上可以被定义为是'零和'式的。中国认为美国主导的亚洲秩序有损于其国家利益。同时,美国将中国在亚洲地区政治经济影响力的提升视为对其亚洲事务主导权的潜在挑战"。并且认为两国在亚太地区正在进行"冷对抗"。① 在这样的背景下,印度的作用得以凸显。而印度对世界格局的这种认知也使其能够首先在全球视野的背景下观察中国的"一带一路"倡议。

同时,印度对于自身在这个变动的世界格局中的位置也与其对"一带一路"的态度密切相关。印度的身份认知中既存在着自我认知与他者认知的差异,也存在自身对现实判断和未来预期的混淆。

莫迪上任以来,印度外交的全球视野更加明显。从政府行为来看,印度积极展开对南亚地区以及世界各大主要国家的"有声有色的"外交。成为总理的第一年内,莫迪出访 18 次,② 印度在周边地区以及美国、日本、欧盟等大国和地区之间展开了积极的外交,有学者将此称为莫迪的"地球仪外交"。积极的外交活动以及其他国家给予的热情回应使印度一时间"炙手可热",也极大地鼓舞了印度的政治精英。印度外交部部长苏杰生在新加

---

① 贾瓦哈拉尔(ChintamaniMahapatra):《印度—美国—中国的战略平衡:时代的呼唤》,《美国问题研究》2015 年第 1 期,第 11~20 页。

② SrikanthKondapalli, "China and India:Tomorrow's Superpowers" (Jan. 15, 2016), http://thecipherbrief.com/article/china-and-india-tomorrow's-superpowers.

坡的一次讲话中倡议印度要做"领导性的"大国，而不是"平衡性的"大国。① 印度学术界对莫迪总理的大国外交也表示赞赏，并由此认为印度在国际舞台上的地位得到极大提升。如有印度学者认为，"在目前的世界政治中，美国、中国和印度三足鼎立。……美国、中国和印度是国际事务的主导者，而其他国家则主要致力于与美国、中国或印度协调立场。"②

但是，在其他国家特别是美国看来，印度虽然在未来有可能在国际舞台上发挥更重要的作用，但目前还只是可被美国利用的"摇摆国家"，这一概念最先由美国学者提出。③ 在美国实力呈现相对衰落趋势的背景下，美国需要借助期待对国际体系进行改良但不发生根本性改变的位于不同地区的新兴国家的力量来维持自身领导地位。这些国家，主要是巴西、印度、印度尼西亚和土耳其，均为民主政体，经济发展快、对国家的国际地位有追求，期待现有国际体系做出调整以便于自己地位的攀升和彰显，但并不寻求挑战或彻底推翻现有的国际秩序，也至少在可预见的未来不寻求提出与美国主导的国际秩序"分庭抗礼"的另一套国际秩序。这些国家的立场相对灵活、在各自所在的地区具有重要影响力。美国可以用较少的代价赢得其与美国接近的立场，代替美国在其所在地区维护美国所要维护的利益。④位于南亚的印度正是这样一个"摇摆国家"。归根结底，在美国看来，印度还只是一个可以利用的棋子，也许未来会成为美国的挑战者，甚至成为世

① SrikanthKondapalli, "China and India: Tomorrow's Superpowers" (Jan. 15, 2016), http://thecipherbrief. com/article/china – and – india – tomorrow's – superpowers.

② 贾瓦哈拉尔（Chintamani Mahapatra）：《印度—美国—中国的战略平衡：时代的呼唤》，《美国问题研究》2015 年第 1 期，第 11 页。

③ Daniel M. Kliman and Richard Fontaine, "Global Swing States: Brazil, India, Indonesia and Turkey and the Future of International Order" (Washingtong: D. C.: The German Marshall Fund of the United States and the Center for a New American Security, 2012), http://120. 52. 72. 41/www. cnas. org/c3pr90ntcsf0/files/documents/publications/CNAS _ GlobalSwingStates _ KlimanFontaine. pdf.

④ 国内关于"摇摆国家"以及印度"摇摆国家"的身份建构的论文可参见韩召颖、田光强《"全球摇摆国家"与美国的霸权护持战略》，《四川大学学报》（哲学社会科学版）2014 年第 6 期，第 140～146 页；许娟《美印〈战略愿景〉："全球摇摆国家"定位及解读》，《南亚研究》2015 年第 3 期，第 28～42 页；刘红良《冷战后印度"摇摆国家"的身份建构》，《南亚研究》2015 年第 4 期，第 1～14 页。

界大国，但现在还远远不是。其他地区国家（如东南亚国家、海湾国家等）也只是将印度视为可以平衡本地区权力结构的域外大国。印度对这些地区的影响力在很大程度上还是基于地理上的邻近，而不是超强的实力。因此，莫迪上任以来印度在外交上赢得的"明星效应"很大程度上还是凭借其"平衡作用"受到的欢迎，与真正的大国地位仍然还有距离。

印度对自身的认知及与他者认知的差异可以很好地解释印度对中国的重要倡议所做出的反应，这也有利于理解印度的外交行为和思路。印度期待自己成为大国，在某种程度上甚至认为自己已经成为世界大国。这种极高的自我满意度使其难以"屈尊"在其所认知的两种"世界秩序"中做出选择，但未被国际社会广泛认可大国地位的现实也使其不能够对其中任何一方明确表示敌意与拒绝，而只能做出含混模糊的回应，当然也不能表示积极回应以免得罪另一大国；同时，印度也会提出自己的主张以印证对自身大国地位的认可，尽管这些主张的可行性有限。

2. 印度的选择：战略自主，多重结盟，还是"摇摆国家"

在外交实践中，印度如何回应中国的"一带一路"倡议也是在其所认知的中美竞争的大背景下如何应对的一次考验。

2015 年 1 月 25～27 日，美国总统奥巴马在印度共和国日期间对印度进行了国事访问。奥巴马是首位出席印度共和国日阅兵庆典的美国总统，同时又是唯一在任期内两次访问印度的美国总统。由此可见，美印关系在两国交往历史上处于非常密切的时期。在此期间，两国发表了《联合声明》《联合战略愿景》和《印美友好德里宣言》三个共同文件。其中比较引人瞩目的内容包括：美国在核问题上对印度的让步，包括奥巴马动用总统特权，给予印度其民用核能设施只接受国际原子能机构不必经美国再次检查的待遇，美国还承诺支持印度分步骤地成为核供应国集团等四个国际军控机构的正式成员；美印防务关系从单纯军售提升到联合研发、生产的新高度；强调海上安全及航行自由，并特别提到了南中国海，其深意不言而喻。

奥巴马的此次访问为此前处于平台期的印美关系注入了新的能量。应该说，美国也做出了相当程度的让步。这样的让步也许对美国而言不会有立竿见影的收获，但美国学者认为，支持印度的成功对于实现美国的国家利益是具有根本性意义的，并呼吁美国不要不时地患上"战略健忘症"，同时指出在今天以及可预见的未来，最有可能损害美印两国利益的国家就是中国，无论公开承认与否，美印关系应该建立在这样的基础上：建立符合美印两国各自重要利益的亚洲秩序。①

印度对于美国的示好是否买账呢？美印关系的密切是否意味着印度倒向美国，与美国结成了事实上的联盟，而且很有可能针对中国？事实上，印度既不相信中国，也不相信美国，并没有想在中美之间选边站，认为与中美都保持适当距离，在时机合适时与一方接近以向另一方要价这种做法对印度利益是最有利的，尽管如何在外交实践中保持恰当的距离对印度领导人而言是一个挑战。

印度并没有倒向美国阵营，其中最主要的原因是印度与美国在很多问题上存在分歧，如两国在伊朗问题上的分歧，以及美国对于印度在东亚发挥更大更强硬作用的期望在某种程度上超过了印度自身的预期，因此印度不可能完全倒向美国一边。印度官方的态度也很明确，"（莫迪总理的）外交政策已很清晰，印美关系不应当损害印中关系或印俄关系。印度与世界主要大国发展紧密的战略与合作关系，这为提升印中关系水平营造了良好氛围"②。值得注意的是，尽管印度不会与美国共同遏制中国，但与美国及其盟友密切的关系使印度在面对中国时更有信心，也有更大的回旋空间。因此印度也会积极发展与这些国家的关系，特别是在政治安全领域。

印度在决定是否加入"一带一路"时涉及在中美之间怎样保持恰当距离的问题，印度国内对此也有各种声音，而最终决定也是各派力量、各种声音博弈的结果。

---

① Ashley J. Tellis, "India – US Ties: It's Not about Give and Take," *The Hindustan Times* (Jan. 22, 2015), http://www.hindustantimes.com/analysis/indo – us – ties – it – s – not – about – give – and – take/article1 – 1309431. aspx.

② 莫汉蒂：《印度人心中的"一带一路"》，《人民日报》2015 年 8 月 3 日，第 3 版。

面对成为"领导性国家"、世界级大国的愿望与作为"摇摆国家""平衡性国家"的现实之间的差距,应该如何定义印度的外交原则呢?印度国内对此也展开了辩论。① 印度有学者提出"多重结盟"一词,意为在不同结构下保持和一系列国家的紧密关系,以不同的方式维护印度的利益需求。② 印度有学者提出"战略自主"的概念,其核心在于保持与美国友好关系的同时维护印度外交政策的独立性。③ 但这一概念也有众多批评的声音。④

实际上,无论是"多重结盟""战略自主"还是"摇摆国家",其中的共通之处在于印度不会以损害与一个大国的关系为代价而密切与另一个大国的关系。与所有大国维持积极的关系以争取印度利益的最大化将是印度的最佳选择。如果做出一个选择会得罪其中任何一方,对印度来说都是不值得的。而在具体事务上的处理方式则与特定的相关国家、印度与其交往的历史、与其相处的心态以及事件的背景、当时的国际环境等因素相关。从这个角度不难理解,在印度的外交视野中,对中国的"一带一路"倡议不给出明确的回应是对印度最有利的选择。

(二)印度对华思维模式

因为"一带一路"是中国提出的倡议,而且印度认为是中国在新的国际格局变幻的背景下提出的与美国"分庭抗礼"的对地区乃至世界秩序的中国规划,因此印度对"一带一路"的反应集中地反映了印度对中国的心态、思维模式与政策特点。

印方反对加入"一带一路"的意见主要集中在两方面。一方面认为在中国没有解决印度的主要安全关切的前提下,印度没有理由要加入,另一

---

① 刘红良:《冷战后印度"摇摆国家"的身份建构》,《南亚研究》2015 年第 4 期,第 3~4 页。

② 刘红良:《冷战后印度"摇摆国家"的身份建构》,《南亚研究》2015 年第 4 期,第 3 页。

③ Guillem Monsonis, "India's Strategic Autonomy and Rapprochement with the US," *Strategic Analysis*, Vol. 34, No. 4 (July 2010), pp. 611 - 624. 转引自杨思灵《印度如何看待"一带一路"下的中印关系》,《人民论坛学术前沿》2015 年第 9 期,第 40 页。

④ 刘红良:《冷战后印度"摇摆国家"的身份建构》,《南亚研究》2015 年第 4 期,第 4 页。

方面是对"一带一路"本身的质疑，特别是从道义的高度质疑中国的这一倡议甚至中国与周边国家以经济手段为中心的接触模式。这两方面反映出印度外交思路中非常重要的两点：第一是要求互惠的弱者心态第二则是印度道义与现实相结合的二元国家战略文化。在面对中国时，印度的心态格外复杂，在政策上则表现出经济上渴望密切合作、政治安全上疑心较重、信任缺失的两面性。

1. 要求互惠的弱者心态

尽管怀有大国理想，但印度毕竟还不是一个国际公认的世界大国。尤其在面对中国时，印度的一些行为体现了其弱者心态。最为突出的表现就是要求互惠，在印度打算为中国做出什么时必须要求中国给出类似的利益让渡，并努力寻求这样的对应点，无论是否"牵强"，比如将印度介入南中国海问题与中国在印度洋保持存在的问题挂钩。

这里的弱者心态有两层含义。第一层是特指印度利用中印边界战争中印度作为战败一方的事实将自己装扮成"受害者"，夸大所谓的"中国威胁"，为自己谋求战略利益。① 这既是印度的心态，也是其惯用的一种做法。第二层是指广义上在面对自己认知中的强国时，一国所表现出来的"对强者自觉为弱"的心态，具体表现可以是安全感的缺失、对两国关系未来的不确定性的强调，进而表现为对短期、即时利益的重视。如果说第一层含义是两国关系史所塑造的印度行为模式的"传统"，那么第二层含义则是中印实力对比使印度形成的"本能"。

反观印度自己对南亚国家的外交，就不存在这样的弱者心态。如 2015年 6 月 6 日，印度与孟加拉国签署了具有历史意义的《领土边界协议》，解决了两国之间长达几个世纪的飞地问题。根据这项协议，印度将其境内总

---

① 有学者认为：中印边界问题从争端演变到战争的过程中，印度自视为"受害者"的心理对决策也起了重要作用，参见马荣久《"受害者心理"与外交决策——以领土争端中的印度对华决策为例（1959～1962）》，《国际政治研究》2008 年第 2 期，第 174～183 页。关于中印边界战争之后印度利用"战败者"身份营造出的受害者形象以实现其诉求的论述，可参见杨思灵、高会平《一带一路：印度的角色扮演及挑战》，《东南亚南亚研究》2015 年第 3 期，第 5 页。

面积约 1.7 万公顷的飞地归还孟加拉国,而孟加拉国归还印度的飞地面积为 0.7 万公顷。两国还划定了长 6 公里左右的边界线。印度媒体和民众对此给予了积极的回应。尽管交换飞地与划定边界不可同日而语,然而印度在此次事件中表现出来的大国姿态、事件的结果和舆论的反应在中印处理领土纠纷的过程中简直是难以想象的。这在很大程度上也与印度面对孟加拉国时"对弱者自觉为强"的心态有关。

印度面对中国时的弱者心态使其在面对"一带一路"的宏大提议时,一方面表现出戒备,担心中国借此机会在南亚加强影响,在印度洋保持存在;另一方面要求互惠,将涉及印度战略利益的问题一一提出,既作为谨慎回应的借口,也借机向中国要求更多的利益让渡。这种缺乏长远眼光、要求即时回报的心理反映出印度在面对中国时安全感的缺失。

2. 道义与现实相结合的二元国家战略文化

道义或者说对精神层面的重视在印度的战略文化中具有相当重要的位置。对道义的看重也是印度对中国"一带一路"倡议及中国以经济手段与周边国家接触,"借经济促政治"的做法有所不满甚至指责中国"用钱买友谊"的缘由。

印度的战略文化中,现实主义取向与道德尺度并重。其中的"道义"原则可追溯到孔雀王朝的阿育王时期。阿育王的"法胜"思想成为国家的基本行为准则,这不仅在当时使阿育王时期的外交政策具有和平的性质,印度当前战略文化中的"道义"分支也由此演化而来,"在战略缔造和实施中,不仅一国的战略目标应当是正当的,而且其实现战略目标的手段也应当是正当的"①。在尼赫鲁和英迪拉·甘地统治时期,道义原则在印度的外交中也特征鲜明。有学者认为,至少在尼赫鲁政府时期,甚至之后的很长时间里,阿育王的思想传统充斥着印度的外

---

① 宋德星:《现实主义取向与道德尺度——论印度战略文化的二元特征》,《南亚研究》2008 年第 1 期,第 12 页。

交政策。① 在经济增长已经成为判定大国地位的重要标准时，有大国追求的印度仍然看重精神层面的力量对于大国的重要性。1983 年 10 月 4 日，英迪拉·甘地在欢迎访印的新西兰总理罗伯特·默尔多的宴会上讲道："目前使用的'发达'和'发展中'这两个词混淆了信息和智慧，物质的积累和幸福的含义，这对于未来的危险同军事力量竞争对安全的威胁一样大。"② 执着于精神世界而多少有些"看轻"现实利益的做法在印度是存在的。

在这种背景下，印度对中国"经济外交"的做法颇有微词，当然其中一方面原因是对中国的复杂心态所致，另一方面有部分原因是对中国做法的误解。但不可否认，这种批评出于印度的"道义至上"原则，是可以在其战略文化中找到渊源的。有趣的是，近年来印度政府一再强调印度外交应以印度国家利益为出发点，弱化价值导向对印度外交的影响。特别是莫迪上台后，"印度现实主义外交政策将国家利益和安全置于意识形态之上"③。尽管如此，印度战略文化中源于《政事论》的现实主义传统占上风并不影响道义原则发挥作用，特别是在对中国——这一印度怀有复杂心态的邻国发表批评意见的时候。

3. 印度对中国大国追求的复杂心理及对华政策的两面性

"一带一路"是中国政府提出的宏大倡议，也被印度认为是带有中国标签的地区及全球战略架构的设想，是中国大国追求的重要体现。印度对这一倡议态度上的犹疑反映出印度对中国大国追求的复杂心理。这种复杂性主要体现在两个层面。

第一个层面是印度对中国情感的复杂性。一方面，中印之间有相当的

① 宋德星：《现实主义取向与道德尺度——论印度战略文化的二元特征》，《南亚研究》2008年第 1 期，第 12 页。

② 〔印〕普普尔·贾亚卡：《英迪拉甘地私人传记》，张曙薇、姚大伟译，时代文艺出版社，1999，第 455 页。

③ Simi Mehta，"India's Foreign Policy under Prime Minister NarendraModi：Challenges and Opportunities," Journal of Governance and Public Policy, Vol. 4, No. 2（July – December 2014），p. 82. 转引自许娟《美印〈战略愿景〉："全球摇摆国家"定位及解读》，《南亚研究》2015 年第 3 期，第 40 页。

相似性。中印两国是近邻，都拥有悠久的历史和灿烂的文明，中印两国的交流史源远流长。近代也有类似的争取民族独立的经历。虽然两国民间交往有限，但在各自的认知中，对方即使不具有一定的亲密感，也是一个与自己在各方面相匹配的值得尊敬的邻国。另一方面，中印之间也有很深的隔阂，缺乏互信。这在很大程度上是由20世纪60年代的中印边界战争造成的。印度心目中的中国从值得尊敬与密切合作的伙伴变成了背叛者、侵略者。直至今日，由于中印边界问题仍未解决，战争的阴影依然是中印交流与沟通中的一大影响因素。此外，中印两国文化的异质性也是影响两国交流与沟通甚至造成误解的原因。比如中国文化中特有的含蓄、内敛的表达方式以及中国外交宣传中带有中国特色的表述方式让印度质疑中国的诚意，认为中国人说一套做一套、在温和、友好的外交辞令下隐藏着"不可告人的居心"（hidden agenda）。

第二个层面则是在以上基础上印度对中国经济发展成就及大国追求的复杂心理。一方面，印度认为中国经济发展和国际地位提升是了不起的，对印度而言中国的经历也是值得借鉴的。但另一方面，印度要做世界级大国的抱负又使印度不甘于成为中国的复制品，也不希望在世界舞台上被中国抢去风头。印度需要的是走有印度特色的大国之路。莫迪在2014年9月访美前夕的表态生动地体现了印度的这种复杂心理。他表示，印度有机会崛起，与中国并驾齐驱，成为世界强国。但当被要求与中国进行对比时，他又宣称印度不需要成为任何其他国家，必须成为唯一的印度。①

从印度在20世纪90年代开始经济改革之后，由于中国在经济发展上对印度有示范效应和启发效应，同时中印之间因边界战争等引发的互信问题仍存，印度对华态度呈现两面性，即在经济上肯定中国的作用，积极发展两国经贸关系，但在政治安全问题上对中国缺乏信任，国内战略界普遍视中国为威胁。2014年莫迪总理上台后，印度对华的这种两面性更加突出。

---

① 《莫迪拒绝将印度与中国对比：印度必须成为唯一的印度》，http://news.ifeng.com/a/20140922/42048083_0.shtml，转引自杨思灵《印度如何看待"一带一路"下的中印关系》，《人民论坛·学术前沿》2015年第9期，第40页。

这主要是由于莫迪个人的政治业绩与古吉拉特邦的经济奇迹有关，莫迪在竞选中也大打经济牌，同时他的印度人民党背景也使其更强调印度教民族主义，对"中国威胁"更为重视和敏感。

印度对中国的这种复杂心态使其对于是否应接受"一带一路"的倡议犹豫不决。一方面，无论从发展印度国内经济还是从避免在美国提出的国际经济安排中被边缘化的角度来看，中国的提议对印度都具有相当的吸引力；另一方面，在战略上对中国进入南亚和印度洋的戒心以及对中国以大国风范提出宏大倡议的妒意都使印度难以下定决心加入"一带一路"。因此，即使是支持加入"一带一路"的学者在表述观点时也相当谨慎，也会强调印度的加入在战略安全方面也是有益的。

三　结语

印度对"一带一路"的态度是由印度的国家理想、外交传统及中美印三国的相对地位和绝对地位决定的，不是中国采取什么行动就可以完全使其转变的。因此我们不应过于重视印方的表态，可以从细处、从具体的项目入手。这样一方面可以切实推进"一带一路"的实施，增强印度对中国的依赖，另一方面也使我们避免因追求大而空的表态而在印度要求的细节问题上做出过多的利益让渡。

印度对"一带一路"的态度不仅反映出印度的世界观、外交思路和对华的惯性思维与态度等一些规律，也反映出印度对中印关系现状的态度。因此应在不纠结于印度是否明确表态的基础上切实改善中印关系。其中的一个思路是加强民间交流、文化交流等，夯实双边关系的民间基础，改善中印关系主要由官方推动、自上而下的倒金字塔模式。而对于印度对华贸易逆差等印方在意的中印经济关系中的问题，应采取较低力度的改善措施，一方面让印度看到我们的努力，另一方面要保持对印度的经济优势，这是保证中印关系稳定的重要前提。当前中国经济增速放缓，印度经济增长被普遍看好，并将在增长速度上首次超越中国，这会在很大程度上使印度人感到自满，在认为与中国差距缩小、即将超越中国的认知的基础上，有可能会在敏感问题上对中国提出挑战，制造一些小摩擦，这一方面是为了满足国内需求，另一方面也是试探中国底线。对此，中国应有所防范，并进行积极应对。

中美在南海问题上的策略调整和行动效果评析

叶海林*

摘　要：本文在对 2015 年至 2016 上半年南海局势的发展变化过程进行回顾与梳理的基础上，提出南海问题的主要矛盾已经从以"黄岩岛事件"为标志的中国与部分东南亚国家之间的主权与海洋权益争端转变为中美两个大国之间围绕南海地区秩序制定与维护权的战略博弈，主要体现为以美国用军事手段贯彻自己"航行自由"和中国的反制措施之间的对抗性互动。中美在南海的冲突逐渐呈现出霸主国与崛起国之间霸权与反霸权斗争的特征。这种态势未来仍将持续，南海问题的管控难度会有所增大，爆发冲突的风险会进一步增加。

关键词：南海　航行自由　战略抵消

2015 年以来，南海问题各参与方意图与策略的对抗性加强，菲律宾试图以国际仲裁挑战中国立场的姿态日趋明显。中国在南沙实控岛礁的吹填作业成果渐现，岛礁作业从力量建设发展为力量使用的紧迫感加强，可能性也逐步变大。美国以非作战军事手段挑衅挤压中国的行动频率和力度都在增加。东盟以及印度、日本等域外国家对南海问题的关切亦不断加强。尽管南海到目前为止并没有爆发武装冲突，然而"总体稳定"对于 2015 年以后的南海局势而言，恐怕也仅仅意味着没有爆发冲突。南海局势依然能够得到管控，但有关各方的管控措施中缺乏有助于化解冲突的积极因素，

---

* 叶海林，中国社会科学院亚太与全球战略研究院副研究员，《南亚研究》编辑部主任，中国社会科学院南亚研究中心主任，云南财经大学印度洋研究中心国际战略研究所所长。

反而往往在为采取下一步行动而积蓄能量。南海问题的性质也在随之发生变化，从区域内国家间的主权和权益争端逐步演变为霸主国与霸主国所认定的挑战国之间围绕地区秩序制定与维护的权力斗争。如果中美两国继续奉行各自当前的策略，南海问题将很有可能演变为测试西太平洋地区国际秩序是维持当前状态还是发生重要转变的"试金石"，成为影响 21 世纪国际体系变动的决定性事件之一。

一　2015 年的南海局势

纵观 2015 年的南海发展态势，此前相关方存在的所有分歧都没有缩窄的迹象，各方采取的行动都有一定程度的升级。而作为维护南海和平与稳定的若干共识，如遵守《南海各方行为宣言》以及制定《南海各方行为准则》等，则或者停步不前，或者沦为批评其他行为方的道义工具。整体而言，虽然中国政府依然坚持认为并反复强调"南海地区总体稳定"，① 但是应该看到，"总体稳定"实际上蕴含着大量的不稳定因素，而且维持南海"总体稳定"的难度也越来越大。

（一）中国与菲律宾等国在就中国"九段线"主张进行国际仲裁问题上存在严重对立

菲律宾于 2014 年 3 月 30 日向海牙国际常设仲裁法院仲裁庭提交诉状，要求仲裁庭仲裁中国的"九段线"是不正当的要求，违反《国际海洋法公约》，并且要求仲裁法庭认定美济礁、西门礁、南薰礁和渚碧礁都只是国际海洋法下的"暗礁"，黄岩岛的六个小岛以及永暑礁、华阳礁和赤瓜礁都只能称为国际海洋法下的"岩礁"而非"岛屿"，因此不能享有专属经济区；2014 年 12 月 7 日，中国外交部发表《中华人民共和国政府关于菲律宾共和国所提南海仲裁案管辖权问题的立场文件》，对菲方主张进行驳斥，并强调

---

① http://www.fmprc.gov.cn/web/wjdt_674879/fyrbt_674889/t1343501.shtml.

不接受、不参与菲律宾提起的仲裁。2015 年 7 月 7 ~ 13 日，由菲律宾单方面提起的所谓"南海仲裁案"在海牙常设仲裁法院仲裁庭举行听证会，以确定国际仲裁庭对南海案件是否有司法管辖权。2015 年 10 月 29 日，海牙常设仲裁法院仲裁庭发表裁决声明，声称有权受理菲律宾就南海问题对中国提出的诉讼。2015 年 11 月 24 ~ 30 日，仲裁庭在荷兰海牙举行南海仲裁案的第二轮庭审，就菲方单方面提起的仲裁案实体问题和法理依据进行审讯。

对于菲律宾单方面进行的仲裁活动，中国的表态在原则上从未发生过任何改变，始终强调"不接受、不参与"的立场。在外交措辞上，随着事态的进展，中国的声音逐渐变得强硬。2014 年 12 月，在中国政府发表"双不"立场文件的同时，中国驻东盟大使在首届东盟发展论坛上只是重复了中国的立场，反驳了菲律宾提出仲裁的理由，并没有对菲律宾的做法提出严厉批评，且强调了与菲律宾进行对话和谈判来解决问题的意愿。[1]

2015 年，当仲裁庭宣布拥有管辖权后，中国对菲律宾的态度随之变得严厉起来。11 月 25 日，中国外交部发言人在回答有关问题时抨击菲律宾的行为是"披着法律外衣的政治挑衅，其实质不是为了解决争议，而是妄图否定中国在南海的领土主权和海洋权益"。[2] 2016 年中国"两会"期间，外交部部长王毅在记者会上用了三个"不"来评价菲律宾的行为，指出菲律宾"一不合法，二不守信，三不讲理，显然有幕后指使和政治操作"。[3] 中方对菲律宾态度的强硬显然与菲律宾在仲裁问题上所取得的"进展"密切相关。中国政府从来没有把菲律宾提出的南海仲裁案解读为国际法事务，而是从政治和国际关系的角度对之进行定性。中国公开批评菲律宾的行为系受到其他国家的"幕后指使"，则是对美国公开支持菲律宾寻求国际仲裁态度的回应。在中国看来，菲律宾不过是在替美国充当马前卒。正如李金

---

① http：//www. fmprc. gov. cn/web/dszlsjt_673036/t1219258. shtml.

② http：//news. cntv. cn/2015/11/25/ARTI1448443048172805. shtml.

③ http：//finance. ifeng. com/a/20160308/14257026_0. shtml.

明所说，南海仲裁案，不过是美菲两国联手打的舆论战，而且背后的推手就是美国。[1] 当中国外交部部长王毅批评菲律宾的行为是受到幕后指使的时候，无疑表明中国已经不把菲律宾作为中国南海策略的主要针对对象了。

（二）南海军事化程度加深，有关国家以军事手段进行立场宣示的力度和频次明显增加，南海军事对抗风险加大

中国对南海仲裁案的认知角度从一个侧面体现了中国对整个南海问题的理解，那就是南海问题的实质并不是中国与有关声索国之间的矛盾，而是美国试图利用南海问题对中国进行遏制。中国对南海问题的这一理解又得到美国军事介入南海局势程度不断加深的印证和强化。

2014 年中国在南海南沙实控岛礁的建设活动并没有遭遇美国的强力反制，美国只是在口头上表达了对南海岛礁工程的不满。而在 2015 年，随着中国南海岛礁建设接近完工，美国以"航行自由"为名的军事挑衅行动明显增加。2015 年 5 月，美国派遣海上巡逻机飞抵中国南沙在建岛屿附近侦查，继而又派出濒海战斗舰首次驶入南海争议海域。如果说这些行动还只是试探的话，2015 年 9 月中国国家主席习近平访问美国之后美国的行为就是直接且明确的挑衅了。中国国家领导人在华盛顿向美方强调了中美在南海"具有诸多共同利益"。[2] 然而就在习近平主席从美国返回后一个月，2015 年 10 月 27 日，美国"拉森"号导弹驱逐舰进入渚碧礁周围 12 海里以内。[3] 美军一方面强调军舰在进入渚碧礁时并不处于战备状态，另一方面，美国公开表示并未事先向中方通报有关行动。

中国海军舰只对"拉森"号的行动进行了监视和喊话，双方并没有发生冲突。2014 年春天中美两军达成了《海上意外相遇规则》，"拉森"号进

---

① 李金明：《南海仲裁案：美菲联手打舆论战》，《太平洋学报》2016 年第 3 期，第 21 ~ 28 页。

② http://news. xinhuanet. com/2015 - 09/26/c_1116685063. htm.

③ 美国海军导弹驱逐舰"拉森"号（USS Lassen），舷号 DDG 82，是美国"伯克"级驱逐舰的第 32 艘，2001 年 4 月入役，排水量 9200 吨。

入渚碧礁邻近水域航行之前和期间，两国海军的行为都没有超越《规则》。耐人寻味的是，中国外交部虽然采用了强硬的措辞批评美国的行为，却始终没有指控"拉森"号进入中国领海，而是强调美方舰只进入了中国南海岛礁"邻近水域"。① 中方在给美方行为定性方面保持了一定的模糊。

中方的行为和表态并没有阻止美国继续以军事力量显示自己主张的行动。2015 年 12 月 10 日，美国一架 B-52 轰炸机进入中国南海岛礁"附近空域"，美方宣称系误入，并非事先安排的飞行计划。针对美方宣传策略的调整，中方的反应与"拉森"号进入南海岛礁附近水域时的立场也有所不同，外交发言人表示"对于美国军机当日的活动，中国军队一直保持严密监视和高度戒备，并对美国军机进行了警告驱离。中方严肃对待上述事件，并已向美方提出了严正交涉。美方表示，将对美国军机进入有关空域这一事件进行调查"。② 在 B-52 进入南海岛礁邻近空域的问题上，双方的立场虽然依然十分对立，但都有所软化。

然而，这种软化很难被理解为是双方在政策上做出了调整。美军在南海区域的军事介入程度不断增强。2016 年 2 月 6 日，美国一艘驱逐舰闯入中国中建岛周围水域 12 海里以内。中建岛属于中国西沙群岛，自 1975 年以来就在中国实际控制之下。中国国防部对美军的行为进行评论时，将之定性为"擅自闯入我西沙领海"。③ 从南沙渚碧礁的"临近水域"到西沙中建岛的"领海"，中美两国关于"航行自由"的认知分歧越来越大。在中国看来，这是美国挑衅行动的升级与强化，而在美国看来，则是中国对地位相似的岛礁权利诉求的提升：美国认为渚碧礁和中建岛都属于"低潮高地"，因此即使按照中国的标准，也并不享有 12 海里领海。

2016 年 3 月初，美国一个航空母舰编队进入南海水域航行，同月，美菲达成协议，菲律宾允许美军以"轮换驻扎"的方式进驻菲律宾的五个军事基地。美国还高调游说印度、日本以及澳大利亚等国，试图展开多国联

---

① http：//www. fmprc. gov. cn/web/wjdt_674879/fyrbt_674889/t1309393. shtml.

② http：//www. fmprc. gov. cn/web/wjdt_674879/fyrbt_674889/t1326036. shtml.

③ http：//news. mod. gov. cn/headlines/2016 - 01/30/content_4638189. htm.

合南海巡航行动。

中国方面，则在南海实控岛礁邻近水域保持一定的海军舰只同时，在西沙群岛部署防空导弹，并通过外交部确认，中国正在"南沙群岛有关岛礁上部署必要、适度的国土防御设施"。①

尽管中美两国都在竭力撇清自己在南海的活动要么属于"常态"、要么是"必要的"，并且都强调自己的行为并非在激化南海局势，然而客观上，双方在南海地区的军事力量投入都在增加，两军相遇的概率也在提高，避免南海发生军事冲突的压力集中在双方能否在技术层面进行有效管控，而不是采取对话和协商的手段弥合彼此对撞的意图。

（三）地区组织和域外国家介入南海问题的机会主义动机加强，姿态更加积极

随着南海局势的趋紧，域外力量如日本、印度和欧盟以及区域内的东盟对南海问题的关注程度也在逐渐提高。继七国集团在 2014 年发表声明对南海问题表示关切后，欧盟于 2016 年 3 月 11 日针对中国在永兴岛部署防空武器系统发表声明称，"在南海'争议'地区临时或永久的军力部署将会影响到该地区的安全，也可能威胁到该区域的飞行及航行自由。欧盟方面敦促有关各方以和平手段解决争端，阐明其主权声索的依据，并遵守国际法及《海洋法公约》"。② 虽然欧盟强调在南海问题上不"选边站"，但是，首先，欧盟的这一表态显然对中国含有批评的意味，其次，也表明随着南海局势的激化，欧盟觉得有必要发出自己的声音。

相对于欧盟的口头关切，印度对南海问题的参与力度则在行动层面有所增强。2015 年 6 月，印度海军编队前往南海，与新加坡举行联合军演，并转往澳大利亚访问。印度海军进入南海与有关国家举行联合演戏的消息一度让印度媒体相当兴奋，部分媒体将之解读为对中国的制衡。然而，随

① http://www.fmprc.gov.cn/web/wjdt_674879/fyrbt_674889/t1347124.shtml.

② http://mil.huanqiu.com/observation/2016-03/8702142.html.

后的事态进展表明，这种解读方式不过是印度媒体一贯的表达偏好而已。面对美国联合巡航南海的提议，印度方面表示了拒绝。对印度来说，在南海获得存在感是值得追求的，但在一个与自己战略利益关联不大的地方，与美国一起明确反对中国的立场，能获得怎样的收益是相当可疑的，并不值得为此做出努力。

澳大利亚和日本作为美国的盟友，在南海问题上不选边站的可能性小于印度。实际上，随着美军南海巡航力度加强，澳大利亚和日本在军事上介入南海问题的热情也逐渐高涨。不同的是，澳大利亚公开宣称准备采取实际行动追随美国进行所谓巡航，而日本则是在新安保法通过后以访问的形式将海上自卫队舰只派进南海，不过，美国的巡航倡议并没有得到日本的明确支持。

总体而言，在巡航南海问题上，域外大国的态度虽然存在差异，却遵循同样的行为逻辑。南海问题重要性和紧迫性的凸显，对于域外大国而言，意味着提高国际威望以及寻求投机利益的机会。这些国家介入力度的不同，很大程度上由其成本—收益计量结果决定。他们在南海并没有必须争取或捍卫的战略利益，行为具有明显的机会主义特征。与其说这些国家现阶段的克制是因为顾及与中国外交和经济关系的"大局"，还不如说这是域外国家的待价而沽。如果美国提供的回报足够诱人，而中国采取的反制又不足以让这些国家支付足够沉重的代价，那么这些国家目前的克制态度有发生变化的很大可能性。而中国如果支付巨大的外交和经济成本诱使域外大国保持中立，却既不能缓和南海局势改善中国的相对孤立态势，又会增大中国的负担。

对于本地区最主要的区域组织东盟来说，对南海局势的关切程度自然超过域外国家。东盟的关注不仅在于南海的稳定局面能否保持，更在于对失去亚太事务议程设定权的担忧。正如陈相秒、马超所言，"长期以来，东盟国家通过引入美、日、印、中等主要大国的力量，维持南海地区权力结构的平衡和稳定，以此保持自身的核心地位"。① 东盟的核心地位来自区域

---

① 陈相妙、马超：《论东盟对南海问题的利益要求和政策选择》，《国际观察》2016 年第 1 期，第 103 页。

外大国的制衡策略，而不是来自东盟自身的力量。南海军事对峙的色彩越浓，军事冲突的危险越大，军事上影响力颇为有限的东南亚国家和东盟，失去话语权的可能性也就越大。但东盟又不可能在南海问题上置身事外，因此自 2015 年以来东盟在南海问题上的态度可谓谨慎，既要表达对南海问题的关切，又要避免在中美之间"选边站"。2015 年 8 月 6 日，东盟外长会在闭幕前通过声明，提及部分国家外长对"南海的填海造地表达严重关切"。[1] 但在 2016 年 2 月在美国召开的美国—东盟峰会上，通过的声明中却没有批评，哪怕是隐晦地批评中国，甚至没有提到南海填岛。东盟态度的谨慎和反复表明，东盟并不希望南海中美对峙升级，但又没有能力发挥主导作用，为中美对话消除分歧提供帮助。

应该看到，东盟的态度和域外其他大国一样，也是不确定的。不同的是，域外其他大国更多考虑的是介入的时机和收益，在成本—收益计量方面，机会主义的收益是主要的考量因素，他们不太担心成本，原因在于他们可能支付的成本主要来自中国的反制，而中国在和美国对峙程度上升的时候不太可能对其他域外大国进行强力反制。东盟的顾虑则主要是成本方面的，来自对地区事务主导权旁落的担心。对于某些声索国来说，其谨慎当然也是基于中国的压力。2015 年越南在南海问题上相对于 2014 年谨慎了许多，显然与中越两国在 2014 年 5、6 月间围绕"981"钻井平台在中建南区块进行作业引发的对峙在越南国内引起的严重后果有关。

二　美国军事介入南海的战略意图和效果

综合一年以来区域内外有关方面介入南海问题的程度，不难看出，随着中美南海对抗的升级，南海问题的主要行为体已经从中国和部分东南亚南海声索国转变为中国和美国。不但中美两国的互动决定了南海的态势，而且对两国行为的认知以及对后果的预判也成为其他行为体确定自己行为

---

[1]　http://www.mod.gov.cn/opinion/2015-08/08/content_4613362.htm.

的最关键参数。对于中国来说，以中美关系视角解读南海问题的倾向会更加明显，认知也会更加坚定。中国把菲律宾的行为定性为受到区域外大国的指使表明，在中国看来，南海问题就是中美大国博弈的一个重要场所。

一年多来，美国反复在南海展开所谓"自由航行"活动，从投入的兵力、使用的地点以及与中国进行外交辩论时所使用的语言等各个方面，力度都呈强化态势。从声明在南海问题上不选边站，到公开否定中国"九段线"的法理依据，再到派遣军舰进入南海，并进而直接挑战中国的岛礁建设工程，美国的南海政策发生了重大变化。这种变化对中国显然是不利的，在中国看来，美国在南海的行为是在挑战中国的立场、否定中国的要求、限制中国的行动。美国认知和行为的变化到底是美国主动调整南海策略的结果，还是仅仅是针对中国行为的变化而做出的应对措施？美国到底希望从越演越烈的中美对抗中获得怎样的成果？美国是希望通过威慑迫使中国停止甚至取消在南海岛礁的建设，还是只满足于南海岛礁建设的民用性质而不进行任何军事力量的部署？抑或美国的目的只是让中国感到难堪，在国际舞台上孤立中国？

对中国来说，理解南海问题上中美博弈的性质十分重要，同样重要的是，中国需要判断美国行为的边界，也就是美国在南海究竟愿意支付多大代价来与中国进行对抗？美国对南海博弈成本的承受能力受到哪些因素的影响，这一能力是否呈逐渐提高的趋势。

（一）美国在南海主动挑衅是美国维护海上霸权的必然结果

韦宗友对美国南海战略的动因进行了概括和梳理，认为美国之所以在奥巴马政府后期加大在南海的力量投入，主要原因有五：第一，对中国战略意图的疑虑；第二，对中国海洋抱负的担忧；第三，抑制中国影响，维护美国亚太领导权；第四，安抚亚太盟友；第五，维护美国的海洋霸权。[①]实际上，这几个原因在本质上是一样的，那就是美国要维护自己的海上霸

[①] 韦宗友：《解读奥巴马政府的南海政策》，《太平洋学报》2016 年第 2 期，第 27～37 页。

权。没有了海上霸权，美国的亚太领导权也就无从谈起，其亚太联盟体系便无法维系。而美国的海上霸权就表现为美国对"全球公域"内"航行自由"权利的坚持。正如王义桅所说"美国全球公域的战略重点是改变在南海问题上的传统中立政策以所谓的'海上自由航行'原则突破《公约》限制实施'空海一体战'，为美国亚太双边联盟体系寻找新的合法性并强化这一体系"。①

美国对中国南海策略与行为的认知在性质上和中国对美国策略与行为的认知截然相反，但双方的思维模式则有相通之处。中美双方都认为南海博弈属于坚持海上霸权与反对海上霸权的斗争，不同点在于美国认为中国的行为违背了国际规则挑战了国际秩序，而中国则认为只是在维护自己的历史性权益，美国作为南海问题的非相关方，对南海局势的干预特别是军事介入，是赤裸裸的霸权主义行径。这两种解读的共同之处在于，都把中美在南海问题上的矛盾理解为国际秩序的维护者和挑战者之间的矛盾。

美国与中国在南海的主要矛盾，是美国坚持行使包括对中国进行抵近侦察"权力"的军事"航行自由"和中国采取拒斥行动之间的矛盾，这和中国与南海其他声索国之间的主权争端已不再直接相关，至于中国南海"九段线"的法律含义，除非中国的主张和定义满足美国对中国沿海随意侦察和航行的要求，美国总之都不会接受。

从表面上看，美国所维护的是一种动态的权利主张，不同于菲律宾和越南等国在岛礁归属、相应水域的国际法权益方面与中国的具有零和性质的分歧。但是，需要看到，正因为美国维护的是一种关于秩序的权利主张，美国和中国的矛盾才难以调和。美国的所谓"航行自由"是一种绝对化的权利，只有在克服中国的管辖以后才能体现出来。从这个角度，美国在南海的军事行动如果是在中国的允许范围内进行，则还不如不进行。美国不能享受中国所允许的"航行自由"，而只能行使否定中国立场和要求的"航

---

① 王义桅：《美国重返亚洲的理论基础：以全球公域论为例》，《国际关系学院学报》2012 年第 4 期，第 67 页。

行自由"，否则"航行自由"和其背后的美国海上霸权秩序就无法自圆其说。这意味着，中美在南海的军事行动或许在技术安排上可以找到避免直接武装冲突的手段，但在战略意图和立场宣示上，双方的做法会大相径庭。

（二）美国在南海坚持军事"航行自由"为美国带来了预期中的收益

美国在南海强调"航行自由"并不时派遣舰只行使这一所谓"权利"，已经为并且正在为美国带来其预期中的战略和战术收益。主要包括以下三点：一，强调"航行自由"，表明不承认中国岛礁建设所延伸产生的管辖权的立场，体现美国对维护国际秩序所享有的权利和责任，强化美国联盟体系对美国领导地位的认可。二，强调非作战军事行动的性质，在优势话语权的帮助下，避免承担可能的军事冲突的责任，正如美国方面在宣布航行消息时对外界透露的那样，"美方预料不会发生冲突"。实际上，这种表态也可以被理解为一旦发生冲突，美国将指控是中国的拦阻行为导致了中美军事冲突的爆发，而不是美方的挑衅所致。而如果没有爆发直接武装冲突，美国则可以宣称自己的军事实力对中国构成了有效的威慑。通过这种表态，试图把对手置于恶人和胆小鬼二中选一的境地。三，测试中国的反应能力和底线。应该看到，美国在南海的"航行自由"行动无论是行动上还是在语言上都有一个逐步升级的过程。美方派遣"拉森"号进入渚碧礁周围12海里以内前，美国国防部便宣称将在24小时以内派遣一艘军舰前往南海相关水域执行巡航。这种事先大张旗鼓进行宣扬的做法显然是在吸引国际社会的注意，迫使中国表明在南海岛礁建设所衍生出的权利主张的边界。

测试中国的反应能力和底线，这一点对于美国而言格外重要，美国以完全否定中国主张和立场的高调姿态推行所谓"航行自由"，必然遭遇中国的反弹。而且美国从体现其海上霸权的角度出发，也"需要"中国做出一定程度的反制。但美国至少在现阶段，对中国的海上诉求仍然以遏制为主。有鉴于此，美国需要对中国的反制行为进行精确的定量预判，并"诱导"中国进行逐步升级的反制，美国则随之采取针对性的有限升级策略对中国的每一次反制进行再压制。通过逐步升级的压制策略，美国既控制了成本，又表明了美国不是破坏南海地区基本稳定的肇事者，同时还可以不间断地将中国描述为能力有限的"地区恶人"（regional bully），这为美国持续推进"亚太再平衡"战略提供现实依据，对美国推动 TPP、实现以安全保护换取经济报偿的策略也具有重要价值。

不难看出，对美国而言，以有限的军事行动逐级挑衅中国很可能是性价比最高的一种行为策略。这种策略下，美国并不会因为中国的自我克制而有所收敛。南海是中国对外战略能否实现的一个关键节点，对于美国来说则只是体现海上霸权和亚太地区领导权的一处所在。美国在南海，可松可紧，而中国在南海，却是必守必争，双方的基本态势决定了美国可以采取更加灵活的压制策略，根据中国的行为随时调整反制的力度。

（三）美国军事介入南海采取了盯住中国行动的升级与抵消策略

在 2015 年，美国军事介入南海的态势逐渐增强。不过美国并不打算通过一次激烈的海上冲突彻底粉碎中国的海洋雄心。美国维护海上霸权有多种方式，从摧毁中国的海上力量到在国际社会孤立和抹黑中国，不一而足。美国采取怎样的方式由中国的反应水平、不同政策的行动成本、周边国家的反应等多个因素决定。至少在现阶段，美国依然认为有可能凭借有限的军事介入，主要依靠国际话语权，通过适度造成南海局部紧张态势，迫使中国在美国的压力面前，接受美国的航行自由，以及菲律宾等国主张的国际仲裁。

美国之所以会抱有这样的期待，主要是因为在战略层面，中国面临一个现实的困难：中国恢复南海历史性权利的诉求和推行"一带一路"合作倡议中存在一定程度的相互制约。"中国不希望南海局势进一步激化，也没有利用南海问题颠覆当前国际秩序的意图。到目前为止，中国还是把南海问题的激化看作是影响中国对外战略，特别是'一带一路'倡议实施的障碍和威胁。中国希望管控住南海局势的恶化态势，在中国的周边战略排序当中，与东盟的整体关系仍然高于在南海的海上权益"。① 中国的这种战略排序及其产生的困难对于美国来说，具有很大利用价值，可以迫使中国为了追求一个目标而在另一个目标上支付代价，美国本身却不需要承担过高的成本。中国无论是南海积极维权从而导致中国与东南亚国家的关系恶化，还是为了改善和东南亚国家的关系，继续推动"一带一路"，在南海问题上降低调门，减弱行动力度，美国都没有任何损失，中国却必然失去某些战略利益。美国所要做的是防止中国在推动"一带一路"和维护南海权益方面找到一个均衡的处理方式，如通过《南海行为准则》在坚持南海主张不妥协的情况下和东南亚国家共同管控南海态势，腾出手来推动"一带一路"。只要中国的这一目标无法实现，美国的策略就可以被认为是成功的。

应该承认，不论是受制于美国国内政治经济形势，还是基于美国的全球战略，美国至少在现阶段并不希望在南海和中国寻求一场激烈而代价沉重的军事冲突。美国更愿意以抵消策略逐步化解中国海洋诉求的效果。美国对中国的策略，与第一次世界大战以前的海上霸主英国对待新兴的挑战者德国的策略有一定相似之处。一战前，英国海军舰队会尾随德国海军访问德国海军刚刚离开的港口，以更强大的力量展示抵消德国海军给其他国家留下的印象。美国对中国南海行动的对策也是通过展示公开升级行动的力量来抵消中国造成的变化。至于美国到底希望达成怎样的目的，答案恐怕是，美国希望迫使中国在中美对峙的每一个环节都支付尽可能大的国际信誉代价，让中国的"一带一路"倡议受到南海问题越来越大的牵制。美国的策略在于消耗中国的国际威望和推行国际战略的资源，最终以尽可能小的代价同时实现美国对南海霸权的掌控和破坏中国的"一带一路"这一双重目标。美国的动态策略将始终盯住中国的反应，并在中国行为的基础上适度升级。中国在南海南沙填岛，美国就安排军舰巡航；中国在西沙部署防空武器，美国就去西沙巡航。而中

---

① 叶海林：《有限冲突与部分管控——2014 年以来南海问题的激化与有关各方的意图和策略》，《战略决策研究》2015 年第 2 期，第 45 页。

国针对美国行为的反制逐步升级并不会挫伤美国的决心，反而会促使美国进一步采取升级和抵消策略。

三　中国应对美国军事介入南海的对策效果评析

至少在 2015 年的南海博弈当中，应该承认，美国凭借着其强大的海上实力及对国际体系的支配能力和处于压倒性优势地位的国际话语权，相对于中国，占据着有利态势，基本掌控了南海局势的走向和节奏。中国虽然在南海的岛礁建设以及前沿军事部署并未因此受到阻碍，但维护南海稳定的目标没有很好地实现，争取国际社会认可中国南海维权行为的努力也没有有效完成。和 2014 年中国填岛初期相比，2015 年中国在南海的态势有所被动。这期间，起决定性作用的因素显然是中国在中美两国之间属于实力、影响力都相对较弱的一方，而南海又是中国的"内线"，中国在应对策略的选项上不可能像美国一样机动而丰富。

尽管如此，中国针对美国军事介入南海所采取的对策也还是有可提高和完善之处。中国的相对被动——在与菲律宾的法律战当中未占上风，未能打破美国在军事上任意挑衅的局面，外交上也未能消除中国南海主张在周边和国际社会引起的疑虑，等等——有些固然是实力不济使然，但也有些与其他方面的因素有关。和美国相对自由的升级和抵消策略所取得的实际效果相比，中国在南海所采取的策略性质和定位不够明确，在意图表达上不够清晰，手段上比较持重，相应行为的国际公关和舆论配合也有改进余地。

（一）中国的南海策略低估了力量建设活动对周边和国际社会的心理影响，对使用力量的准备不足

2014 年开始中国在南海南沙实控岛礁的建设工程对于中国南海维权斗争来说，具有划时代的意义。但是，填岛活动仍然属于力量建设与力量准备的范畴，对岛礁建设进行中和完成后的力量使用问题，从对待美国挑衅

活动的反应看来，中国的心理准备有所不足。中国的岛礁建设规模之大，速度之快，远远超过其他所有国家的能力，甚至超过美国的预料，其对国际社会特别是周边国家造成的心理冲击相当显著。然而，中国对这种心理冲击的后果主要是从积极层面考虑，在一定程度上可能轻视了心理冲击的另一种效应，那就是岛礁建设将刺激周边国家及美国做出强烈反应。2014年的大部分时间，中国的建设活动既在现地没有受到干扰，也没有遭到国际舆论的强烈批评，这可能是中国在2015年后半年遭遇美国连续军事挑衅时心理准备不足的原因之一。

美国国防部在"拉森"号驱逐舰进入中国南海岛礁临近水域之前进行了非常充分的国际舆论动员，而中国除了采取必要的军事监视措施之外，在"拉森"号从马来西亚起航之前几乎始终保持沉默。不仅如此，当美国通过军事手段宣示南海"航行自由"的态势已经越来越明朗时，中国依然强调和美国在南海拥有诸多共同利益。这种应对上的迟缓和犹豫，既可能因为在战略态势研究判断上，中国依然认为有可能说服美国停止对中国的挑衅；也可能因为中国事先对美国的直接军事介入缺乏心理准备，对当时的情况把握不够准确。中国相关部门在美国两艘军舰相继闯入南海南沙和西沙岛礁临近水域的问题上，都不是最早发布信息的一方，还曾经在事件发生以后，表示将对有关情况进行核实。如果中国的确需要核实，那么这就意味着在现地部署的力量存在缺陷；如果这只是一种策略，那么这种策略给中国带来的益处又有些可疑。对于中国的这一应对策略，可能的一种解释是中国在力量建设阶段不希望激化南海局势，避免力量建设未完成的情况下被迫提前与美国展开激烈的战略冲撞。中国的动机——如果这真是中国的动机——固然可以理解，但中国显然也应该认识到，随着美国南海"航行自由"决心的确立和行动的展开，南海出现中美战略对峙的时间节点已经不由中国确定，中国希望先建设再视情况使用的想法是不容易实现的。

(二)中国的南海策略存在多个目标，行动连贯性有所不足

中国的周边战略中，妥善处理南海问题和顺利推进"一带一路"是两

个都需要在东南亚地区实现的目标。在对美关系上，抵抗美国的军事和外交压力以及维持中美新型大国关系的稳定也是两个需要同时实现的目标。在南海问题上，中国战略和策略目标的多重性，虽然在理论上能够推导出中国以差别性的"一带一路"待遇吸引东南亚的合作性力量，反制试图拉美国入局的破坏性力量，中国实际上也采取了这样的做法；但在对美心态上，中国仍然有些犹疑。"拉森"号对中国进行挑衅时，中国将之定性为闯入南海中国岛礁"邻近水域"。这是一个相当模糊的定性，自然不可能辅之与坚决的反制行动。而中国之所以保持一定的姿态模糊，原因固然是多方面的，但至少有一种顾忌是客观存在的，中国对"拉森"号闯入位置的法律地位认定有可能会在将来冲击到中国整个南海主张的法理依据。中国在明确界定"九段线"按照《联合国海洋法公约》体现何种权利诉求之前，既不可能按照"九段线"范围主张排他性的领海管辖权，又不能仅仅根据目前实控的岛礁宣布领海基线，也不太容易在低潮高地进行人工设施建设的情况下，直接宣布其拥有12海里领海。

　　这种法理上的困难是一方面，另一方面则是中国对美国的挑衅行为会升级到何种程度、中国应该以何种手段做出反制的判断比较慎重。如前所述，中国不愿意在力量建设的过程中打破南海的稳定局面，哪怕是最脆弱的稳定。中国也不希望被看成南海海上秩序的挑战者。中国希望被接受为南海的建设性力量，这特别体现在对东南亚国家方面。但中国可能忽略了东南亚国家的固有心态。无论如何，显然东盟及其一部分成员国在南海问题上保持谨慎绝不是因为同情甚至赞同中国的立场。即使是与南海问题不直接相关的中南半岛国家，也不愿意看到中国为了贯彻自己的南海主张而和美国爆发激烈冲突。中国应该看到，"东盟对'中国威胁论'的认知和担忧早在其成立之初便已存在，并在中国日益崛起的大背景下不断得以强化，东盟国家易倾向于将中国在南海的维权和海洋开发行为解读为'扩张'制海权及争夺地区主导权的重要抓手，并以此反作用于东盟，致使其在南海问题上采取越来越团结一致的立场，共同制衡中国不断扩大的海上实力和地区影响力优势"。①

中国不愿意被看成挑战者，又不得不推动岛礁建设，这使中国面对美国的挑衅能够采取的反制措施受到限制。这种自我限制又使美国可以轻易地以小步升级的方式实行对中国的抵消策略。

(三)中国南海策略的国际公关表述不够清晰，效果有待加强

正如李金明所强调，南海美菲两国联手在和中国打舆论战。② 实际上，不仅是在国际仲裁问题上，南海问题的方方面面都涉及国际舆论，而中国在南海问题上的话语表达，不但在国际舆论体系中权重较低，而且在表达内容上也存在不足，效果并不明显。

中国并不认为在南沙的岛礁建设是在改变现状和试图确立新的区域海洋秩序。在中国的解读中，南沙的岛礁建设不但合理合法，而且是伴随中国国力提升的一个自然过程。中国并不认为建设行动是在使用自己的海上力量。中国进行辩护的逻辑是：首先，中国不是最早在南沙岛礁修建人工设施的；其次，中国没有在南沙在建岛礁上同步部署武器装备；再次，中国兴建的设施具有公共产品属性，是为了更好地服务于国际航行自由。

中国的三大要点中的两个，说服力都很有限。中国的确不是最早在南沙岛礁修建人工设施的，但问题在于中国建设的规模和速度是任何其他国家都难望项背的；中国也的确希望南沙岛礁工程能够为航行自由提供公共服务，这对中国的南海主张显然是有帮助的，但中国提供的这种公共产品并不是当前南海航行自由的必需品，却因为其军民两用的双重属性遭到国际主流话语的曲解，引起周边国家的疑虑，导致说服力下降。至于中国没有在南沙建设过程中同步部署武器装备，这一理由的薄弱之处在于中国不可能承诺根本不进行武器装备的部署。中国政府强调的南海"非军事化"

---

① 陈相妙、马超：《论东盟对南海问题的利益要求和政策选择》，《国际观察》2016 年第 1 期，第 104 页。

② 李金明：《南海仲裁案：美菲联手打舆论战》，《太平洋学报》2016 年第 2 期，第 21～28页。

是需要被专门定义的，而且随着美国压力的加大，中国最终还是不得不部署一定的防御性武器装备。这就使得中国没有同步部署装备这一点的道德优势和感召力最终消失在国际话语所描述的中国军事力量在南海不断强化的图景当中。

不应该把中国的解读仅仅看成外交辞令，中国在国内舆论上对岛礁建设活动同样采取低调处理的态度从一个侧面表明，中国不希望岛礁建设成为南海问题的焦点。对于既希望在南海扩大存在又希望顺利推进"一带一路"的中国来说，这种解读方式显然是合理的。但问题在于，这种解读方式在不掌握国际主流话语的情况下，效果难如人意，而且在一定程度上限制了中国在南海发挥自己的力量。

四　结语

尽管存在一些值得改进之处，然而必须看到所有中国应对过程中存在的不足，都是技术层面的，在战略上，中国的决心日渐坚定，在推进前沿力量建设方面也是有条不紊，稳步推进。2015 年以来的实践表明，中国有决心有能力化解美国的升级—抵消策略。当然，这也就意味着中美的南海角力还远远没有达到形成阶段性稳定状态的程度，未来南海由中美两国主导的战略博弈仍将长期持续。

中国周边安全合作形势的变化（2014~2015）

陈寒溪[*]

摘　要： 2014~2015 年，中国周边的安全合作发生了一些变化，这些变化很大程度上是由中美安全竞争决定的，反映了中美两国的相互制衡。双边合作领域，一方面美国加强了与盟国的合作，另一方面中国加强了和俄罗斯的合作，形成了相互制衡的局面；多边合作领域，由于中国和美国、菲律宾、日本等国的安全矛盾，东盟地区论坛外长会议、东盟防长扩大会议、香格里拉对话会裹足不前；由于中国积极发挥主导作用，上合组织、香山论坛、阿富汗问题伊斯坦布尔进程取得了一定进展。总体来看，中美关系的稳定降低了均势政治的风险，确保中国周边安全形势大体处于稳定状态；中国在东盟主导的多边安全合作进程中的外交挑战持续存在，但在中国能够发挥主导作用的多边安全合作进程中，中国的外交机遇在增加。

关键词： 周边安全　双边安全合作　多边安全合作

2014~2015 年，中国周边地区热点不断，[①] 东北亚和南海地区的形势都不稳定，中国和美国、日本、菲律宾等国的安全关系持续紧张，整个地区的双边安全合作和多边安全合作都发生了一些值得关注的变化。由于中国和美国是周边地区安全环境的主要塑造者，它们之间的竞争与合作构成了地区安全环境演化的主要动力，这一点既反映在中国周边的双边安全合作领域，也体现在多边安全合作领域。

---

[*]　陈寒溪，广东国际战略研究院副秘书长，教授。

① 本文中的"中国周边"，主要包括东亚、南亚、中亚三个地区，其中东亚涵盖了澳大利亚，因为它是美国东亚同盟体系的重要成员。

一　双边安全合作

2009 年以来，中国和美国、日本、菲律宾等国的安全矛盾逐渐上升，成为地区安全形势的焦点。在这种形势下，制衡和反制衡是推动国家间双边安全合作的主要动力。美国、日本、菲律宾等国把中国看作主要的竞争对手，不断加强针对中国的双边合作，尤其是美国，不断强化它的东亚同盟体系。中国采取不结盟政策，但同样重视双边安全合作，尤其是注重推进中俄合作。不过，尽管中美竞争态势明显，中美两国的安全合作却也有所推进，这对中美两国以及中国周边国家来说，是一件值得庆幸的事情，它表明中国周边地区的安全环境总体仍然处于和平稳定状态。

（一）美国加强同盟体系

在中国周边地区，最持久、最有影响力的双边安全合作是美国及其盟国的双边同盟体系。冷战后，这个同盟体系的主要制衡对象是中国和朝鲜。2011 年后，美国提出"亚太再平衡"战略，通过加强同盟体系来制衡中国的意图变得更加清晰。然而，美国的 5 个盟国之中，只有日本和菲律宾与中国的政治和安全关系趋于紧张，制衡中国的动力也最强；澳大利亚、韩国虽然和美国加强了军事合作，[①] 但也和中国保持了良好的政治关系，制衡中国的意愿不太强烈。泰国与中国的政治关系最为友好，制衡中国的动力最弱。总体看来，美日、美菲、日菲之间的安全合作变化较多，它们相互之间提出了新的要求，也提供了新的支持。

美国对日本寄予最高的期望，期待日本在地区安全事务中发挥更大作用，更有力地制衡中国。这个期待也符合日本的战略需求。2012 年 9 月以

---

① 根据 2011 年 11 月美澳达成的协议，美国获准在达尔文基地永久驻军。2014 年 8 月两国又签署了一份协议，决定把美国在达尔文基地的驻军从当时的 1150 人逐步增加到 2500 人。参见《美澳正式签署协议，允许约 2500 名美军轮驻澳北部城市》，新华网，http://news.xinhuanet.com/world/2014-08/13/c_126863555.htm。

后，中日关系跌入低谷，这种局面为美日安全合作提供了新的机遇。安倍政府以"中国威胁"为依据，致力于变革日本的国防政策，寻求解禁集体自卫权。这一努力得到美国的坚定支持。[①] 2015 年 4 月，美日正式修改了《美日防卫合作指针》，决定把美军与日本自卫队的合作扩大到全球规模，日本自卫队的活动将不再限于日本周边，而是在全球范围内支援美军。美国国防部表示，美国欢迎并且支持日本内阁 2014 年 7 月通过修改宪法解释、解禁集体自卫权的决议案。[②] 新版《美日防卫合作指针》把美日同盟带入了新的历史时期，美日同盟具有了更加明显的进攻性、全球性特征。[③]

因为南海争端激化，菲律宾和中国的矛盾也比较突出，这也是美菲同盟加强的动力。美国增加对菲律宾的军事援助，推动其军事现代化进程。2011 年 1 月，两国启动了战略对话机制，11 月两国签署《马尼拉宣言》，美国承诺与菲律宾加强军事合作、经济合作。2012 年，美国和菲律宾第一次举行了由两国外长、防长参加的"2＋2"会谈。2014 年 4 月，两国签署新的防务合作协议，规定美国军队可在菲邀请下使用菲军事基地并在菲兴建军事设施。[④] 2015 年 4 月，美国和菲律宾举行的"肩并肩"联合军演人数超过 1 万，比 2014 年增加一倍，创 15 年来的最大规模。[⑤] 2016 年 1 月，双方举办第二次"2＋2"会谈，重点讨论南海问题。菲律宾请求美国一起在南海进行联合海上巡逻，美国则向菲律宾承诺，美国将维持在南海争议

---

① 左希迎：《承诺难题与美国亚太联盟转型》，《当代亚太》2015 年第 3 期，第 8 页；刘卫东：《"可控性解禁"：美国在日本解禁集体自卫权问题上的政策评析》，《现代国际关系》2015 年第 4 期，第 28～60 页。

② 《美国和日本修改〈美日防卫合作指针〉》，新华网，http：//news. xinhuanet. com/2015 - 04/28/c_1115108403. htm。

③ 黄大慧、赵罗希：《日美强化同盟关系对中国周边安全的影响》，《现代国际关系》2015 年第 6 期，第 25～32 页；樊小菊：《新〈日美防卫合作指针〉的结构特征与历史逻辑》，《现代国际关系》2015 年第 6 期，第 33～62 页。

④ 这个协议规定，菲对美在菲兴建的设施享有所有权，美国军队不能在菲永久驻扎或建立军事基地，而是以临时和轮换方式来菲活动。参见《奥巴马抵达菲律宾开始访问，菲送出防务协议大礼》，环球网，http：//world. huanqiu. com/photo/2014 - 04/2733990_2. html。

⑤ 《国防部新闻发言人：强化军事同盟无助于地区和平稳定》，新华网，http：// news. xinhuanet. com/mil/2015 - 04/30/c_1115149044. htm。

海域的军事存在，信守对菲律宾的安全承诺，继续帮助菲律宾的军事现代化。双方同意探讨日本、澳大利亚等国参加美菲联合军演和军事行动的可能性。另外，菲律宾准备向美国提供8个军事基地，用于兴建设施存放军备和补给物资。①

2015年，日本和菲律宾致力于加强安全合作，共同应对中国。2015年5月，日本和菲律宾在南海举行首次联合海军演习，日本海上自卫队驱逐舰"春雨"号和"天雾"号共计600名官兵参加。6月，菲律宾总统阿基诺访问日本，两国签署联合声明，强化战略伙伴关系，在南海问题上共同批评中国。联合声明的主要部分是发展更强有力的防务关系，包括"开始就转让防卫装备和技术进行谈判，达成协议"。②

2014年4月奥巴马总统访问韩国，双方同意加强同盟合作。首先，以应对朝鲜威胁为目标，美韩联合军演越来越有针对性。2015年3月美韩"秃鹫"联合军演时，美国海军濒海战斗舰"沃斯堡号"首次参加。在8月美韩"乙支自由卫士"联合军演中，两国士兵首次正式采用"针对性遏制战略"，以"应对朝鲜核武器等大规模杀伤性武器威胁"。③ 其次，美韩双方有意将"2+2"会谈机制化，加强高层战略沟通。2010年7月和2012年6月，美韩举行过两次"2+2"会谈。2014年10月双方举行第三次"2+2"会谈时，决定今后每两年定期举行。④ 再次，美韩有可能在建设导弹防御体系问题上展开合作。奥巴马总统访问韩国之后，美国提出在韩国部署"萨德"反导系统的建议，但韩国政府态度低调和消极。⑤ 2016年1月，朝鲜宣布成功进行了氢弹试验，韩国总统朴槿惠首度称将考虑部署"萨德"反导

① 《菲律宾将向美国提供8个军事基地，2个毗邻南海》，环球网，2016年1月15日，http：//world. huanqiu. com/hot/2016 - 01/8387106. html。

② 《日本卖菲律宾武器搅浑南海，两国联合声明挑衅中国》，环球网，http：//world. huanqiu. com/exclusive/2015 - 06/6604052. html。

③ 《韩美举行"乙支自由卫士"联合军演》，新华网，http：//news. xinhuanet. com/world/2014 - 08/18/c_1112121749. htm。

④ 《韩美就定期举行外长和防长会议达成共识》，环球网，2014年10月27日，http：//world. huanqiu. com/exclusive/2014 - 10/5180437. html。

⑤ 刘冲：《美国酝酿在韩部署"萨德"系统问题辨析》，《现代国际关系》2015年第5期。

系统，表现出政策变动的迹象。① 韩国如果引进"萨德"系统是一个重要事件，意味着韩国加入美韩反导条约，不但美韩两国的军事合作提升到一个新的阶段，而且能够把美日韩三国导弹防御体系一起来，是美国同盟体系增强的重要标志，对中国和俄罗斯的战略威慑能力构成挑战。不过，就在美韩加强安全合作的同时，韩国和中国的政治安全关系也有所提升。2014年，中韩两国海军与空军分别开通了军事热线，两国军事高层年度会晤也开始启动。

（二）中俄安全合作持续增强

2014年乌克兰危机爆发之后，欧美国家展开对俄罗斯的经济制裁，俄美关系逐渐走入僵局，中俄关系逐渐升温。2015年俄罗斯外交继续调整，外交重点在于加强中俄合作，推动上海合作组织和金砖五国机制的发展。②2015年12月俄罗斯总统普京签署新版国家安全战略，称北约向俄边境的推进对俄国家安全造成影响，将增进同金砖国家、上海合作组织等的合作，强调发展俄中全面战略协作伙伴关系，将其视为维护地区与世界和平稳定的关键因素。这是俄罗斯国家安全战略首次将美国列为国家安全威胁之一。③

中国抓住战略机遇，积极推动中俄合作。2013～2015年，习近平主席五次访问俄罗斯，与普京总统正式会晤十多次，这种频繁互访和会晤在两国历史上是空前的。2015年5月习近平出席俄罗斯卫国战争胜利70周年阅兵，9月普京总统出席中国纪念抗日战争胜利70周年阅兵，是当年中俄两国最重要的首脑外交，表达了政治上的互信，相互提供了坚定的支持。

中俄军事合作坚持不结盟、不对抗、不针对第三方的原则。联合军演

---

① 《韩国或引进"萨德"系统，专家：目标实际指向中俄导弹》，人民网，http://military. people. com. cn/n1/2016/0115/c1011－28054703. html。

② 邢广程：《2015年的乌克兰危机与俄罗斯的选择》，《现代国际关系》2015年第2期，第8～10页。

③ 《普京签署新国家安全战略，首次将美国列为国家威胁》，环球网，http://world. huanqiu. com/exclusive/2016－01/8306537. html。

是中俄两军务实合作的一项重要内容。名为"海上联合"的系列军事演习依据中俄两国海军已形成的轮流承办的惯例进行。演习彰显中俄两军高水平的战略互信。从 2012 年开始，每年中俄海军都举行大规模联合军演，演习地点包括黄海、东海、日本海、地中海、彼得大帝湾等海域，军演规模不断突破历史水平。2014 年和 2015 年，中俄海军联合演习每年举行两次，上半年在地中海，下半年在西太平洋。2015 年 5 月，两国海军第二次在地中海联合军演，双方共派出了 9 艘包括主力舰艇在内的水面舰艇参加。① 8月的军演在彼得大帝湾和日本海海域举行，演习课目设置更加复杂，参演兵力更加多元，双方在战役、战术层面的联合更加深入。双方主力舰艇悉数出动，标志着两军在军事和安全领域内的合作迈向新的台阶。双方参演兵力共计各型水面舰艇 23 艘、潜艇 2 艘、固定翼飞机 15 架、舰载直升机 8架、陆战队员 400 人、两栖登陆装备 30 台。同以往联合军演相比，本次演习规模空前，兵力超前，双方均投入主力舰、明星舰，是参演飞机和舰艇数量最多、演练课目最复杂、最齐全的一次海上联合军事演习，成为中俄历史上最大规模的海上军演，超越战术级别，达到了战役级别。②

（三）中美安全合作有所发展

2009 年以来，中美安全竞争渐趋激烈，除了原有的安全问题，又出现了一些新问题。进入 2015 年，南海问题、网络安全问题都是困扰中美安全关系的焦点，但中美关系并没有陷入倒退，在相互指责、相互防范的同时，两国政界、军界高层对话畅通，习近平主席对美国成功进行了国事访问，中美战略与经济对话成功举行，两军合作继续取得进展。

2013 年 6 月，习近平主席和奥巴马总统的"庄园会晤"达成一个重要共识，就是致力于改善和发展两军关系，共同推进两国新型军事关系建设，

---

① 《中俄启动地中海联合军演》，环球网，http://world.huanqiu.com/hot/2015 - 05/6411456.html。

② 《中俄日本海军演剑指"逆流"势力，决心逢敌亮剑》，环球网，http：//mil.huanqiu.com/china/2015 - 08/7356504.html?_t=1440573107618。

以此作为推进中美新型大国关系的基础。习近平主席首先提出建立中美重大军事行动相互通报机制，以便管控危机，增进两军的互信。这个提议得到奥巴马总统的赞同。经过双方努力，2014 年 11 月奥巴马总统访问北京期间，两国签署了建立重大军事行动相互通报信任措施机制的谅解备忘录和海空相遇安全行为准则谅解备忘录，建立了两个重要的建立信任措施机制，推进了中美两军的关系。2015 年 6 月，中央军委副主席范长龙访问美国，又签署了《中美陆军交流与合作对话机制框架文件》，这是两国陆军近年来签署的第一份合作协议，标志着中美两国陆军的合作与对话进入新阶段。9 月，在习近平主席访美前夕，中美签署了重大军事行动相互通报机制新增"军事危机通报"附件、海空相遇安全行为准则新增"空中相遇"附件，进一步完善了这两个建立信任措施机制。①

中美两军互信关系有所加强的另一个表现，是中国和环太平洋联合军演的关系。两年一次的环太平洋联合军演，是美国主导的规模最大的多国海上联合军演，目的在于保障太平洋沿岸国家海上通道的安全以及联合反恐。2012 年 9 月，美国国防部部长帕内塔首次发出邀请，希望中国参加 2014 年环太平洋联合军演。2013 年 6 月，习近平主席在和奥巴马总统举行"庄园会晤"时，中国宣布将应美国邀请参加 2014 年环太平洋联合军演。2014 年 6 ~ 7 月，中国海军舰艇编队如期参加了环太平洋联合军演，参演舰艇的规模仅次于美国。这次联合军演之后，美国国内对是否应该邀请中国继续参加军演存在较大争论。2015 年 6 月，中央军委副主席范长龙访问美国时提出，中美新型军事关系的核心内涵应该是"互信、合作、不冲突、可持续"。对此，美国宣布邀请中国参加 2016 年环太平洋联合军演，做出了十分积极的回应。②

---

① 《中美签署"军事危机通报、空中相遇"两个互信机制附件》，新华网，http：//news. xinhuanet. com/mil/2015 - 09/24/c_1116670401. htm。

② 《中美签署重要军事合作协议》，新华网，http：//news. xinhuanet. com/world/2015 - 06/14/c_127914164. htm。

二 多边安全合作

2014~2015年，以解决朝核问题为目标的朝鲜半岛六方会谈仍然处于停滞状态；东盟地区论坛外长会议、东盟防长扩大会议、香格里拉对话会继续受到南海话题的困扰，成为展示中国与美国、菲律宾、日本安全矛盾的场所。多边安全合作的主要亮点有三：上海合作组织继续强调打击"三股势力"，加强非传统安全合作，并决定吸纳新的成员国；中国主导的香山论坛继续升级并扩大了影响力；在中国的积极推动下，解决阿富汗问题的伊斯坦布尔进程有所发展。

（一）上海合作组织的发展

上海合作组织的基本功能是维护地区稳定和安全，但它既不是军事组织，也不是军事同盟，而是一个应对非传统安全威胁的多边安全合作机制，打击"三股势力"是它最主要的任务。上海合作组织对成员国有两个重要的约定和限制：①不参加任何针对其他成员国的联盟或集团，不支持任何敌视其他成员国的行动；②成员国恪守国界不可侵犯的原则，积极致力于加强边境地区军事领域信任，使相互间的边界成为永久和平与友好的边界。①

上海合作组织拥有特定的国际安全秩序理念，实际上就是中国和俄罗斯达成的一些共识，如强调联合国的核心作用、维护不扩散机制的权威、反对干涉国家内政、批评反导体系、反对外空武器化等。2015年7月上海合作组织乌法峰会增加了一个新的共识，就是反对未经联合国安理会授权而将经济制裁作为对国家施压的工具。中国曾长期受到西方国家的经济制裁，俄罗斯则在乌克兰危机发生后受到西方前所未有的经济制裁。乌法宣

---

① 《上海合作组织成员国长期睦邻友好合作条约》，中国人大网，http://www.npc.gov.cn/wxzl/gongbao/2008 - 12/24/content_1467393.htm。

言提出的新共识，反映了中俄在上海合作组织中的默契合作。

以安全合作为核心任务的上海合作组织，近年来其合作范围逐渐向经济、文化领域扩散。乌法峰会批准了《上海合作组织至 2025 年发展战略》，对该组织未来 10 年在政治、安全、经贸、人文、媒体交流和对外交往等领域的合作进行了具体规划，致力于提升上海合作组织的国际影响力。不过，安全合作始终是上海合作组织的首要任务，特别是反恐合作。成员国在联合反恐演习、禁毒、边防、大型国际活动安保、打击网络恐怖主义等方面取得了重要进展，建立了情报交流和联合行动机制。乌法峰会签署了《上海合作组织成员国边防合作协定》，批准了《上海合作组织成员国打击恐怖主义、分裂主义和极端主义 2016 至 2018 年合作纲要》，批准启动《反极端主义公约》制定工作，发表了《上海合作组织成员国元首关于应对毒品问题的声明》。这些成果对上海合作组织深化安全合作，共同应对新的安全挑战具有重要意义。①

上海合作组织充满活力，其吸引力和凝聚力持续增强，伊朗、印度、巴基斯坦三国都已正式申请加入上合组织。2014 年 9 月，上海合作组织杜尚别峰会批准《给予上海合作组织成员国地位程序》和《关于申请国加入上海合作组织义务的备忘录范本（修订案）》，为上海合作组织扩员提供了法律基础。2015 年 7 月乌法峰会决定启动接收印度、巴基斯坦加入上海合作组织程序的决议，还决定给予白俄罗斯观察员地位，给予阿塞拜疆、亚美尼亚、柬埔寨、尼泊尔等国对话伙伴地位。在西方国家解除对伊朗的制裁之后，伊朗有可能继印、巴之后加入上海合作组织。这样，上海合作组织将走出中亚，把南亚和中东大国包括在内，其政治影响会不断增大，对国际安全秩序的塑造能力也会增强。

（二）香山论坛影响力上升

2014 年 11 月第五届香山论坛从二轨升级为一轨半，并改为每年举办一

---

① 《上海合作组织乌法峰会四大亮点，将产生深远影响》，新华网，http：//world. huanqiu. com/hot/2015 - 07/6975097. html。

次，中国军队高层出席论坛并发表主旨演讲，成为该论坛的惯例。① 这个升级版的香山论坛，其性质、功能和香格里拉对话会基本相同，形成了一南一北、并驾齐驱、相互补充也相互竞争的关系。和香格里拉对话会一样，香山论坛的对话议题很广泛，包括各种敏感的安全议题，如南海问题，但与香格里拉对话会有所不同的是，香山论坛强调各国代表的平等地位，不刻意突出任何国家的代表。②

从 2014 年 11 月的第五届到 2015 年 10 月的第六届，香山论坛的规模在扩大，级别在提高，吸引力在增大，重要性在上升。第五届香山论坛上，国务委员兼国防部部长常万全发表了主旨演讲，来自 47 个国家的防务部门和军队代表团、4 个国际组织代表团以及专家学者约 300 人与会。2015 年 10 月，中央军委副主席范长龙出席第六届香山论坛并发表主旨演讲，进一步提升了该论坛的规格。参加本届论坛的国家上升到 49 国，人数增加到500 人左右。特别值得注意的是，美国、日本对第五届香山论坛采取消极回避态度，美国政府只派出了驻华大使馆武官出席，日本政府没有派出任何官方代表。到了第六届论坛，美国、日本、英国、法国、德国等 14 个国家都首次派官方代表正式参会。③

（三）伊斯坦布尔进程的推进

以解决阿富汗问题为宗旨的"伊斯坦布尔进程"始于 2011 年，是目前唯一由地区国家主导的涉阿地区合作机制，成员国都是与阿富汗相邻或相近国家。截至 2015 年 12 月，伊斯坦布尔进程已经举行了五次外长会议。遵循地区主导、协商一致原则，重在政治磋商和建立信任措施合作，在凝聚地区国家共识、推动有关阿富汗问题的地区合作、促进阿富汗和平重建等

---

① 香山论坛的主办方是中国军事科学学会和中国国际战略学会。
② 黄载皓：《香山论坛凸显战略价值》，环球网，http：//opinion. huanqiu. com/1152/2015 – 10/7803394. html。
③ 《香山论坛今起在京举行，美日首次派官方代表出席》，环球网，http：//mil. huanqiu. com/china/2015 – 10/7773572. html。

方面发挥着重要的作用。与其他阿富汗问题国际会议和进程相比，伊斯坦布尔进程更加突出帮助阿富汗进行能力建设和培训。随着美国及北约加快撤军进程，中国参与阿富汗问题解决进程的积极性逐渐提高，推动了伊斯坦布尔进程的发展。

2014 年 7 月，中国在北京主办了伊斯坦布尔进程高官会，中国外交部副部长刘振民与阿富汗副外长艾哈迈迪共同主持会议。会议讨论了建立信任措施的发展进程，并就阿富汗局势交换意见，最后发表《伊斯坦布尔进程高官会关于阿富汗当前局势的联合新闻声明》。10 月 31 日，中国在北京主办了伊斯坦布尔进程第四次外长会，李克强总理与阿富汗总统加尼共同出席会议。这是中国首次承办涉阿大型国际会议，伊斯坦布尔进程的 14 个地区成员国、16 个域外国家、12 个地区和国际组织的外长或代表与会。

由于阿富汗地处中亚地区，所以上海合作组织十分重视阿富汗问题。一方面，上海合作组织强调联合国在解决阿富汗问题的过程中发挥主要协调作用。然而，联合国的作用主要是经济重建和人道主义援助方面。另一方面，上海合作组织会直接参与阿富汗问题的解决进程。2005年，上海合作组织与阿富汗建立联络组，双方在打击恐怖主义、毒品走私、有组织犯罪方面进行合作。2009 年 3 月，上海合作组织发起了阿富汗问题特别会议，会议在莫斯科举行，美国及其他一些北约成员国也出席了会议。[①] 中国也通过上海合作组织这个渠道来推动阿富汗问题的解决。2015 年 7 月上海合作组织乌法峰会上，习近平主席呼吁"我们要应对好阿富汗局势，加强同阿富汗安全合作，帮助阿富汗安全力量加强能力建设，在促进阿富汗实现民族和解和经济重建过程中发挥更大作用"[②]。

[①] 刘利琼：《关于中国对阿富汗战略的几点思考》，《现代国际关系》2010 年第 8 期，第 61 ~ 62 页。

[②] 《习近平在上海合作组织成员国元首理事会第十五次会议上的讲话》，新华网，http：// news. xinhuanet. com/world/2015 – 07/10/c_1115889105. htm。

（四）南海问题对多边安全合作的影响

中国一直反对在地区多边安全合作中讨论南海问题，但最近几年，南海问题成为地区多边安全会议中的热门话题，东盟地区论坛外长会议、东盟防长扩大会议、香格里拉对话会都是如此。在这些最重要的地区多边安全会议上，美国、菲律宾、日本相互配合，不但直接批评中国在南海的行动，还鼓动其他东盟国家集体参与。在这种形势下，中国不得不改变政策，一方面直接进行反击和回应，阐述中国在南海的利益、关切、立场，另一方面加强外交资源投入，防止东盟国家集体倒向美、菲、日的立场。在中国与美、菲、日外交分歧影响之下，地区多边安全合作的制度建设难以取得新进展。

2014年和2015年的东盟地区论坛外长会上，南海问题都是中国和美国、菲律宾、日本等国之间发生分歧的焦点。2015年8月的东盟地区论坛外长会上，美国专门针对中国提出"三个停止"倡议，即停止填海造岛、停止修建建筑、停止采取可能会进一步加剧冲突的激进行动。菲律宾外长攻击中国的南海政策，鼓吹针对中国的国际仲裁案。日本外相支持菲律宾，认为所有人造岛礁都不能产生合法权益。王毅外长全面阐明了中国在南海问题上的立场，批评美国的"三个停止"倡议缺乏可操作性，批驳了菲律宾和日本的立场和观点，同时为中国在南海的岛礁建设做了辩护。[①] 8月6日，美国国务卿克里中途退出了会议，随即在记者会上继续批评中国在南海的行动，声称美国将继续参与南海事务。

2015年11月，第三届东盟防长扩大会议在马来西亚举行，但这次会议没有像前两次会议那样达成联合宣言。联合宣言草案本来由会议主席国马来西亚起草，草案呼吁确保"上空和海上通道的通行自由"。[②] 但是，在中

---

① 《王毅在东盟地区论坛上谈南海问题》，新华网，http://news. xinhuanet. com/2015 – 08/07/c_128101317. htm。

② 《东盟防长扩大会议联合宣言草案写入"航行自由"》，环球网，http://world. huanqiu. com/hot/2015 – 10/7867212. html。

美围绕南海问题和"自由航行"问题不断交锋的背景下，如果东盟防长扩大会议通过包含"航行自由"内容的联合宣言，必然在客观起到支持美国、打击中国的效果，对此中国难以满意。由于参加东盟防长扩大会议的各国代表立场不同，观点分歧，最后联合宣言草案未能通过和发表。美国国防部失望地表示"这是亚太地区分裂的象征"。[①] 中国国防部发言人"表示遗憾"，但指出这是中国与马来西亚保持密切协调和沟通的结果，也是中国与马来西亚及其他东盟国家达成共识的结果。中国发言人不点名地批评"个别域外国家"企图强行在联合宣言中塞入不属于本会议讨论的内容，完全背离东盟防长扩大会机制的宗旨原则，联合宣言未能发表，"责任完全在于个别域外国家"。[②] 由于在与南海问题相关的问题上存在争议，两年一届的东盟防长扩大会议连联合宣言都无法达成，充分说明中国和美国及个别周边国家之间的安全竞争处于比较激烈的状态。

三　结论

2014～2015年，中国周边地区的双边安全合作和多边安全合作都发生了一些新的变化，这些变化在很大程度上都受到中美安全竞争的影响。近年来，中美两国的安全竞争趋于激烈，双方都在争夺塑造地区安全环境的主动权。美国加强了与其盟国之间的合作，中国则前所未有地加强了与俄罗斯的合作。这两种合作同时加强，鲜明地体现了存在于中美之间的安全竞争和均势政治，但中国和俄罗斯坚持互不结盟，淡化了中俄合作与美国同盟体系的对立色彩，降低了均势政治的风险，使得中美安全竞争保持在总体可控状态。中美两国都意识到相互合作的重要性，认为两国必须管控分歧，避免冲突。在这种认知的推动下，中美两国的安全合作（特别是军

[①] 《东盟防长扩大会议未发宣言，各方对华构筑包围网失败》，环球网，http：//military. china. com/important/gundong/11065468/20151105/20695306. html。

[②] 《国防部就东盟防长扩大会未能发表联合宣言答记者问》，环球网，http：//world. huanqiu. com/exclusive/2015－11/7906543. html。

事合作）也取得了一定进展，促进了两国战略关系的稳定，使得中国的周边安全环境总体仍处于较为稳定、缓和的状态。

中美竞争也体现在多边安全合作领域。美国充分利用中国和个别邻国之间的安全矛盾，特别是中国与菲律宾、越南之间的南海争端，在地区多边安全会议上批评中国，袒护菲律宾、日本。中国也采取了更加积极主动的多边安全合作政策，一是推动中国能够发挥主导作用的地区多边合作继续发展，如上海合作组织、香山论坛；二是积极倡导新的地区安全理念并发展地区安全机制，如亚信会议；三是在各种多边安全会议上与美国、菲律宾、日本等展开正面竞争，维护中国的南海权益。总体看来，由于中美矛盾和竞争的存在，以及中国和个别邻国的领土争端问题的存在，中国周边的一些多边安全合作，如东盟地区论坛、东盟防长扩大会议、香格里拉对话，不但很难取得实质性进展，而且会持续成为中国面临的外交压力的来源。另一方面，上海合作组织、香山论坛、伊斯坦布尔进程、亚信会议等多边机制的发展，又是中国外交可以有所作为的领域，蕴含着很多机遇，构成了中国地区影响力的重要基础。

图书在版编目（CIP）数据

中国周边外交发展报告. 2016 / 周方银主编. -- 北京：社会科学文献出版社，2017.12
ISBN 978 - 7 - 5201 - 1724 - 1

Ⅰ.①中… Ⅱ.①周… Ⅲ.①中外关系 – 研究报告 – 2016 Ⅳ.①D822

中国版本图书馆 CIP 数据核字（2017）第 273336 号

中国周边外交发展报告（2016）

主　　编／周方银

出 版 人／谢寿光
项目统筹／王玉敏
责任编辑／赵怀英　张文静

出　　版／社会科学文献出版社·独立编辑工作室（010）59367153
　　　　　地址：北京市北三环中路甲 29 号院华龙大厦　邮编：100029
　　　　　网址：www. ssap. com. cn
发　　行／市场营销中心（010）59367081　59367018
印　　装／北京季蜂印刷有限公司

规　　格／开 本：787mm × 1092mm　1/16
　　　　　印 张：17　字 数：250 千字
版　　次／2017 年 12 月第 1 版　2017 年 12 月第 1 次印刷
书　　号／ISBN 978 - 7 - 5201 - 1724 - 1
定　　价／79.00 元